問題解決の
コミュニケーション

学際的アプローチ

鈴木健人
鈴木　健　［編著］
塚原康博

東京　白桃書房　神田

はじめに

　本書は，大学や短大の教養教育や社会人の研修に，教材として利用していただくために編まれました。授業や研修の中でのディベートを念頭に置いて，公共選択論，歴史学，社会学，国際関係論，異文化研究，コミュニケーション論など様々なテーマで議論ができるように工夫されています。またこれらのテーマは，現在の日本や国際社会を取り巻く状況や問題を考えるための素材を提供するものでもあります。その意味で，単に大学生だけではなく，広く社会で活躍している人たちにとっても役に立つことができるようにしてあります。

　今私たちは，「失われた10年」に加えて，東日本大震災や原発事故・放射能の問題に苦しんでいます。ですが，政治，経済，社会など，あらゆる面で，日本が目指すべき姿が示されたとは言えない状況です。今の日本社会が直面している様々な問題を考え，議論するための素材と，議論の方法のヒントを提供したいというのが，著者たちの願いです。具体的には，「リサーチする力」，「問題を立てる力」，「解決案を比較検討する力」，「解決案を提示し，相手の反論を受け入れながら，それを再構築する力」などは，1人でじっとしていても身に付きません。

　社会人の皆さんや，大学など教育機関で学生生活を送っている皆さんが，研修や授業ばかりでなく，日常的な会話の中でそれとなく意見を交換している，そのような中でうまく自分の意見を主張したり，相手の意見を受け入れて，よりよい意見や見識を身に付けることができるような方法やコツを，本書を通じて学んでいただければ幸いです。

　同時に，新聞やテレビに代表されるマスメディアにおける様々な議論を，自分の力で分析し，解釈できるような「リテラシー」能力の向上にも活用できることでしょう。公的な議論を展開して，社会全体の意思を決定していく

ことは民主主義の根幹です。またインターネットなど比較的新しい通信手段を通じて，公的な意見を集約していくことも現在では欠かすことができません。様々な手段を通じて公的な議論を活発に展開し，今の閉塞感を打破できるようなヒントを提供できれば，私たちの望みとして，それに勝るものはありません。

　読者の皆さんには，本書をボロボロになるまで，遠慮なく活用していただき，社会の活力を取り戻すための素材にしていただければと願っています。

編者を代表して
鈴木健人

【目次】

はじめに………i

第1章
問題解決とコミュニケーション………1

- **1.1** ● はじめに………1
- **1.2** ● クリティカル・シンキングを日本に根付かせるために………4
- **1.3** ● 問題解決型の提案フォーマット………8
- **1.4** ● 利益追求型の提案フォーマット………11
- **1.5** ● ゴール至上命令型の提案フォーマット………15
- **1.6** ● クリティカル・シンキングの手法………16
- **1.7** ● まとめ:ディベートとクリティカル・シンキング………20

第2章
リーダーシップとコミュニケーション………23

- **2.1** ● 日本が抱える問題解決をはばむもの:リーダーシップが求められる時代………23
- **2.2** ● リーダーシップのコミュニケーション論………24
- **2.3** ● 求められるリーダーシップの変化………28
- **2.4** ● リーダーシップを学ぶ方法………31
- **2.5** ● 基本的自己分析の必要性:「ジョハリの窓」………34
- **2.6** ● パーソナリティー・タイプ………37
- **2.7** ● リーダーシップと組織の再生………40

第3章

公共政策とコミュニケーション………45

- **3.1** ● 公共政策を学ぶ意義………45
- **3.2** ● 人間社会とコミュニケーション………46
- **3.3** ● 市場経済とコミュニケーション………47
- **3.4** ● 市場の失敗と公共政策………49
- **3.5** ● 公共政策とコミュニケーション………50
- **3.6** ● 公共政策のサイクル………52
- **3.7** ● 公共選択論と公共政策………54
- **3.8** ● マス・メディアと公共政策………55
- **3.9** ● 政治家と国民のコミュニケーション………57
- **3.10** ● 日本人の国民性と民主主義………59
- **3.11** ● インターネット社会と公共政策………62
- **3.12** ● 適切な公共政策が形成されるために………63

第4章

意思決定とコミュニケーション
―議論による合意の形成と不合意の創出………67

- **4.1** ● はじめに………67
- **4.2** ● コミュニケーション過程としての議論………68
- **4.3** ● 熟議民主主義とコミュニケーション………73
- **4.4** ● 公共性が操作される場としての公的領域………75
- **4.5** ● 不合意の創出手段としての議論………79
- **4.6** ● まとめ………84

第5章

組織とコミュニケーション
――我々は何を共有しているのか………87

- **5.1** はじめに………87
- **5.2** 組織とは?………88
- **5.3** 組織が先か,コミュニケーションが先か?………89
  - 5.3.1 組織が先にあるケース………90
  - 5.3.2 コミュニケーションが先にあるケース………92
- **5.4** 組織とコミュニケーションについて考える理由………94
- **5.5** 公式なコミュニケーションと非公式なコミュニケーション………95
- **5.6** 文法と文脈………97
  - 5.6.1 組織目的とは何か………98
  - 5.6.2 組織文化とは何か………99
- **5.7** 組織目的と組織文化に関する諸問題………101
  - 5.7.1 目的の置換………101
  - 5.7.2 文化の硬直性………102
  - 5.7.3 文化中毒者………103
- **5.8** まとめ………104

第6章

文化とコミュニケーション………107

- **6.1** 文化とは………107
- **6.2** コミュニケーションとは………109
- **6.3** 文化とコミュニケーションの関係………111
- **6.4** 異文化コミュニケーション………111
- **6.5** CMM理論,AUM理論のサンプルとしての光太夫………113

- **6.6** 光太夫のコミュニケーション戦略………115
- **6.7** 非言語コミュニケーション………118
- **6.8** 非言語コミュニケーションの文化摩擦………119
- **6.9** 言語コミュニケーションによるミスコミュニケーション………123
- **6.10** エクササイズ―理解とエンパシーのために………124

第7章

情報とコミュニケーションの関係
―歴史にみる異人とのファーストコンタクト………127

- **7.1** 19世紀　異人とのディス・コミュニケーション………127
- **7.2** 19世紀　異人とのコミュニケーション………129
- **7.3** 再び19世紀異人とのディス・コミュニケーション………138
- **7.4** おわりに………141

第8章

国際関係とコミュニケーション
―核兵器は廃絶できるか?………145

- **8.1** はじめに………145
- **8.2** 国際関係に関する2つの見方………146
- **8.3** 核兵器の歴史………147
- **8.4** 核兵器についての議論………151
- **8.5** 核兵器の廃絶は可能か?………164

第9章
新興国・途上国の情報化………167

9.1 ● はじめに………167
9.2 ● 日本の状況………168
  9.2.1 インターネット利用者の割合………168
  9.2.2 日本の学校とインターネット………169
9.3 ● 世界的な動向………170
  9.3.1 インターネットの急速な拡大 ─ 2000年頃までの状況………170
  9.3.2 情報資源の偏り………174
  9.3.3 2000年以降の動向………176
  9.3.4 情報社会に向けて─格差の是正への取り組み………181
9.4 ● 東南アジア新興国の状況─タイを中心に………182
  9.4.1 ASEANの情報化の状況………183
  9.4.2 タイの情報化の状況………185
9.5 ● 新興国・途上国と情報セキュリティ………187
9.6 ● 途上国の情報化と言語・文化………192

特別講演録
米国における妊娠中絶を巡る論争─公的な議論の課題………197

1. ………198
2. ………202
3. ………210

索引………215
あとがき………219

第1章
問題解決とコミュニケーション

- あなたは、社会問題に関する議論に直接参加したいのか、それとも誰かにまかせたいのだろうか？　国民的な議論とは、どのような形で行われるべきなのだろうか？
- あなたには、議論によって解決を図ることに対するおそれや不満はないだろうか？　例えば、多数決の方法、情報提供のあり方、一般人の政治への直接参加を考えたことはあるだろうか？
- あなたの提案に反対の人々がいる時、どうしたらよいだろうか？　彼らの説得は不可能でも意見を決めかねている人々がいる場合、どのようにして提案を通すことができるだろうか？

キーワード

■クリティカル・シンキング　■レトリック　■ディベート（debate）
■ブレーンストーミング（創造的集団思考法）　■コミュニケーション

1.1 ● はじめに

　2012年1月24日、野田佳彦首相は就任後初の施政方針演説で、「決められない政治からの脱却」を訴えた。問題を先送りするばかりで、「解決策を決められない症候群」とも呼ぶべき日本に蔓延する状況を解決するためには、どうしたらよいであろうか。根本的対策は、それを政治だけの問題として捉えるのでなく、日本社会全体の問題として捉えて、クリティカル・シンキングを我々が学ぶことである。本書の目的は、問題解決（problem-solving）

のためのコミュニケーションを学ぶことである。「問題解決ができる」とは，言い換えれば，「クリティカル・シンキングができる」ことである。鈴木健（2006a）は，以下のように述べる。

　　よくいわれることだが，クリティカル・シンキングは短絡的に「批判的思考」と訳されるべきではなく，「創造的思考」（creative thinking）とでも考えられるべきものである。英語のcriticalには，必ずしも日本語の「批判的」にある否定的なニュアンスはなく，与えられた情報や知識を鵜呑みにするのではなく，その前提や証拠資料を吟味したり，見落とされている視点や矛盾を指摘することで，新たな可能性を開き，不可能と思えることでも解決の方向性を見つけ出そうとする建設的なものだからである。
　　プレッシャーに負けないことで逆境を楽しむような教育が，日本では欠けていた。今まで変えることができなかった旧態依然とした体質や皆が時代遅れになっているとわかっていても提案できなかった「変化」を正当化できるという意味で，「ピンチはチャンス」なのである。（pp. ii–iii）

これまでの知識偏重，試験重視の教育から，問題解決重視型，批判的分析中心教育への「パラダイム・シフト」（考え方の枠組みの大転換）が今，求められている。さらに，鈴木（2006a）は，以下のように説明する。

　　クリティカル・シンキングを体得することで，現実に対応する術を身に付けることができる。これまでの「暗記・試験中心の教育」だけを受けて実社会に出て行こうとするのは，仮免だけで1人で公道に出てこうとするようなものである。公道では，突然，歩行者が目の前に飛び出してきたり，追い越しをかけられたり，道路が整備されていなかったりする。こうした「具体的な状況で，問題をどう解決するか」のシミュレーションの役目を果たすのが，クリティカル・シンキングである。
　　旧帝大を中心とする学歴社会，私学のマスプロ教育，さらに少子化による大学全入時代とゆとり教育の見直しなど，様々な問題を抱える日本の教育界であるが，覚えた知識をテストでチェックすることで生徒の優劣を判

断するパラダイム（考え方の枠組み）の質的な転換が，今，求められているのである。

　クリティカルに考える対象は，外部の知識，権威，システムに限らない。自分自身のこれまでの態度，価値観，行動に関しても，見直しをするきっかけと方法を提供するのがクリティカル・シンキングである。「他人にきびしく，自分にはあまい人」が多い昨今，自分自身と社会全体に柔軟な思考を持つことの重要性に気づいてもらいたい。(p. iii)

　具体的には，社会に次の3点が理解される必要がある。まず，知識を試す試験だけでは，人の現実の状況への適応能力（adaptability）を測ることはできない。ある人が現場で有能であるかどうかは，実際に現場で訓練を積ませなければ判断できない。第2に，知識を試す試験だけでは，人の創造力（creativity）を測ることはできない。ある人に立案・判断能力があるかどうかは，ある問題に対する複数の選択肢を取り上げて，それぞれのメリットとデメリットを比較する経験をさせなければ判断できないのである。最後に，知識を試す試験だけでは，人のがんばり度（hard-workability）を測ることはできない。ある人が危機に際して，責任転嫁や責任放棄をするか，冷静沈着かつ不退転の決意で取り組むタイプなのかは，実際に責任ある立場につけてみるまでわからないのである。

　すべての教育を「現場訓練」（on-the-job training）で行うことはできない以上，アカデミックな知識を現実社会における問題解決に結び付けた教育の実施が求められている。そうして，社会の現場で求められている人材を教育界が提供することで，日本の再生と，新たな可能性を開くことになる。公共政策，歴史，異文化，国際関係，リーダーシップ，社会学等の理論と事例研究を学際的なアプローチを通じて，そうした方向性を明らかにすることが本書の目的である。

　本章は，最初に，なぜクリティカル・シンキングが今の日本に必要なのかを考える。次に，問題解決のコミュニケーションとしてのディベートの理論と実際を考察する。第3に，クリティカル・シンキングの手法を具体的に説明する。最後に，我々がディベートから何を学べるかを提示する。

1.2 ● クリティカル・シンキングを日本に根付かせるために

　まずクリティカル・シンキングとは，そもそも何であろう。それは，一般的には「与えられた情報や知識を鵜呑みにせず，複数の視点から注意深く，論理的に分析する能力や態度」と定義できる（鈴木，2006a, p. 8）。具体的には，クリティカル・シンキングは4つの問題解決のステップに集約できる（鈴木，2006a, pp. iii-iv）。最初のステップが，「現状分析」（analysis of the status quo）である。問題解決の第一歩は，「何が起こっているのか」「その深刻さと将来的な重要性は，どの程度なのか」という分析である。迫り来る問題から目を背けるのではなく，その存在を受け入れるという現状認識である。例えば，もし借金を新たな借金で返済している人が，そうした行為を当然と思っていれば永久に問題は解決しない。

　次のステップが，原因の把握（analysis of the cause）である。「問題の直接的な原因は何か」「遠因，構造的な要因は何か」ということがわからなければ，問題の解決の方向性はみえてこないし，将来にも同じ問題を抱えることになる。例えば，雪だるま式に増える借金の原因が，収入不足なのか，無駄な支出なのかによって，解決の方法はまったく変わってくる。

　第3のステップが，対策の提示（provision of solutions）である。重要なのは，解決案を1つに絞り込まないことである。問題の存在が認識されているなら，すべきことは「できない理由」や「解決が難しい理由」を挙げるのでなく，複数の解決を示して比較検討をすることである。例えば，借金を返済するためならば，解決案はより実入りのよい職場に移る，家庭内の働き手を増やす，支出を切り詰めるなどが考えられる。すべきは，それぞれを検討してベストの組み合わせを考えることである。

　最終ステップが，実行と評価（implementation and assessment）である。何もしなければ状況は悪化するか，当事者能力がないとして周りの信用を失う可能性が高い。過去や外国や地方で実施された例を参考にして，論を尽くした上で暫定的，部分的に始めることも時には必要である。初期の段階で予期せぬ問題があったり，状況が激変した場合は，解決案を修正すればよい。最もよくないのは，1つでも「しない理由」があるからと言って，何もしな

いことである。逆に、「やるべき理由」が1つでもあれば、それは実行可能性、問題解決性、コスト、可能な選択肢を考慮すべき価値があるのである。

　どのようにして、クリティカル・シンキングを日本社会に根付かせられるであろうか。3つの重要なポイントがある。第1に、「レトリック」の本当の意味が理解されなくてはいけない。レトリックとは、単なる美辞麗句でなく、「公的な説得の技法」（the art of public persuasion）である（Aristotle, 1954; Campbell, 1982; 鈴木, 2010）。リーダーに、説得の能力は不可欠である。世の中の提案がすべての人に都合よいものならば、説得の能力は不要である。しかし、ある人にとって都合のよい提案は、別の人にとっては不都合であることが多い。例えば、将来世代に膨大な累積財政赤字を残さないためには、今、増税してプライマリーバランスを取ることが必要である。しかし、増税には年金生活者や生活困窮者の強い反発が予想される。だが、世の中の物事すべてには、プラスとマイナスがある。「平等」を行き渡らせたいなら「努力」して機会均等を求めることが必要であり、「自由」という権利を主張するなら個人には「責任」が伴うし、「安全」を求めるなら「共同体」という概念を欠かすことはできない。ある選択を行う時に、プラスだけを求めても、それはないものねだりであり、逆にマイナスだけを考えて及び腰になっても未来は開けない。重要なのは、プラスとマイナスをどう考えるかというバランス感覚である。

　特に、政治家は「まず政策ありき」であり、目指す政策を具現化するスローガンを提示し国民の幅広い支持を得て、その支持をテコに政策を実行すべきなのである。中曽根康弘は「増税なき財政再建」というスローガンを通じ、国鉄や電電公社の民営化を通じて行政改革を行った。また、小泉純一郎は「聖域なき構造改革」の本丸として郵政民営化を行った。振り返ってみると、鳩山由紀夫の「友愛の政治」や菅直人の「最小不幸社会」は、ばらまき政治のスローガンに終わっており、日本の将来を託すだけのビジョンが国民に示されなかった。

　第2に、ディスカッション（discussion）とディベート（debate）の違いがきちんとリーダーに理解されなくてはならない。両者は、異なった目的を持っており、両方がきちんと行われて初めて責任ある政策決定が行われる。

ディスカッションの目的とは，様々な立場から専門家や政治家がブレーンストーミング（創造的集団思考法）をして，ある問題に関して原因分析をして解決の方向性を示すことである。ブレーンストーミングとは，小グループで自由に意見を出し合って問題点や解決案を整理する方法で，通常，企画の初期段階で用いられる。以下のガイドラインに沿って，どのような問題を取り扱うことが可能であるかを話し合うとよい。

①人数を限る。最大限10〜15人で，それ以上の場合にはグループ数を増やす。最初に，司会者を決めて，打ち解けた雰囲気をかもし出すように努める。
②時間を区切る（20〜40分が目安）。それ以上長くしても，集中できない。
③トピックは，前持ってメンバーに知らせておく（前日くらいでもかまわない）。
④全員が，「貢献する」ように奨励する。幅広く意見を出し合うことを目的として，全員の参加を促す。独創的な意見を出すばかりでなく，他人が出した意見の組合わせや手直しも歓迎する。
⑤特に，話の流れを定める必要はない。
⑥他の参加者の意見への批判は，絶対にしない。意見はこじんまりまとまったものより，突拍子のないものの方が後の利用価値が高い。
⑦書記は，すべての意見を記録しておく。単語帳サイズのメモ紙を100〜200枚程度，用意しておくと後から整理する時に楽である。
⑧最後は，意見の評価と取捨選択を行う。出された意見を活用可能にするために，同じ種類の議論ごとにまとめてリサーチの優先順位を付ける。

以下が，ディスカッションの手法である。
それに対してディベートでは，まず変化を提唱する「原案」が提案側から示される。否定側は，現状維持を提唱するか，現状に問題ありの認識が共有されていれば対案を提示する。次に，提案側と否定側の代表者は，双方が示した立場の「効果」を比較検討する。最後に，第三者である「審判」が判定を下す。日本のマス・メディアは，成長戦略，少子高齢化，地域格差，世代格差，業界格差を取り上げて，政治家にもっとディベートをさせて読者・視

聴者に判定させるべきである。すべての人々に都合のよい政策など，ポスト高度経済成長期にはありえない。「ある問題を解決するとは，新たな問題を立てる」に他ならず，我々にできるのはベストの問題の組み合わせを考えることだけなのである。

　民主主義は，古代ギリシア時代の国民投票による直接民主制（direct democracy）から，現代の選挙によって選ばれた代表者による間接民主制（representative democracy）に移行した。さらに民主主義は，市民が直接に政治プロセスに影響を与える参加型民主主義（participatory democracy）と，党派的イデオロギーに基づく対立ばかりに従事する代わりに，討議を重視する対話型民主主義（deliberative democracy）へと発展した（例えば，Gutmann & Thompson, 1996 を参照）。対話型民主主義には，政治家と国民の間の対話も含まれるべきであり，彼らの要望や不満を十分に聞き，政策へ転換していくことが今，求められている。「対話と討論」は，民主主義における車の両輪であり，対話だけでばらまきや大衆迎合に走ってもダメであり，討論だけになって議会が対立ばかりして機能不全に陥ってもダメである。

　最後に，私的，公的，専門的領域という3つの議論レベルの区別が理解されなくてはならない（Goodnight, 1982; 鈴木，岡部, 2009）。私的領域（private sphere）では，一般人が日常的な語彙を用いて，感情や常識に基づく議論を行う。近年，政治家が支持率調査の結果に振り回されるなど，この領域が肥大化傾向にある。それに対して，専門的領域（technical sphere）では，専門家や研究者が役所や学会の場で論争を行い，専門用語が用いられ，資料と分析に基づく議論が行われる。日本では，一般人は難しいことは専門家にまかせることが多く，専門家も素人にはどうせ難しいことはわからないという態度を取ることが多かった。こうした状況を変えるには，2つの議論の領域を結ぶ公的領域（public sphere）を発達させて，維持する努力をすることが必要である。メディアが「公的論争の場」（public forum）を，政治家，専門家，関係者等に提供することで，一般人にもわかる言葉で専門的領域の議論が提示されて，公共政策に国民がかかわれるようになる。80年代の薬害エイズ，90年代の住専国会，2000年代の消えた年金，2011年の福島原発事故と，高度に専門的な政策結果が国民生活に重大な影響を及ぼす時代にあ

っては情報倫理の確立が急務となっているのは誰の目にも明らかであろう。

上記の問題は相互に関連しており，短期間では解決できなくとも，早期の取り組みがなされねばならない。国民とメディアも政治の貧困を批判するだけではなく，「議論の文化」を育てることで，文化的インフラストラクチャー（社会基盤）整備に取り組む時に来ているのである。

1.3 ● 問題解決型の提案フォーマット

問題解決のプロセスでは，わかりやすく吟味しやすいフォーマットで議論を提示しなければならない。わかりにくい提示は賛成者を増やせないし，吟味しにくい提示は決めかねている人を説得できない。問題解決のコミュニケーションとして発達してきたディベートでは，3つの主要な議論の提示方法が知られている（松本，鈴木，青沼，2009）。

最初の提案フォーマットが，「問題解消型」（Need-Plan-Advantage Case）と呼ばれる方法である。重大な害（harm）が現状に存在しているか，または，将来に大きなリスクがある場合に最も強い説得力を持っている。古代ギリシャ時代にアリストテレスが提唱した枠組みである定常論点（stock issues）を，現代社会の政策決定の枠組みに置き換えたものである。アリストテレスの考えた定常争点である問題（ill），原因（blame），解決法（cure），費用（cost）が，順番に以下のポイントに置き換えられている。最初の3つが提案側によって示されて，4つ目の論点が反対側によって示される。

まず，重要性（significance）である。ここでは，「現状にどのような深刻な問題があるのか」「問題の解消によって，どのような利益を目指すのか」が論じられる。次が，固有性（inherency）である。ここでは，「問題は，解決案を採択していない現状に起因しているか」「解決案を採択しないと問題は解消しないのか」が論じられる。第3に，解決性（solvency）である。ここでは，「解決案は問題を解消するのか」「解決案は利益を生み出すのか」が論証される。最後のポイントが，不利益（disadvantages）である。ここでは，「提案された解決案は，新たな問題を生み出さないのか」が吟味される。

図表1-1　問題解決型フォーマットのイメージ

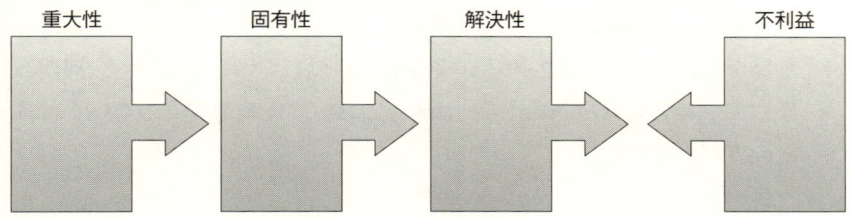

　特にディベートで重要なのが，プランの解決能力に関する論証である。ミューワーとスノーボールは，以下のような5つの論証のパターンを紹介している（Muir & Snowball, 1983, p. 26）。

(1)「論理的必然性」(logical necessity)：問題がある唯一の原因から生じている場合，提案側はその原因を解消すれば問題は解決すると証明できる。例えば，死刑制度は冤罪の被害者に再審請求の機会を永久に奪うという問題に対しては，死刑制度の廃止を解決案として提示できる。

(2)「歴史的先例」(historical precedent)：すでに用いられたことがある政策を採択する場合，過去にその政策がうまくいっていたことを証明すれば，提案側はプランの解決能力を証明できる。しかし，調べてみると過去の政策の単なる反復が許容されないほど現状が変化していると判明することが多い。

(3)「成功した実験結果」(successful laboratory experiments)：研究所や地域レベルである政策が成功を収めている場合，提案側は政策を実行した時の結果を推定できる。ただし，そうした結果は，理想的状態，無制限な予算，訓練された専門家，独特の地域状態の集積であるため，厳しい予算の下で非効率な指揮によって全国規模で実施された時，成功を収める可能性は割り引かれる。

(4)「類似の政策」(analogous operations)：プランに関連した行動がすでに成功している場合，提案側は類似の政策からの例証を行える。しかし，2つの行動が似通ったものであることが必要であり，与えられた状況に違いがあり過ぎる場合には例証にはなりえない。

(5)「外国の例」(foreign examples)：あるプランが外国で採択された経験がある場合，提案側はその外国の例を使うことができる。外国の例を用いる場合，比較されている両国が全体的に類似しているかよりも，問題となっている分野（relevant portions）において比較的差異がないかどうかの方が重要である。

　次に，論題「日本政府は，原子力発電所を廃止すべきか」を例にして，問題解決型フォーマットで提示してみよう。以下のような各議論の骨子が提示されて，議論が始まる。提案側と否定側が，お互いの分析と証拠資料を比較検討して，相手の攻撃に対する反論（refutation）と自らの議論を立て直す反駁（rebuttal）を行い，最後に審判がどちらの議論が勝っていたかを決定する。こうしたプロセスを行うことで，批判的に理にかなった結論（critical reasoned decision）を導き出すことができる。

「問題解決型」による原子力発電所廃止の議論例

議論１：重要性
①原子力発電所は自然災害の際に，広域災害を引き起こす。
②旧式の原子力発電所は自然災害の際に，大事故につながる。
③核処理及び再処理施設，廃炉の必要性を考えると，コスト的に合わない。

議論２：固有性
①「原子力村」は，想定外の自然災害に対応できない。
②政府の管理体制は，「安全神話」に基づいている。
③原子力学者は，「万が一のケース」を想定していない。

議論３：解決能力
①原子力発電所の廃止は，近隣住民の安全を保証する。
②原子力発電所の廃止は，将来的に再処理コストを不要にさせる。
③原子力発電所の廃止は，代替エネルギー開発のインセンティブを生む。

議論４：不利益
①化石燃料は，将来的には枯渇するため，エネルギーの供給不足になる。

②代替エネルギー開発には時間がかかるため，産業界が電力不足によって操業できなくなる。
③電気料金の値上げにつながり，企業と家庭の負担を招き，不況になる。

○ **エクササイズ 1**

> 死刑廃止，財政再建など，あなたが問題解決型で分析すると適していると思うトピックを取り上げて，提案側と否定側の議論を作ってみよう。議論ができたら，今度は実際にディベートをしてみよう。

1.4 ● 利益追求型の提案フォーマット

第2の提案フォーマットが，「利益追求型」（Advantage-Oriented Case）という方法である。「現状で大きな問題点はなくとも，新たなプランの採択でより大きなメリットが見込める」場合に用いられる。提案側から示されたプランを現状変革する1つのシステムと見なし，否定側が支持する現状，または提示された代案（counterplan）を対抗するシステムと見なし，双方を比較検討する考え方である。例えば，提案側が「日本は首都をつくば市に移転すべきである」という議論を提示した場合，否定側は「首都を東京に置く」という現状を擁護するか，「富士山麓に移転した方が，つくば市移転より大きなメリットがある」という代案を提示することになる。

こうしたシステムズ・アナリシスという考え方では，「各々の政策内部と複数の政策間に，複雑な因果関係が存在する」ことを前提としており，各々の政策には「手段と目的」（means and ends）が存在すると考える。文部行政なら「学校という手段」を通じて「教育効果を伸ばすこと」を目的としており，司法行政なら「裁判という手段」を通じて「正義を公使すること」を目指している。しかし，複数の政策の間には，1つのシステムを変化させれば，他のシステムにも不可避的に影響を及ぼすという関係がある。例えば，もし少年犯罪の厳罰化という司法制度における変化があれば，「子どもを子ども扱いせずに1人の人間として扱う」ことが求められるようになり，教育制度

にも影響を与えるのである。

　利益追求型では，まず提案側はプランを提示する。次に，提示されたプランから生み出される利益（merits）が提示されるが，「新たな望ましい利益を達成できる」と「将来的に望ましくない状況を避けられる」という２つのパターンがある。

　利益は，３つのポイントを通じて説明される。第１のポイントが，「現状の概観」（observation of the status quo）であり「現状でどのような政策が取られているか」を提示する。ここで示されるのは「解決されるべき問題」ではなく，現状である。利益追求型は，「現状の政策にも継続されている何らかの理由が存在する」と仮定した上で，「提案側のプランの方が比較した場合に，有利である」というフォーマットだからである。第２のポイントが，「利益達成のプロセス」（process of obtaining merits）である。「どのようにしてプランが利益を生み出すのか」，あるいは「どのようにしてプランが不利益を避けることができるのか」の説明である。例えば，「税と社会保障の一体改革のために，社会保障番号制度を導入する」，「完全セメスター制を日本の大学に義務付けないと，留学生が減り続けて国際化に遅れを取る」などの論点を証明することである。第３のポイントが，「効果」（impact）である。効果では，様々な形態の「シナリオ」（scenario）が用いられる。シナリオとは，プランがもたらすメリットを具体的に示すためのストーリーを語ることである。例えば，「税と社会保障の一体改革のために，社会保障番号制度を導入する」というプランであれば，提案側は（1）「失われた年金」のような年金の掛け金の払い込み損を防止する，（2）金融機関の本人確認を確実にして脱税を防止する，（3）生涯を通じての本人確認であり将来の社会福祉の提供に不可欠である，といったシナリオを準備すべきである。

　利益追求型のフォーマットでは，上記の肯定側のメリットの３つのポイントに反論を加えると共に，否定側が強い不利益（demerits）を提示することが重要である。提案側のシステムと検討側のシステムのメリット及びデメリットの比較検討を行い，どちらのシステムに優位性があるかを検証する。

図表1-2　利益追求型フォーマットのイメージ

提案側のシステム　　　　　　　　　　　　　否定側のシステム

　次に，論題「日本政府は，首相公選制を導入すべきか」を例にして，利益追求型フォーマットで提示してみよう。

「利益追求型」による首相公選制導入の議論例
〈提案側の議論〉
プラン：日本政府は，首相公選制を導入する
細目
　（1）首相は，国民の直接選挙によって選ばれる
　（2）国会議員を含む，35才以上の日本国民すべてに被選挙権がある
　（3）任期は4年として，2期まで再選されることができる
メリット1：国家の指導者の選択に，民意が直接反映される
　①現状の概観：きちんとした首相選挙キャンペーンが行われないために，候補者の資質，能力，政策を国民が判断する機会がない
　②利益達成のプロセス：国民に経歴と公約を認められた政治家が，首相に選ばれるようになる
　③効果：総理大臣が，国民が本当に望む政策を実行するようになる
メリット2：総理大臣の権威が高まる
　①現状の概観：選挙の顔として候補が与党内の意向で選ばれているために，短期間で首相が入れ替わっている

②利益達成のプロセス：国民の幅広い支持を得た政治家が，首相に選ばれるようになる
③効果：国内的にも対外的にも，首相が強いリーダーシップを持ってより安定的に政治を行うことができる

〈否定側の議論〉
メリット1が生じない理由：
　短期間のキャンペーンではきちんとした政策の中身は検証できない
メリット2が生じない理由：
　政治家としてのキャリアよりも，国民受けがあるかどうかだけで選ばれた首相には権威がない
デメリット1：必ずしも能力があるとは限らない首相が誕生する
　理由：きちんとした首相選挙キャンペーンが行われないために，候補者の資質，能力，政策を国民が判断する機会がない。結果として，計画性や歴史観のない政治が行われて国益が損なわれる。
デメリット2：大衆迎合型の政治家が首相に選ばれるようになる
　理由：実績を積み上げるよりも国民受けするメッセージを発信できる政治家が選ばれるようになるため，国民の支持頼りの政治になる。結果として，大衆迎合主義に走ってばらまき中心の政治になる。
デメリット3：党内基盤の弱い首相が誕生する
　理由：議院内閣制のように党内のコンセンサスによる政治家が首相になるわけではないので，国民の支持頼りの政治になる。結果として，党内に反対意見の強い政策は何も決められなくなる。

○エクササイズ2

：道州制，掛け捨て年金，首相公選制など，橋下徹代表が務める地域政党「大阪維新の会」が2012年2月14日に発表した次期衆議院選公約のたたき台「船中八策」を利益追求型で分析してみよう。提案側と否定側の議論ができたら，今度は実際にディベートをしてみよう。

1.5 ● ゴール至上命令型の提案フォーマット

　第3の提案フォーマットが，「ゴール至上命令型」（Goal-Oriented Case）と呼ばれる方法である。ゴール至上命令型は，「ある政策によって達成されるべき価値観や目標が存在している」場合に，最大の効果を発揮する。この提案フォーマットでは，最初に達成されるべき目標（goals）が提示される。目標は，理念的でも具体的でもかまわない。例えば，80年代の中曽根政権下で行政改革審議会会長として国鉄や電電公社などの民営化を進めた土光敏夫の「増税なき財政再建」が理念型の例にあたる。ゴール至上命令型は，この目標部分が議論の中心になるため，「現状を継続しても，ゴール達成の見通しが立たない」ことと，「ゴール自体に，皆が賛成できる」ことを示しておくことが大事である。次に，プランと提示したゴールを正当化するための「基準」（criteria）が示される。例えば，目標が「全高齢者に対する必要最低限の年金供給」であった場合には，「必要最低限の生活経費」が基準として提示される。その後の，説明の部分は利益追求型とほぼ同じである。

　興味深いことに，大学生を対象にディベートの授業を行うと，ゴール至上命令型のフォーマットはなかなか理解してもらえない。ところが，社会人を対象にディベート研修を行うと，容易に理解してもらえることが多い。社会人の場合，つねに上からの指示に対応することに慣れているからである。このフォーマットを知っていると，「社の方針として，前年比10％の売り上げアップが必要」など，まさにゴールとして達成すべき利益を設定する際の説明に有益であろう。

　次に，論題「日本政府は，財政再建をすべきか」を例にして，ゴール至上命令型フォーマットで提示してみよう。

論点❶
理念的ゴール：長期的な国債費の圧縮により，日本経済の健全化を達成する
具体的ゴール：2011年度時点で，国家予算の49％を占める国債費を毎年2％ずつ縮小する

基　準
①国内機関投資家の引き受け余力があと3年しか持たない
②このままでは格付け機関に日本国債の格付けが下げられてしまう
③増税の受け入れと歳出削減のインセンティブが国民に必要である

論点❷
　現状を続けると，数年で国債が国内市場では消化されなくなり，金利を上昇させて国際市場で消化せざるをえなくなる

プラン
①今後3年間，毎年1％ずつ消費税を上げて半額を借金穴埋めに使う
②今後10年間，毎年1兆円ずつ歳出を削減する

論点❸
ゴール達成後の利益
①日本の財政破綻を避けられる
②日本国債の金利上昇を避けられる
③将来世代への借金のツケを避けられる

○ **エクササイズ3**

> 　あなたがアルバイトをしている店の店長になったつもりで，売り上げ前年比10％アップするためのゴール至上命令型の提案書を作ってみよう。あるいは，あなたの出身地の観光客を前年比10％アップするための提案書を作ってみよう。提案書が完成したら，友人に提案書のプレゼンテーションを行ってコメントをもらってみよう。

1.6 ● クリティカル・シンキングの手法

　ここでは，クリティカル・シンキングの手法を，実際の事例に当てはめてみたい（例えば，Dewey, 1991; Inch & Warnick, 2009; Moore & Parker, 2011; Nickerson, Perkins, & Smith, 1985を参照）。2008年4月，橋下徹大阪府知事（当時）が1,100億円の予算削減案を発表した時，各自治体長からき

びしい批判がなされて全国的な話題となった。この提案を例に，どのように地方自治体や国家の債務削減問題にクリティカル・シンキングが可能かを考えてみたい（鈴木，2008）。分析方法は，以下の4段階の枠組みに基づくものである。

第1段階：「問題を定義する」（defining the problem）

　問題解決の議論をする時に，グループ・メンバーが「何を解決しようとしているのか」を知っていることは重要である。問題の定義は，簡単そうにみえるが難しい。最善の方法は，政策論題の形で問題を定義してみることである。つまり，「誰がどのような具体的な行動を取るべきなのか」をはっきりさせることである。考慮されるべきは，(1) 問題の定義は，あいまいでなくはっきりしているか？　(2) 問題に対する解決案は，様々な可能性を示唆しているか？　(3) 問題を定義した言葉は，偏見に満ちていたり，賛成や反対の立場に片寄っていないか？　(4) 問題は単純に定義されているか？　の4点である。長野県を例にすると，「ダム建設をやめるべき」は，あいまいで対策のはっきりしない定義の例である。それに対して「長野県は県の借金を2050年までに返済すべきである」であれば，単に賛成か反対かを論じるだけでなく，歳出削減案や産業振興策など具体的な提案の是非が審議される。

　橋本知事の提案に対して，大阪府内の自治体の長たちから「最初に削減ありきは，けしからん」という感情的な批判があった。こうした場合には，累積債務の問題解決をするためには「今後4年間で4,400億円の財政削減を実施すべし」，とか「今後10年以内にプライマリーバランスを達成すべし」といった具体的な論題を設定するとよい。削減の是非に問題を単純化するのではなく，具体的な選択肢を設定して理性的な議論が行われなければならないからである。

第2段階：「問題を分析する」（analyzing the problem）

　問題が定義されたら，次に問題を様々な角度から分析することになる。考慮されるべきは，(1) 問題はどの程度，深刻か？　(2) 何が問題の原因か？であり，この段階では専門家の報告，インターネット，新聞，雑誌，書物に

よるリサーチが必要となる。例えば，2002年8月時点で長野県の抱える借金が財政規模比率ベースで全国ワースト2位であったことや，県の財政が悪化した原因として長野オリンピックと新幹線関連の工事費が大きいことを知っておくことは大切である。原因が分かれば，将来の見通しや今後の対応も立てやすくなる。

　大阪府の累積債務問題の場合，まず説明しなければいけなかったのは，予算削減の必要性である。債務削減がなぜ急務なのかは，府民や自治体の長には自明の理ではない。2008年4月27日放送『行列のできる法律相談所』に橋本知事がゲスト出演した時，司会者の「5兆円の借金を返すためには1億円の寄付をする人が5万人必要」という説明に，驚きの声がスタジオ中から上がったが，問題の重要性を認識させるのに効果ある説明であった。例えば，さらに予算削減の提案側は，このままでは大阪府は数年以内に財政再建団体になってしまい，そうすると様々な制約を国から課せられることなどを，北海道夕張市などを参考にして説明するとよかった。また，現状を放置するなら雪だるま式に金利がふくらむことになり，インフラや教育・福祉に回せる予算が減って，将来の世代に大きな禍根を残すことになることを示すこともできたであろう。

　次に，説明しなければならないのは「今まで何とかやってこられたのに，なぜ今？」という疑問に，答えを示すことである。過去の赤字の増大ペースや，今後の見通しを示した上で，現状維持では問題は解決しないことを説明する必要がある。その場合，原因は歳入以上に歳出が多い借金体質なのか，硬直化した予算構造によるムダな失費が続いているせいか，府民の高齢化等による福祉負担の増大なのか，府職員の給与に削減余地はあるのか，全国平均よりも給料の高い自治体があった場合，府の補助金は適切か，などのチェックが必要である。

第3段階：「問題解決の基準を設定する」(establish the criteria for solving the problem)

　ここで必要なのは，問題解決の手段（means）が自分たちの目的（ends）に見合うかを，どのように判断するかという基準（criteria）を決めておく

ことである。基準は，1つでもかまわないが，複数の基準を決めておいた方がより選択肢を広げることができる。同時に，どのような要因が問題解決の手段を狭めるかを考えることも重要である。例えば，(1) 解決案はコストを削減するのか，増加させるのか？ (2) 解決案が効果を表すのにどの程度の期間を要するのか？ (3) 解決案は新たな重要な問題を引き起こさないのか？ (4) 解決案は実行に特殊な人員を必要とするのか？ (5) 解決案は外部の協力をどの程度，必要とするのか？ などである。

　ある家計が1,000万円の借金を抱えていたら，そのままにしておくことは通常ではありえない。年利5パーセントでも50万円の金利が発生するし，支出が1,000万円の家庭であれば，返済のために新たな借金を重ねることになり，理論上，一生返済できないことになり待っているのは自己破産だけである。家計を切りつめるか，アルバイトで収入を増やすかなど，なんらかの手段を講じなくてはならない。先ほどの，5兆円の累積赤字を解消するには，1億円の寄付をする人が5万人必要という例えは，問題の深刻さを説明するにはよい説明であるが解決可能性を考えるためにはマイナスである。そのように巨額の借金返済は，不可能という印象を与えかねないからである。しかし，1人5,000万円の寄付なら50万人，1人500万円なら500万人で，借金返済は可能と付け加えるとよい。

　国家や自治体の場合，赤字を縮小させる可能性は3つある。まず思いつくのは，税金を上げて住民に負担を強いる，あるいはムダまたは削減可能な支出を切りつめるであるが，景気を刺激して「税収を増やす」という手もある。本格的に財政再建を目指すのなら，各3分野で中短期のプランを提示することが必要である。また，国からの地方への権限の委譲を進めて，自主的に使える財源の柔軟性を高めることなども選択肢に入ってくる。

最終段階：「最善の解決案を選び出す」（selecting the best solution）
　この段階では，1つ1つの解決案を順番に吟味していく。その際，第3段階で決定した基準に基づく審議を行っていく。理想的な解決案だと思えなくても，全員が現実的な解決案だと認めることができれば十分な解決案と言える。時間をせくあまりに安易に投票をするよりも，「少なくとも可能性のある中

では最善の策」と納得できるまで対立するグループ・メンバーが時間をかけて論を尽くすことが大切である。新たな提案を採択した時，すべての影響がバラ色ということはありえない。ポイントは，利益が不利益を上回るのかどうか，もし不利益が予想されるのであれば，その対策は可能であるかである。

1.7 ● まとめ：ディベートとクリティカル・シンキング

　我々がクリティカル・シンキングの手法としてのディベートから学べることは，大きく分けて3つある。第1に，コミュニケーション活動としてのディベートの重要性である。事前の準備をすることで，聴衆分析（年齢・性別・関心・経歴・知識，etc.），プレゼンテーション（簡潔に，結論を先に，専門用語を使わずに），相手の意見の認めるべきところは認めた上で意見を展開，基本的なオーラル活動のルール（大きな声で，自信を持って，質疑応答は真摯な態度で），要領のよいノートの取り方などを学ぶことができる。人には得手不得手があり，リサーチの得意な人，プレゼンテーションの得意な人，相手に反論したり質問するのが得意な人がいる。ディベートの試合に参加することで，チームワークの重要性に気づくことも多い。

　第2に，シミュレーション（演習）としてのディベートの重要性である。暫定的に，論題に「イエス」と言ってみたら，どうだろうか（常識を疑うことも大事），仮に「ノー」と言ってみたら，どうだろうか（立場や年齢，性別は関係ない），直感ではなく，資料と分析に基づく議論をする重要性は何か，現状からの施策変更のリスクとチャンスを天秤にかけるやり方か（専門家の意見，研究所のデータ，過去や外国の例）など，クリティカル・シンキングを身に付けられる。実際にプランを採択することは，予算や手間がかかっても，すでに同様なプランを採択した他の国や自治体の例を吟味することで，予想されるメリット，デメリットを比較できる。最初から，実施する可能性をあきらめるのではなく，する理由が1つでもある提案には検討する意義がある。

　最後に，政策決定の手段としてのディベートを学ぶことができる。整理する道具（わからなくてもやってみよう！），教育する道具（わからないからやってみよう！），解決する道具（わかったところでやってみよう！），そし

て民主主義の基礎としての「開かれた意見を交換する場」（public forum for the give-and-take of opinion）を学ぶことができる。ある程度，不利益が予想されても対処可能で，利益が上回ることが見込まれるならばやってみよう，というのがディベートの基本的な考え方である。

　これまで日本では，景気対策の一環として公共事業が実施されてきたが，そこでは，国民による利用度という観点よりも全産業の一部を構成するに過ぎない土建業者の雇用と所得の保障という観点を優先してきたことにみられるように，「個を救うために全体が負担する」という構図が繰り返されてきた。しかし，国の借金が1,000兆円を越える状態となり，もはや日本は「全体を救うためにどの個が既得権益を失うべきか」という時代に入っている。「苦い薬ではあるが，現状では最善の策」と人々に納得させることができるのが，提案側と否定側が議論を戦わせるディベートの最大の効果と言ってもよい。今後，ディベート教育を通じたクリティカル・シンキングの修得によって，日本がさらに成熟した民主主義社会になることを欲してやまない。

鈴木　健

[参考文献]

鈴木健（2006a）「はじめに」鈴木健・大井恭子・竹前文夫編『クリティカル・シンキングと教育—日本の教育を再構築する』世界思想社，i-ivページ。

鈴木健（2006b）「クリティカル・シンキング教育の歴史」鈴木健・大井恭子・竹前文夫編『クリティカル・シンキングと教育—日本の教育を再構築する』世界思想社，4-21ページ。

鈴木健（2008）「羅針盤：日本を変える『議論の訓練』としてのディベート」『月刊自治大阪』財団法人大阪府市町村振興協会，13-16ページ。

鈴木健（2010）『政治レトリックとアメリカ文化—オバマに学ぶ説得コミュニケーション』朝日出版社。

鈴木健・岡部朗一（2009）『説得コミュニケーション論を学ぶ人のために』世界思想社。

松本茂・鈴木健・青沼智（2009）『英語ディベート—理論と実践』玉川大学出版部。

Aristotle（1954）*Rhetoric*, W. R. Roberts（Trans.），NY: The Modern Library.

Campbell, K. K.（1982）*The Rhetorical Act*, Belmont, CA: Wadsworth Publishing Company.

Dewey, J.（1991）*How We Think*, New York : Prometheus Books.

Goodnight, G. T.（1982）"The Personal, Technical, and Public Spheres of Argument: A Speculative Inquiry into the Art of Public Deliberation," *Journal of the American Forensic Association, 18*, pp. 214-227.

Gutmann, A., & Thompson, D. F. (1996) *Democracy and Disagreement: Why Moral Conflict Cannot Be Avoided in Politics, and What Should Be Done about It*, Cambridge, MA: Belknap Press of Harvard University Press.

Inch, E. S., & Warnick, B. (2009) *Critical Thinking and Communication: The Use of Reason in Argument*, 6th ed., Boston, MA: Allyn and Bacon.

Moore, B. N., & Parker, D. N. (2011) *Critical Thinking*, 10th ed., Palo Alto, CA: Mayfield Publishing Company.

Muir, S. A., & Snowball, W. D. (1983) *A Conspectus of Theory and Practice in Academic Debate*, Amherst, MA: University of Massachusetts, Amherst.

Nickerson, R. S., Perkins, D. N., & Smith, E. E. (1985) *The Teaching of Thinking*, Hillsdale, NJ: Lawrence Erlbaum.

第2章
リーダーシップとコミュニケーション

- あなたの理想のリーダー（政治家，指導者，身近な人等）は誰か？ その人が魅力的にみえるのは，なぜか？ 同時に，どのような人の下では働きたくないかも考えてみよう。
- これまで先送りされてきた財政再建や死刑廃止などの問題は，なぜ解決されなかったのか？ 先送りすることで，解決がさらに難しくなる場合には，どうしたらよいだろうか？
- なぜ日本では，強いリーダーシップを持った政治家が生まれないのだろうか？ 制度的問題か，あるいは人材が育ちにくいシステムなのだろうか？

キーワード
- ラーニング・リーダーシップ　■ 変革型リーダーシップ
- 社会的現実　■ パーソナリティ　■ リチーミング

2.1 ● 日本が抱える問題解決をはばむもの：リーダーシップが求められる時代

英雑誌『エコノミスト』（2011年7月30日号）の「日本化」（"Turning Japanese"）特集以来，「日本化」（Japanization, or Japanification）という言葉が欧米メディアにしばしば登場するようになった。「日本化」とは，長期にわたるデフレによって経済が活力をなくし，リーダーが痛みを伴う決断を先送りするために，問題解決をますます難しくしている状況である。

それでは，リーダーシップとは何であろうか。ハックマンとジョンソン

(Hackman & Johnson, 2009) は，リーダーシップを「集団が共有するゴールに達成したり必要性を満たしたりするため，他人の態度や行動を変革する人の行う（象徴的な）コミュニケーションである」(p. 11) と定義している。さらに，彼らはマネージャーとリーダーを区別して，マネージャーが平時，安定時，現状維持と和の時代に機能するのに対して，リーダーは動乱，対立，革新，変化の時代に要請されるとしている。マネージャーが「物事を正す人」(people who do the things right) であるのに対して，リーダーが「正しいことをする人」(people who do the right thing) であるとしている。さらに，マネージャーが身体的な資産に集中することで問題解決を図る（problem-solvers who focus on physical resources）のに対して，リーダーは精神的及び感情的な資産に着目して問題発見する（problem-finders who focus on spiritual and emotional resources）としている。つまり，マネージャーは管理主義的で，物質的な側面から組織の運営を優先して考えるのに対して，リーダーはより人間的で，コミュニケーション的側面から組織を変革・活性化させることで挑戦的に問題に取り組んでいく。高度経済成長時代の日本では，マネージャーが求められていたが，少子高齢化や長期間のデフレが続く現在の日本では，リーダーが求められているのである。

　リーダーシップ・コミュニケーションを考察するために，本章は以下の構成を取る。最初に，リーダーシップの主要理論を概観する。次に，求められているリーダーシップの変化を論じる。最後に，自己分析とパーソナリティーの理論を考察する。

2.2 ● リーダーシップのコミュニケーション論

　リーダーとは，「導く人」(leader) を意味しており，「従う人たち」(followers) がいて初めてリーダーになり得ることはいうまでもない。残念なことに，自らがトップとして部下のやる気を引き出し，組織に最大限の効果を上げさせることが最優先課題であると理解していないリーダーに接することも，近年，多くなっている。例えば，東日本大震災後に「場当たり的」対応による批判を受けて菅直人首相が退陣表明をしてから3か月経った2011年8月末によ

うやく正式退陣が決定した。この間，話題になったのは「いつ」やめるかばかりで，「なぜ」やめるべきかと次の人物が「どのように」政権を引き継ぐかに関してきちんと議論がなされなかった。小泉純一郎以降，1年程度で政権を投げ出す総理が続いている。望まれるリーダー像に関する国民的コンセンサスを作っておかないと，今後も短期政権におわる可能性が高い。

　これまで経営学やコミュニケーション研究分野では，リーダーシップのパターン分析がされてきた（Goleman, Boyatzis & McKee, 2002; Barrett, 2010）。それぞれに長短所があり，組織や直面する状況によって，どれが最適のスタイルであるかは異なる。それでも，典型的パターンを知っておくことで，我々がどのようなリーダーシップを目指すべきか，その組織がどのようなリーダーシップを求めているかに関する指針を得ることができる。

①先見の明がある指導者（Visionary leader）

　社会が新たな「構想」(vision) を要求している時に最適なスタイルであり，人々に夢を共有させる。組織内部で目にみえる形で他人を鼓舞して，公的討論の場でも頻繁にスピーチを行い，会議を招集して，動機付けを行い，指導する発言を聴衆に提供する。ブログ，ソーシャル・ネットワーキング・サービスなどの活用など，指導される人々が近づきやすくする工夫も行う。変化のための会話やディベートを好み，フォロワーにアピールする目的やターゲットを明らかにして自らの思想を表現できる。「聖域なき構造改革」を掲げて，5年間という戦後3位の在任期間を記録した小泉純一郎総理がこうしたタイプの例である。最盛期にメーリングリスト「ライオンハート」読者は百万人を越えており，1日2回のメディア向けの「ぶら下がり」でも人々を魅了するメッセージを送り続けた。

②コーチ型指導者（Coaching leader）

　フォロワーの適性を見極めて組織が求める「目標」(goals) と結び付けることに長けている。部下のパフォーマンスを伸ばすことを手助けし，組織の長期的な能力の向上を達成しようとする。コーチ型リーダーは，訓練と啓発セッションと，他人の成長に責任を取る管理職に重要性を置く，新人教育を重視した文化を提供する。こうしたタイプの例として，近鉄で活躍した野茂

英雄と，オリックスで活躍したイチローを育てた仰木彬監督がいる。ダンディーでスマートというイメージの反面，朗らかで情熱的な人柄の仰木氏は部下から慕われただけでなく，「がんばろうKOBE」のスローガンでオリックスを1995年リーグ優勝，96年日本一に導き名伯楽として慕われた。

③提携型指導者（Affiliative leader）

　組織内の「和」（harmony）を重んじて，部下同士を結び付けることに能力を発揮する。構成員間に不協和音が生じたり，組織内にストレスが充満している時，個人的な対話の機会を持ったり，部下との頻繁な交流を通じて，構成員同士の結びつきを強化する。彼らが体現しようとするのは，チームワークと協調性である。4年連続最下位で「負け犬根性」が染みついていた阪神タイガースを就任2年目の2002年，18年振りのリーグ優勝に導いた星野仙一監督がこうしたタイプである。前任者の野村克也監督が毒舌家だっただけに，選手が「コミュニケーションに餓えている」と見抜いた情熱家の星野監督はうってつけであった。同時に，球界の広い人脈を駆使して，敏腕コーチの招聘，トレードの積極的実施，メジャー帰りの日本人選手獲得など，組織改革の断行にも手腕を発揮した。

④民主的指導者（Democratic leader）

　こうしたリーダーシップは，コンセンサスの構築が求められており，人材の潜在能力が十分に発揮されていない時に必要とされる。民主的指導者は，頻繁な話し合いを重視するだけでなく部下を掌握して，彼らの忠告や意見を吸い上げる方法を確立することができる。よき聞き手であると同時によき共同制作者でもあり，他人をうまく生かすことでアイディアを創造し，問題解決をする達人でもある。自分自身の限界を認識して，他人の力で経験や専門知識の足りなさを埋めることもいとわない。2008年に西武ライオンズを4年振りのリーグ優勝に導き，『寛容力』（2008）の著書がある渡辺久信監督がこうしたタイプである。アーリーワーク（早出特打）を奨励した大久保博元打撃コーチ（当時）と，結果だけではしからないキメ細かい気配りと自主性を重視する野球を目指した。

⑤ペース設定型指導者（Pace-setting leader）

　こうしたリーダーは，高い能力を持つ集団に向いており，挑戦的で刺激に

満ちた目標を目指す場合に，能力を発揮する。自らが率いる組織には強力な方向付けを行い，他の組織に継続的に抜きん出ることを要求する。開かれた議論の場を好まず，自分で決定して最終責任を取る。高いパフォーマンスを要求して，低レベルパフォーマンスには厳しい指摘を行う。そのために結果が伴わない場合には，強い批判にさらされる。中日ドラゴンズで監督を務めた落合博満氏が，こうしたタイプの例である。情に流されない非常な采配，試合後もマスコミに情報提供を行わないなど，勝利至上主義の「俺流」に対する批判も多かったが，冷静にペナントレースの展開を分析して最終的に8年間でリーグ優勝4回，日本一1回を達成した手腕に関しては名将としての評価を受けた。

⑥指揮官型指導者（Commanding leader）

こうしたリーダーは，フォロワーが理屈を言わずに，黙って自らの決定に従うことを要求する。新事業を軌道に乗せたり危機に直面した組織を立て直す際に，最も実力を発揮する。モチベーションが低い部下を指揮したり，危機を脱出したりする「方向付け」に優れている。ただし，きちんとした裏付けなしに権威主義的行動を続けた場合，強い反発を受ける危険と表裏一体である。効果的に機能するのは，組織が大きな方向転換を求められている時である。1978年，ヤクルトスワローズで球団創設初優勝，1982年，西武ライオンズを19年振りのリーグ優勝と24年振りの日本一に導いた広岡達郎監督がこのタイプの例である。弱小球団を短期間で常勝軍団にする「管理野球」は高く評価される一方，現役時代から評論家時代にいたるまで歯に衣を着せない毒舌家としても知られている。

上記の内，最初の4タイプは受容的でオープンなスタイルであり，最後の2タイプは排他的で部下から距離を置くスタイルである。リーダーは，前者タイプのように「プロとしての自覚を持って行動しよう！」と部下の自主性にも訴えられるし，後者タイプのように「それでもお前等はプロか？」と反撥心に訴えることもできる。しかし，リーダーは文脈（context）と聴衆（audience）を理解した上で，その場の状況に最も合った言葉と行動のスタイルを選択しなくてはならない。

2.3 ● 求められるリーダーシップの変化

　コミュニケーション研究の理論では，伝統的指導者の理想像の1つが契約型リーダー（transactional leader）である（Bass & Riggio, 2006; Hackman & Johnson, 2009; Barrett, 2010）。こうしたリーダーは，従えば見返りに物質的な豊かさを約束してくれたが，大量生産，大量消費のオールド・エコノミーと人口も増えて経済が右肩上がりの時代がその背景にあった。こうした社会では，真面目に努力すればほとんどの人が昇進して収入増を期待できた。しかし，IT化が進んだニュー・エコノミー社会では，専門知識や技能を持った人材と同時に指示通りに単純作業をする人々も大量に必要とするために，「勝ち組と負け組」を不可避的に生み出す。例えば，携帯電話をスマートフォンに生まれ変わらせたアップル創業者ジョブスのような天才が巨額の富をつかむ一方，量販店でiPhoneを販売する低賃金労働に従事する大量の店員も同時に必要とする。さらに，グローバリゼーションと子高齢化が進む時代では，特徴ある商品を他に先駆けて開発して，創業者利益を享受することとブランド力によって世界的なシェアを確保することが欠かせない。世界市場を舞台にして，「勝ち組と負け組のメーカー」が生まれる。例えば，日本メーカーの「ガラパゴス化」が叫ばれるようにシャープやソニーは国内では高シェアを取っても，世界的には韓国サムソンにまったく歯が立たないという状況が生まれている。

　クリントン政権の労働長官だった経済学者ライシュは，ニュー・エコノミーが進展すると雇用が二極化する格差社会を避けられないことを指摘して，世界全体の富を拡大しながら所得の再分配を図り，より多くの付加価値が生産の中で生まれるように，教育をはじめとする公共支出の拡大を求めている（例えば，Reich, 2007を参照）。そうした戦略は，企業が生き残る方法であると同時に，労働者に雇用を保障する戦略でもある。

　こうした状況下では，「不確実な環境において変革の目標をかかげ，部下を鼓舞して内からのモチベーションを引き出す」変革型リーダー（transformational leader）が望まれるようになってくる。ハックマンとジョンソン（Hackman & Johnson, 2009）は，変革型リーダーの特徴として，以

下の特徴を挙げている（pp. 104-124）。

① 革新的で展望があり創造的（creative）で，常に現状に満足せずに新しい考え，製品，実行方法を持ち込めないかと挑戦を行う人。
② 自らの意見を表明できたり，考えを他人にはっきり定義できて，他人と一線を画すコミュニケーション能力を持った相互作用的（interactive）な人。
③ 個人，集団，組織の目指す方向を明確に示せる先見の明があり（visionary），人々を興奮させるようなビジョンを提示して目標に邁進させる人。
④ 個人ではできない仕事を権限委譲（empower）によって集団で達成するために，人々に自主性と自立性を持たせる責任ある決定ができる人。
⑤ コミットメントを持っており，仕事そのものと仕事を一緒にする人々に愛情を持つ情熱的（passionate）な人で，彼らのパフォーマンスを最大効率化できる人。

さらにくわしく説明すると変革型リーダーシップは，英語で言った場合には，すべてIで始まる以下の4つの構成概念から成っている（Bass & Riggio, 2006; Hackman & Johnson, 2009; Barrett, 2010）。

①理想化された影響力（Idealized influence）
　リーダーが「ロールモデル」（社会的に模範となるような人物）として，部下が自身の目標，興味，価値観を共有するように導くのである。例えば，松下幸之助は，「水道の蛇口をひねると衛生的で美味しい水が必要なだけ使えるように，品質のよい便利な商品をより安くより多く提供する」という水道理論を掲げて，社員を導き世界的な電気メーカーの松下電器（現，パナソニック）を作り上げた。

②モチベーションの鼓舞（Inspirational motivation）
　リーダーは，使命や目的に対して部下の内的コミットメントを引き出すべきである。「英国病」（長期不況と充実した社会保障に依存した国民の勤労意欲低下が，さらなる経済的な停滞を招く現象）に苦しんでいたイギリスで80年代に保守革命を巻き起こして「鉄の女」と呼ばれたサッチャー首相が，「立

案能力なき官僚は去れ」と呼びかけたことが好例である。
③知的刺激（Intellectual stimulation）
　これは，部下が創造的方法で問題に取り組むよう刺激する必要性である。例えば，ジョブスは，CDやDVDの再生機能をなくすことでラップトップに革命的軽量化をもたらしたMacBook Airによって，音声や動画ファイルをダウンロードするものに変化させることを考えていた。
④個別配慮（Individualized consideration）
　コーチングやメンタリングによって部下の能力の向上させることである。部下には，内向的な人も外向的な人も，直感型の人も沈思黙考型の人もいる。様々な部下の潜在能力を最大化するためには，リーダーは，中間管理職に組織の「促進役」(facilitator)となる人物を配しておかねばならない。

　このようにリーダーには，たとえ危機に際しても，立案能力，説明能力，実行力を発揮できる人物であることが欠かせない。しかし，今，日本社会は様々な分野で「リーダーが危機に対応できないという危機」を迎えている。根本的な問題は，各分野におけるリーダーシップを持った人材を育てるシステムの欠如である。ビジネス分野では，少子高齢化による内需落ち込みと，新興国の追い上げと円高によってデフレ脱却の方向性がみえない。議論によってモデルを構築できるリーダーが，求められているのである。政治分野では，東日本大震災という危機に直面し，与党は原発事故に際して有効な対策を打ち出せず，挙党体制で復興を目指すべき野党も建設的な批判や対案を出せなかったことが記憶に新しい。反対の声があっても，現状ではこれがベストの選択肢であると説得できるリーダーが必要である。教育分野でも，世界水準の学習環境を求めて留学希望者は減る一方であり，国内的にも社内教育の余裕がなくなった企業が求める即戦力を生み出すプログラムへの切り替えが進んでいない。グローバリゼーションが進む中，日本の競争力を維持・強化できるリーダーの育成プログラムが急務なのである。しかし，従来リーダーの類型分析や事例研究は豊富にあっても，どのようにリーダーを育てるかという研究はこれまであまりなかった。
　次項では，リーダーの育て方に関して考察してみたい。

2.4 ● リーダーシップを学ぶ方法

　いったいリーダーとは，どのようにして成長したり，育成できるのであろうか。『ラーニング・リーダーシップ入門』の中で，牛尾奈緒美，石川公彦，志村光太郎（2011）は，「これまでの伝統的なリーダーシップの典型は，権威や権限を背景として，その威光によって，下の者を従えるというイメージで捉えられていたのに対して，サーバント・リーダーシップは，（部下をも含む）職場メンバーへの奉仕を背景として，メンバーの信頼や共感を獲得し，それによって，かえって，自己のリーダーシップを強化するという手法と言えます」と述べる。しかし，サーバント・リーダーシップでさえリーダーからメンバーへという一方的な働きかけにとどまっており，媚びるリーダーや過保護のメンバーが現れるなど弊害があり，必ずしも効果を発揮していないと指摘している。彼らは，今後は双方向や多様性を意味するダイバーシティー（diversity）の視点を取り入れた新たなアプローチが必要となると考えて，具体的な手法として「ラーニング・リーダーシップ」を提唱している。リーダーシップが発揮される方向がリーダーからフォロワーへと一方方向的ではなく双方向的であり，適合的な人材育成や組織学習もその視野に入れている点が特徴である。伝統的リーダーシップとラーニング・リーダーシップの比較に関しては，以下の図表2-1を参照していただきたい。

　彼らの主張で最も注目すべきは，リーダーシップや人材配備をチョイスではなく，プロセスであると指摘した点である。牛尾，石川，志村（2011）は，「最近のリーダーをみると，ここ10年近くの間に，ずいぶんとイメージが変わ

図表2-1　伝統的リーダーシップとラーニング・リーダーシップの特徴

伝統的リーダーシップ論のスタンス	ラーニング・リーダーシップのスタンス
①マニュアル指向性	①個性の反映
②成功体験への埋没	②成功体験からの脱却（状況適応）
③自己中心的	③中心と周縁の互換性
④リーダーとフォロワーの一方通行性	④リーダーとフォロワーの双方向性
⑤人材の画一性	⑤人材の多様性

出所：牛尾，石川，志村（2011）。

ってきたように思いませんか。リーダーの理想的なあり方が，大きく変わってきたように感じませんか。あるいは，従来と変わらないリーダーに対してはいらだちを覚えることはありませんか。もし，そう感じるのであれば，きっとそれは，私たちを取り巻く環境の変化が，私たちの感覚や価値観に影響を与えて，変化を強く促しているからに違いありません」(p. 1) と問いかけた上で，現実が人々と社会の象徴的相互作用により構成されていると考える，社会的構成主義 (social constructivism) に着目する必要性に触れている。

そもそもコミュニケーションとは，「ある状況の参加者たちによって，共有される意味が創造されるプロセス」(the process by which shared meaning is created by participants in the situation) である（鈴木，2010）。物理的な時間を共有していても，彼らの間でまったく相互作用 (interaction) がなかったり何のコンセンサスも形成されたりしなければ，コミュニケーションがないと言えるし，参加者たちが沈黙した状況でも，そこに相互作用やコンセンサスがあれば，そこにはコミュニケーションがあることになる。

通常，社会的状況におけるコミュニケーションでは，生の情報が直接的に与えられることはない。情報はメディアのフィルターを通して与えられているし，提供者の意図が働いていることがほとんどである。社会的現実 (social reality) は，我々に与えられるのではなく，説得的なメッセージを通じて構築されていくのである。人間は，自分たちが構成した社会的現実を利用するだけでなく，その構成物にしばられ時に支配さえする。バーガーとルックマン (2003) は，『現実の社会的構成—知識社会学論考』で，知識社会学は人々の思考とそれが起こる社会的文脈 (social context) の関係にかかわると述べている。以下に，社会的構成主義のポイントをみてみよう。

①世の中のすべての議論は，誰かの利害関係にかかわっている。

そのために，我々は検証可能な現実 (verifiable reality) だけではなく，社会的に構成された現実 (social reality) の中で生きている。例えば，目の前にある机は，みたりさわったりすることで確認可能な現実である。しかし，国籍や国境は，社会的に構成された現実に過ぎない。「国境」という人為的に構築された現実は，国際関係上のパワーバランスや戦争の結果により変わ

ることで、そこに住む人々自身が変わらなくても彼らの「国籍」は変わってしまう。

　我々の思考と外にある社会的現実は、お互いが交流しあうことで新たな社会的現実を生み出す。バーガーとルックマンは、我々の住む象徴的な世界は、すべての社会的に客観化された現実と主観化された現実の意味の回路網（matrix）の中に現れると言っている。例えば、誰でも男性であれば「男らしく」、女性であれば「女らしく」といわれた経験があるはずである。しかし、生物学的性差「セックス」（sex）と社会的性差「ジェンダー」（gender）は、本来、区別されなくてはならない。こうした「男らしさ」「女らしさ」というのは、望ましいとされる雛型に子どもたちをはめ込もうとする社会的な意図に過ぎないのである。

②**我々は社会的に構成された物語の中で生きている。**

　自分や他人に振られた「役割を演じる」（role-playing）ことは、社会的な現実の始まりである。例えば、「男は男らしく、女は女らしく」という育てられ方をした結果、男性は「競争」（competition）という精神世界に生きるようになり、女性は「協調性」（cooperation）という精神世界に生きるようになる。結果として、男性が公的領域である外で「仕事をこなす」、女性が私的領域である内で「家事に従事する」ことを当たり前のこととして受け入れるようになる。こうした社会的な現実の構成にメディアの果たす役割は大きいし、一度構成された現実は、ステレオタイプ化した言語やイメージを形成しやすい。「ステレオタイプ」（stereotype）とは、社会やメディアによって用いられる文化的な紋切り型の見方である。いくつかの単純な説明に言及することで、固定観念に基づくある類型を人々に想起させる。

③**社会的現実は、日常的管理と危機管理を必要とする。**

　実体を持たない社会的現実は、通常、日常的管理（routine maintenance）を必要とし、社会状況が大きく変化した場合には危機管理（crisis management）を要求する。すでに述べたように、社会的現実は、絶対的なものではなく人為的に構成されたものに過ぎない。例えば、東京都知事や大阪府知事が公立学校の卒業式で国歌斉唱に抵抗する教員を処罰の対象にするのは、社会的現実を維持しようとする試みである。また、保守派の国会議員が、夫婦別姓を「伝

統的家族観を破壊しかねない危険なもの」と定義して法制化を阻もうとするのは，社会的現実の危機管理の例である。

このように，我々は社会的に構成された現実の影響下にあると同時に，我々自身がそうした社会的現実の一部である。その意味で，我々には，自分自身と社会を批判的に見直して，よりよく現実を再構成することを目指す責任がある。[*1] 逆にいえば，我々が意識して望むのであれば，既得権益に支えられていたり，人々の不満の高かったりする現実の再構成も可能となる。しかし，社会だけを批判して，自省をしないリーダーやフォロワーに成長はない。同時に，1人1人がよい方向に変わる努力があって初めて，社会全体もよい方向に変わることができるのである。例えば，リーダーも状況の変化に合わせて，自己のスタイルを変える柔軟性と謙虚さが必要である。中日ドラゴンズ監督時代には，指揮官型指導者であった星野仙一氏が，阪神タイガース監督時代に，提携型指導者にスタイルを変えて成功したことが，一例である。まさに，「地位が人を作り，人が地位を作る」である。リーダーもフォロワーも，そうした柔軟性と謙虚さを身に付けるためには自己分析が欠かせないのである。

2.5 ● 基本的自己分析の必要性:「ジョハリの窓」

リーダーになるにしてもフォロワーになるにしても，自分の性格を知っていることは必須であるが，自己分析の機会はなかなかない。昨今，「就職氷河期」といわれるが，企業人と学生のミスマッチが原因の1つになっている。「よい学生」を採用したいと思っているたくさんの企業があり，「自分を生かせる会社」で働きたい学生がいるにもかかわらず，お互いがうまくコミュニケーションできていないのである。現状を表す言葉としてしばしば「売り手市場」が使われるが，売り手は自己アピールがうまくできていないし，買い手は彼らが「入社後にどんな部署でがんばりたい」のかわからないので採用に二の足を踏んでいる。自己アピールには，まず自己分析が大事であり，「ジョハリの鏡」を試してみるとよい。これはアメリカの心理学者ジョセフ・ルフトとハリー・インガムが考えた「対人関係における気づきのモデル」であ

り，2人の名前を合わせて「ジョハリの窓」(The Johari Window) と名付けられた (Adler & Towne, 1990)。以下の図表2−2をみていただきたい。

図表2−2 「ジョハリの窓」：4つの自分

		自分自身が	
		知っている	知らない
他人が	知っている	1 開放された (open) 窓	2 盲点の (blind) 窓
	知らない	3 隠された (hidden) 窓	4 未知の (unknown) 窓

　最初の「開放された窓」とは，自分と周囲の両方が知っている自分である。開けっぴろげで人間関係にストレスを感じていない人は，この部分が肥大化する。こうした人は自己開示も得意で，人の意見にも耳を傾けられる。2番目の「盲点の窓」は，周囲は知っているが自分は知らない自分である。例えば，自分が気づいていないが回りが気づいている長所（例，意外と我慢強い）や，短所（例，根に持つとねちっこい）である。3番目の「隠された窓」は，自分だけが知っていて周囲は知らない自分である（例，親友と思われている人に，実は強いライバル意識を持っている）。最後の「未知の窓」が，まだ自分も周囲も気付いていない自分である（例，無意識の領域や埋もれた才能）。自己分析で「開放された窓」だけに基づき，自らの適性を考えると勘違いをすることがある。「ひとりよがり」は，往々にしてあまりよい結果を招かない。対策としては，自分をよく知る人と互いの「盲点の窓」を指摘しあうとよい。自分はこうみられていると知ることで，自身を振り返り，客観的に自分の適性を考えられるようになる。

　また「隠された窓」も，大事である。もしも他人に隠れた自分を開示することに抵抗があれば，守秘義務のあるカウンセラーや恩師に相談するとよい。

「隠された窓」の部分では決断できなかったことが，しばしば他人に背中を押してもらうことで「未知の窓」が開けることがある。著者も，学生時代に大学院留学を目指していたが，一度断念している。恩師に「会社に入れば英語力も落ちてしまうし，留学はもうダメですね」と言ったところ，「英語力が落ちたら，留学しかないだろ」といわれて，可能性が開けた気分になり3年後に大学院留学を実現することができた。

　客観的にみることができれば，学生も行きたい会社や近い将来に伸びそうな会社だけを訪問するのでなく，自分に合う会社や職種（例，広報，人事，営業等）がわかって職業選択の幅が広がるはずである。現在，入社後，3人に1人が3年以内にやめる時代であることを考えれば，自分が働きたい職種や部署で働いておけば，たとえ転職することになっても，その経験は将来必ず生きてくるはずである。

　ジョセフとハリーが仏教に造詣が深かったかどうかはわからないが，閻魔大王が亡者の裁判をする時に使う道具を浄玻璃の鏡という。鏡には生前の行動のすべてが映し出されるため，いかなる隠し事もできない。もしも嘘をついていることがわかった時には，亡者は舌を抜かれてしまう。「ジョハリの窓」で自己分析して外面やイヤな自分，弱い自分も知っておかないと，将来，就職戦線で痛い目にあうかもしれない。ただし「ジョハリの窓」は，その時の気分や人間関係でも変わってくる。大切なのは，診断結果に一喜一憂することでなく，隠されていた未知の自分を知ったり，欠点に注意できるようになり新たな可能性に気づいたりすることである。自己評価と他人の評価が違うと悩んでいる人は，一度「ジョハリの窓」を使った自己分析を試してみるとよい。

○エクササイズ1

　ジョハリの窓に自分を当てはめて，「4つの自分」をあなたの友人と考えてみよう。

2.6 ● パーソナリティー・タイプ

　適切なリーダーシップやメンバーの相性を決定するのに，しばしば用いられるのがマイヤーズとブリッグスが考案したMBTI診断法（Meyers-Briggs Type Indicator）である（Gardner & Martinko, 1996; Barrett, 2010; Combs, 2011）。精神分析家ユングの理論を応用して，パーソナリティーを分類する4方法に基づいて分類している。以下の内容に関しては，主にハワイパシフィック大学のコミュニケーション学部長コームス氏から情報提供をいただいた。

①**外向的（E, Extravert）か，内向的（I, Introvert）か？**
　この分類は，我々が活力を得る方法（ways of getting energy）を示している。外向的な人（E）は，幅広い興味と他人との交流を求めて，まず考えを口に出してから行動する傾向があり，複数の関係を持とうとする。それに対して，内向的な人（I）は，自己の関心を深めたり他人との密な関係を求めたり，まず考えてから行動を起こし，現実的な関係を持とうとする傾向がある。

②**感覚的（S, Sensational）か，直感的（N, iNtuitive）か？**
　この分類は，我々が情報を解釈し，理解する方法（ways of taking in information）を示している。感覚型の人（S）は，五感を駆使して現状の事実を分析して，現実的できちんとした方法論を好む傾向がある。それに対して，直感型の人（N）は，時には第六感に頼りながら，将来性や目新しさを重視し，空想や仮説を立てることを好み，情報のランダムな組み合わせを行う傾向がある。

③**思考型（T, Thinking）か，感情型（F, Feeling）か？**
　この分類は，我々が意志決定をする方法（ways of making decisions）を示している。思考型の人（T）は，「頭で考える」傾向があり，客観性や理性を重視して，明瞭さを好み，批判的な分析を行いながら決定をする。それに対して，感情型（F）の人は，「ハートで考える」傾向があり，主観性や共感を重視して，寛容さや和を好み，感謝の気持ちでかかわり合いを持とうとする。

④判断型（J，Judgmental）か，知覚型（P，Perceiving）か？

この分類は，我々の人生の過ごし方（ways of living in the world）を示している。判断型の人（J）は，抑制を好み目標を設定して，判断を下すことを好み，まとまりや構造化されたものを選択して，結果を重視する傾向がある。それに対して，知覚型の人（P）は，流れを重視して自然にまかせる傾向があり，様子をみて暫定的で柔軟な対応を行い，開かれた考えを持っており，プロセスを重視する。

以上はあくまで個人の傾向を示しているに過ぎず，例えば，ある人が完全に感覚的とか直感的であるわけではない。誰しも，ある程度，両方の傾向を持っている。しかし，あまりにも正反対の傾向を持った同士の議論は前提となる考え方が違うためにかみ合わないこともある。そうした場合，相手の性向に合わせて自分のスタイルを変えることも大事である。ユングの分類を用いた，さらに典型的な4つのパーソナリティーの組み合わせが以下の4種類である（Combs, 2011）。

①**感覚的知覚型（SP）**

こうした人々は，自由，実際の行動，リスクを取る重要性，自発性を強調する。「職人気質」（artisans）であり，もし結果が伴うのならば手段にはあまりこだわらず，問題にも臨機応変に対応できる。さらに感覚的知覚型は，ISTP（例，冷静な分析に基づき，リスクを取ることもいとわない人），ISFP（例，波風を立てるのを好まず，現状に柔軟に対応する人），ESTP（例，友好的で，まず行動ありきの人），ESFP（例，社交的で，新しい状況にも好んで挑戦する人）の4種類に分類できる。

②**直感的感情型（NF）**

こうした人々は，人々の気持ち，ユニークさ，和を重視する。「理想主義者」（idealists）で，周りがどう感じているかにも気を配り，人を傷つけまいとする。さらに直感的感情型は，INFJ（例，ゆきとどいた気配りができる反面，組織を率いたり従ったりするよう，強い信念に基づく個人主義的な人），INFP（例，省察的で人類愛を持ち，肩の力が抜けており適応能力も

高い人），ENFP（例，情熱的で創造的で，目新しことを好むが細かいことにはあきっぽい人），ENFJ（例，人好きがして注意が外部に向いており，人々を率いるのを楽しめる人）の4種類に分類できる。

③感覚的判断型（SJ）

こうした人々は，伝統，秩序，ルールや理性的なシステムの維持を求める。「守護者」（guardians）であり，逆にいえば，規則が破られることには非常な憤りを感じる。さらに感覚的判断型は，ISTJ（例，何事にも真剣であり，いったん取り組んだら何としても成しとげようとする人），ESTJ（例，体育会系で忠誠心があり，しっかりとした「こうあるべき」という考えを持った人），ESFJ（例，気持ちが温かく気配りに優れて，責任感と義務感も強い人），ISFJ（例，安定と伝統にこだわるが，人情の機微にも通じ，し過ぎるほどの気配りをする）の4種類に分類できる。

④直感的思考型（NT）

こうした人々は，何事においても，原理原則を重視する。「合理主義者」（rationals）で，首尾一貫性，有能さ，理性的であることを好む。さらに直感的思考型は，INTJ（例，独立心と分析力があり，目標達成能力も高い生まれついての指導者），INTP（例，論理的かつ創造的で，非常に優秀だが他人に心を開かずリーダーシップにも関心が低い人），ENTP（例，知識があり論争と新しい考えを好むが，決まり切ったルールを無視して歯に衣を着せない発言をする人），ENTJ（例，独断的な傾向があっても理解力が高く弁も立つが，他人の無能力にはがまんができない人）の4種類に分類できる。

4つのタイプのリーダーは，ある状況においてもそれぞれ異なった対応を取る。例えば，営業マンが売り上げ目標を未達成だったとする。直感的思考型（NT）の場合，なぜ未達成だったかを問いただし，それを修正しようとする。直感的感情型（NF）ならば，事情を話させて，そうした事情ならかわいそうだとして和を重視する。感覚的判断型（SJ）は，事情は事情として理解できるが，目標はあくまで目標であり，ペナルティーを課するのもいとわない。感覚的判断型（SP）は，事情を聞いた上で，その状況に最も適切だと思う方法で対処する。もしもあなたがリーダーなら，求められているリーダーシ

ップ，資質に応じた適材適所の人事，最も効果的なメンバー同士の組み合わせを考えることが必要である。MBTIについてくわしく知りたい方は，入門書としてポール・ティーガーとバーバラ・バロン・ティーガーの『あなたの天職が分かる16の性格』(2008)，『あなたにぴったりの相手がわかる16の性格』(2009) をおすすめする。

2.7 ● リーダーシップと組織の再生

　リーダーとは，卓越した能力や資質を生かして，ある集団や社会で指導的な役割を果たしている人である。そのために単なる学校秀才や難しい試験を突破した人ではリーダーとして十分でなく，高い身分にはそれ相応の高潔な義務（*noblesse oblige*）が伴うことが認識されていなければならない。しかし，日本には真のエリート教育が存在しないために，責任ある決断を下す訓練を受けていない人物が社会的なリーダーにならなければならない状況が続いている（例えば，鈴木，2010を参照）。

　それでは，最悪のトップとは，どのようなリーダーであろうか。それは，責任を放棄して，本質的な問題解決を避け，決定を先延ばしにして末期的状態になっても居座る無干渉主義（*laissez-faire*）の「責任放棄型リーダー」(abdicate leader) である (Hackman & Johnson, 2009, p. 104)。なぜ彼らが最悪かと言えば，目の前の問題を直視せず，人々の耳に心地よく無難な言葉を語り，チャレンジをしないからである。チャレンジなきところには，イノベーション（革新）もなく挫折もない。イノベーションなきところには，新たな可能性が開けることもない。新たな可能性が開けなければ，後から来るものに追いつき追い抜かれる運命である。あるいは，挫折なきところには，反省もない。反省なきところには，言い訳がはびこり新たなチャレンジの可能性がなくなる。現在，世界最高のIT企業の1つであるアップルは，倒産の危機に見舞われた時期に最高経営者に復帰したジョブスが，縮小均衡の道を選ばずにあえてiMacやiPodの発売によって危機を乗り切った。

　ナポレオンは，「リーダーとは，希望を配る人のことをいう」という名言を残したが，リーダーに必要な資質は，ポジティブ・シンキングであり「夢」

を語れることである。ノスタルジックに過去を振り返るのでなく，伝統を踏まえながらも，状況の変化をもとらえて未来志向で行動しなくてはならない。今まで変えられなかった状況を変革できるという意味で「ピンチはチャンス」であり，新しいシステムは，旧システムでは得られなかった新メリットを生み出さなくてはならない。

　日本では，これまでリーダーシップのある人や改革型の人より，無難な意見を述べる人や調整型の人の方が評価されることが多かった。しかし，それではいつまでたってもリーダーシップのある人たちを指導できるリーダーの中のリーダーは育ってこない。組織のトップの目指すべきゴールを，一言でいえば，組織をチームとして機能させることである。ある組織が機能不全に陥っている場合，最終的なゴールは，リチーミング（reteaming）である。伊藤博之（2010）は，「リチーミングは，よりよい方向に変わりたいと願っているグループとそこに属する個人が，一二のステップに基づいてゴールを達成するためのモチベーションをアップさせながら協力体制を構築していく，総括的かつ様々なニーズに応える方法です」（p. 100）と説明している。

　最後に，EAP総研（2012）が作成した12のリチーミングのためのステップ（図表2－3）を紹介して，本章のまとめとしたい。EAPとは，Employee Assistance Programの略であり，働く人々の様々な問題を解決することによって，企業の生産性の維持・向上を支援するメンタル・サポート・プログラムである。以下は，たとえ私企業であっても，役所であっても，プロジェクトを成功させるには欠かせないチェックリストであり，様々な組織や状況に当てはめることができるであろう。

図表2－3　リチーミングの12ステップ

① 理想像を描く。
② ゴールを決める（理想像に近づくために，具体的なゴールを設定）。
③ サポーターを募る。
④ ゴール達成の利点を探る。
⑤ すでにできていることを見つける（ゴール達成のためにすでに努力していること）。
⑥ 今度どんな成長がみられるのかを想像する。
⑦ 想定される困難な部分を見つけ，事前に心の準備をする。

⑧ 自信を付ける。
⑨ 第一歩としてやることを周囲に公言する。
⑩ 成長の記録を付ける。
⑪ 想定される失敗の準備をする。
⑫ 成功を祝い，サポーターに感謝する。

○ エクササイズ2

　東日本大震災以降，日本の政治家のリーダーシップの欠如が問題視される機会が増えている。震災への対応，原発事故への対応，復旧対策などを例にして，与党と野党の両方に関して，何が問題で，どのような選択肢があったのかを考えてみよう。

鈴木　健

[注]
＊1　例えば，フランクフルト学派が提唱してきた批判理論（Critical Theory）に関してフィンスーリン（2007）は，それは「反省的な理論，あるいは，本質的に自己意識的な理論である。批判理論は，自らを生み出した社会的文脈や，社会内部で自らが果たしている機能や，この理論に従事する人間の目的と関心などに反省を加え，そうした反省を理論のうちに組み入れるのである」（p. 13）と語っている。なぜなら，現存する社会が理論を規定するだけでなく，そうした理論が社会を規定するという相互的な関係があるからである。我々は，理論を自明なもの，絶対的なものとしてではなく，あくまで構成されたものとして取り扱わなければならない。同時に，フィンスーリン（2007）は，フランクフルト学派の創始者の1人ホルクハイマーが，批判理論は批判的であるべきと主張したことにも触れている。「批判理論はたんに正しい理解をもたらすだけではなく，現代の社会的・政治的な状況よりもいっそう人間の繁栄に通じるようなそうした状況を創造することを目指さなければならないのである」（p. 14）。

[参考文献]
伊藤博之（2010）「世界が注目！　フィンランド式チーム活性化プログラム」『PRESIDENT』8月16日号，100-102ページ。
EAP総研（2012）Retrieved February 1, 2012, from http://www.eapjp.com/user/index.html.
牛尾奈緒美・石川公彦・志村光太郎（2011）『ラーニング・リーダーシップ入門――ダイバーシティで人と組織を伸ばす』日本経済新聞社。

鈴木健（2010）『政治レトリックとアメリカ文化—オバマに学ぶ説得コミュニケーション』朝日出版社.
鈴木健（2011）「序章：批判理論とパフォーマンス研究」高橋雄一郎・鈴木健編『パフォーマンス研究のキーワード—批判的カルチュラル・スタディーズ入門』世界思想社，3-14ページ。
鈴木健・大井恭子・竹前文夫（2006）『クリティカル・シンキングと教育—日本の教育を再構築する』世界思想社。
ティーガー, P. D., & バロン, B.（2008）栗木さつき訳『あなたの天職がわかる16の性格』主婦の友社。
ティーガー, P. D., & ティーガー, B. B.（2009）栗木さつき訳『あなたにぴったりの相手がわかる16の性格』主婦の友社。
バーガー, P., & ルックマン, T.（2003）山口節郎訳『現実の社会的構成—知識社会学論考』新曜社。
フィンスーリン, J. G.（2007）村岡晋一訳『ハーバーマス』岩波書店。
渡辺久信（2008）『寛容力～怒らないから選手は伸びる』講談社。
Adler, R. B., & Towne, N. (1990) *Looking Out, Looking In: Interpersonal Communication,* Fort Worth, TX: Holt, Rinehart and Winston, Inc.
Barrett, D. J. (2010) *Leadership Communication,* 3rd ed., Boston, MA: McGraw-Hill/Irvin.
Bass, B. M., & Riggio, R. E. (2006) *Transformational Leadership,* 2nd ed., New York: Psychology Press.
Combs, S. C. (2011) "Audience Temperament Adaptation Theory: Applications to and Implications for Argumentation Theory and Practice," A paper presented to the 17th Alta Conference on Argumentation, July 28-31, 2011, Alta, Utah.
Gardner, W. L., & Martinko, M. J. (1996) "Using the Myers-Briggs Type Indicator to Study Mangers: A Literature Review and Research Agenda," *Journal of Management,* Vol. 22, No. 1, pp. 45-83.
Goleman, D., Boyatzis, R., & McKee, A. (2002) *Primal Leadership: Realizing the Power of Emotional Intelligence,* Boston, MA: Harvard Business School Press.
Hackman, M. Z., & Johnson, C. E. (2009) *Leadership: A Communication Perspective,* 5th ed., Long Grove, IL: Waveland Press.
Reich, R. (2007) *Supercapitalism: The Transformation of Business, Democracy, and Everyday Life,* NY: Random House.
"Turning Japanese: The absence of leadership is frightening in the West, but also rather familiar" (2011) *The Economist.* July 31 edition. Retrieved January 9, 2012, from http://www.economist.com/node/21524874.

第3章
公共政策とコミュニケーション

- 現代社会では商品やサービスの供給において，市場が大きな役割を果たしているが，市場にすべてを任せることは望ましいのだろうか？
- 私的な場面での個人的な意思決定と比べて，公共政策における意思決定で考慮しなければならないことは何であろうか？
- 公共政策が形成され，それが実行され，さらにそれがまた形成され，実行されと続く公共政策のサイクルにおいて，コミュニケーションの果たす役割とは何であろうか？

キーワード
- ■市場の失敗　■公共政策のサイクル　■公共選択
- ■「タテ社会」と「ヨコ社会」　■「ウチ」と「ヨソ」

3.1 ● 公共政策を学ぶ意義

　公共政策を学ぶ意義は何であろうか。公共政策とは「政府が行う政策」のことである。政府は，高齢化や地球温暖化など社会における重要な問題を解決するために政策を立案し，それを実行する。公共政策を学ぶ前提として，現代の社会においてどのような問題が重要かを知らなければならないので，公共政策を学ぶことは，必然的に現代社会の重要な問題に目を向ける機会を得ることになる。とりわけ，現代社会はグローバル化の中にあり，ある国の公共政策が他国に影響を与えたり，ある国の公共政策が他国の影響を受けたりする。したがって，公共政策を学ぶことを通じて，世界にも目を向けざる

をえず，広い視野を持つことにつながる。

　また，公共政策は問題の発見から問題の解決に至るまでを考えるので，論理的な思考能力が養われる。解決策を考えるということは，問題となっている現象の原因を考えるということである。さらに，解決策が原因になって，政策効果という結果が導かれる。これについての因果関係も必然的に考えることになる。このような因果関係を考えることで，論理的な思考能力が身に付くのである。公共政策を学ぶことを通じて，論理的な思考能力を身に付けておくことは，不確実性の高い社会を生き抜く上での貴重な財産となるだろう。

　公共政策では，因果関係の推論が重要であるが，因果関係の推論を行う上で有用なのが，経済学である。経済学では，社会の構成員である個人がどのような動機の下で行動し，そうした個人同士の相互依存関係の帰結として社会においてどのような結果がもたらされるかを分析しており，政策効果を予測する上で有用な学問である。また，因果関係を考える前提として，本当に因果関係があると言えるのかが重要である。因果関係の有無をいうためには，必要な情報，とりわけデータがバイアスのない状態で集められ，受け入れられる基準の下で因果関係の有無が判断されなければならない。そのために，有用なのが，社会調査法や統計学である。公共政策を本格的に学び，研究者になろうという場合には，経済学，社会調査法，統計学の知識が必須であろう。

3.2 ● 人間社会とコミュニケーション

　ここでは，公共政策とコミュニケーションについて学ぶが，そもそもコミュニケーションは人間社会にとってどのような意味を持つのだろうか。人は1人では生きていけないし，そもそも1人では存在しえない。人間は母親から生まれ，親の保護の下で育つ。赤ん坊は母親と非言語コミュニケーションを交わしており，母親は赤ん坊が何を欲しているかを態度から読み取っている。赤ん坊は成長していくと言語を習得するようになり，言語がコミュニケーションにおける重要な手段となる。言語の習得によって抽象的な思考が可能になる。やがて学校に通うようになると，取り巻く人たちは友人や先生，さらには近所の住民へと広がる。就職すると，職場の上司，同僚，後輩，取引先

との人間関係が重要になり，結婚すると，配偶者や子ども，配偶者の親族との人間関係が重要になる。

クーリーは，他者という鏡に映った自分を認識することで，人間の自我が形成されると主張した（Cooley, 1909）。自我は，他者とのかかわりにおいて形成されるが，他者には，家庭，地域，学校，職場などにおいて接する人たちが含まれる。近年の日本では，父親の権威低下に伴い母親の影響が大きいといわれている。

人間は成長段階に応じて，周囲の人たちと人間関係を結んでいる。これらの人たちと共生していくには，互いの意思疎通が重要であり，そのためには，言語であれ非言語であれ，意識的であれ無意識的であれ，必然的にコミュニケーションを行わざるをえない。

上記の人たちと比べれば，人間関係は薄いものの，生活していくためには，買い物をする必要があり，この時にも売り手とコミュニケーションを交わしている。他方で，各人は社会の構成員として，国や地方自治体の政策を委ねる政治家を決めるための投票を行うが，政治家の公約は，主としてマス・メディアを通じたマス・コミュニケーションによって伝達されている。このように，人は1人では存在しえず，人間関係の濃い薄いはあるにせよ，周りの人や社会との相互依存関係の中で生きているのであり，このような相互依存関係を成り立たせているものが，コミュニケーションである。コミュニケーションとは，当たり前に存在し，それを意識しない「空気」のようなものである。しかし，空気がないと人が生きていけないように，コミュニケーションを行わなければ，人が生きていくのは困難であり，高度な人間社会を構築することはできない。

3.3 ● 市場経済とコミュニケーション

日本を含む多くの先進国は，自由主義社会であり，経済システムとして基本的に市場経済を採用している。ここでは，市場経済とコミュニケーションについて考えてみよう。市場経済では，消費者は自らの判断で購入したい商品の種類や量を決定し，企業は自らの判断で販売したい商品の種類や量を決

定している。消費者の希望は需要曲線によって，企業の希望は供給曲線によって示されるが，両者は市場で出会い，消費者の購入したい量と企業の販売したい量が一致するように商品の価格が決まる。図表3－1のDが需要曲線であり，Sが供給曲線である。この商品の価格はPに決まり，取引量はQに決まる。

ここで，図表3－1で示した商品が健康によいことがわかり，消費者がそれを多く求めるようになったとしよう。この状況は需要曲線のDからD′へのシフトで表される。すると，その商品の価格がPからP′へと上がり，その商品を多く生産すべきというメッセージが企業に伝わる。企業は価格が上昇したという情報を受けて，生産量をQからQ′へと増加させる。

他方で，ある商品の原材料が不足する場合を考えてみよう。この状況は図表3－2で示されている。原材料が不足する前の状況下では，需要曲線はDで，供給曲線はSで示され，商品の価格はPに，取引量はQに決まる。ここで，この商品の原材料が不足したとしよう。原材料の不足によって原材料の価格が上がったとすると，それを使って生産される商品の費用も上がるので，供給曲線はSからS′へシフトする。この時，この商品の価格はPからP′へと上昇する。消費者は価格が上昇したという情報を受けて，それを大切に使うべきというメッセージも受け取り，消費者は購入量をQからQ′へと減らす。市場経済では価格が消費者や企業に情報を伝達する機能を持ち，価格を通じたコミュニケーションがなされていると考えることができる。

図表3－1　需要曲線のシフト

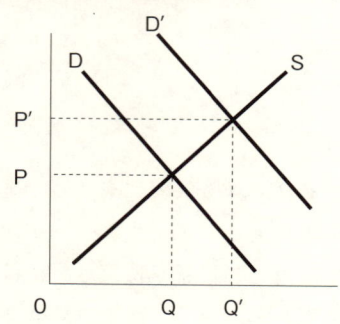

図表3－2　供給曲線のシフト

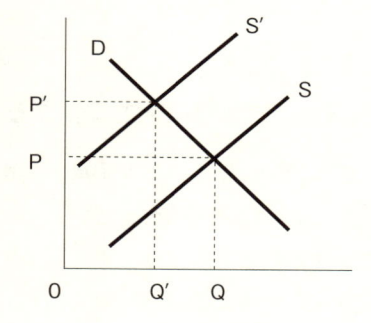

○ **エクササイズ1**

> ある地域の農産物の一部が放射能に汚染されていることが判明した。この地域の農産物の価格と取引量は，以前と比べ，どのように変化すると予想されるか？　需要曲線と供給曲線を使って説明しなさい。

3.4 ● 市場の失敗と公共政策

　市場経済の下では，価格を通じた情報伝達メカニズムにより消費者が望むものが最も無駄なく生産され，それを消費者が手にすることができるのであるが，市場経済は万能ではなく，市場経済に任せておいては解決できない問題も存在する。市場経済に任せておいても必要な商品が生産されなかったり，生産されたとしても，社会的に望ましい量より多過ぎたり，少な過ぎたりする場合などがある。このような場合は，「市場の失敗」と呼ばれる。市場が解決できない大きな問題としては，外部効果，不確実性，所得分配の不公平などの問題がある。以下では，外部効果と不確実性を取り上げてみよう。

①外部効果

　外部効果とは，市場の取引にかかわる当事者以外の第三者に便益や損害（費用負担）が及ぶ現象である。代表的な事例として，地球環境問題がある。二酸化炭素の増加は，その排出のもとになる商品の取引にかかわる当事者以外の第三者，すなわち世界の人々や将来の世代に気象変動による災害や不作，海面上昇による陸地の減少などを通じて損害（費用負担）をもたらす。通常の取引であれば，商品の生産にかかわるあらゆる費用は価格に反映され，そのすべての費用はその商品から便益を得る消費者が負担するのであるが，外部効果が生じる商品の場合は，第三者へ与える損害分の費用が価格に反映されないため，その分，価格が低くなり，その分，過剰にその商品が消費され，二酸化炭素も過剰に排出されてしまうのである。この問題を解決するためには，政府の役割が重要であり，外部効果の範囲が地球規模であるため，各国の政府の協調に基づく公共政策が必要とされる。

②不確実性

不確実性に関しては，年金制度が挙げられる。年金の加入者は約40年間にわたり保険料を納め，約20年間にわたり年金給付を受け取るので，1人の加入者がかかわる期間は約60年にも及ぶ。年金制度を適切に運用するには，加入者の寿命，所得の上昇率，集めた保険料の運用利率，インフレ率などを長期にわたり予測しなければならないが，長い期間の間には天変地異，戦争，大不況などが起きる可能性があり，民間の保険会社が老後の生活に耐えうるような水準の終身年金を提供するのは困難である。戦後，政府の役割として，主に警察や国防などを提供する夜警国家のみならず，生活の安定にも責任を持つ福祉国家の役割も求められており，公共政策の役割も拡大している。人間の一生の中でも高齢期は，生活が最も安定しない時期であり，少子・高齢化が進む日本において，社会保障を中心とした高齢化にかかわる公共政策の重要性が高まっている。

　なお，民間の自由な経済活動，すなわち市場経済に任せておいてうまくいかない時に政府の介入，すなわち公共政策の実施が正当化されるが，政府が介入しても問題を解決できなかったり，介入が新たな問題を引き起こすこともありうる。このような状況は，「政府の失敗」と呼ばれる。例えば，高速道路が不足している時代には，特別な組織を作り，高速道路を効率的に建設していくことが有効であるが，やがて高速道路を建設すること自体が目的化し，高速道路を建設する必要が薄れても，それを建設し続けるということが起こりうる。

3.5 ● 公共政策とコミュニケーション

　公共政策とコミュニケーションの関係はどうなっているのだろうか。公共政策を学ぶ上で，コミュニケーション学の知識は必要なのだろうか。

　公共政策を考える際に，2つに分けて考えることが有用である。1つは，政策の決定，すなわち，「政策がいかにして決定されるか」であり，もう1つは，政策効果，すなわち「決定された政策がどのような効果を持つか」である。もちろん，これら2つは密接に関連しており，決定された政策によって効果が決まり，効果の予測に基づいて政策が決定されるという関係にある。政策

効果の予測に関しては，経済学が大きな威力を発揮するが，ここでは，政策効果の議論には立ち入らない。これについては，青木他（2012）などを参考にしてほしい。

コミュニケーションが重要な意味を持つのは，公共政策の決定にかかわる場面である。政策の決定に関しては，日本のような先進諸国の場合，公共政策は，民主主義に基づく政治プロセスによって決定される。我々は社会の構成員として，公共政策を決める政治家を選ぶ権利があり，投票によって国や自治体の政策を決める政治家が決まる。投票を決めるに当たって重要なのが，政治家の公約であるが，公約は主としてマス・コミュニケーションと呼ばれるマス・メディアからの一方向コミュニケーションによって伝達される。政策を決める政治家を選ぶ際の選挙関連の報道以外にも，政策の効果や世論を通じた政策の評価なども，主としてマス・メディアによるマス・コミュニケーションが情報の仲立ちをしている。それゆえ，政策の決定過程において，マス・コミュニケーションが大きな役割を果たしているので，その功罪を理解する必要がある。

また，コミュニケーションとは，メッセージの送り手から受け手へメッセージを伝達する行為であるが，伝達されるメッセージがどのような意味を持つものとして解釈されるか，伝達されるメッセージが受け手の行動に大きく影響するか否かは，受け手の側の認知にかかっている。送り手と受け手の間で意味の共有がなされない場合やそれがなされていても受け手の行動に影響を与えない場合があり，その時の文脈や人間に内在する心理的な特性により，ある種のバイアスを持って解釈される場合もある。

政府による政策，すなわち公共政策が仮に実行すべき政策であったとしても，政府と国民との間のコミュニケーションがうまくいかず，国民が政策の内容をよく理解していないために，実行すべき政策が実行されないという事態もありうる。これは社会にとっての大きな損失であり，このような事態を回避するためのコミュニケーションのあり方を研究することが重要である。他方で，コミュニケーションの研究の範囲を超えた人間自身に内在する根源的な問題もある。たとえコミュニケーションがうまくいき，送り手と受け手の間で情報の共有がなされたとしても，受け手が社会的な観点から間違った判断

を下す場合である。例えば，環境問題や年金問題にみられるケースであるが，政策に関するメッセージを受け取る国民が，他の地域の人々の犠牲や将来世代の人々への負担の先送りによって，自己の利益の拡大を図るケースである。このようにコミュニケーションについて深く考えていくと，人間そのものについて考えざるをえなくなるのである。

3.6 ● 公共政策のサイクル

　国レベルの公共政策は，図表3-3のようなサイクルで示される。公共政策のサイクルで登場する重要な主体としては，国民，政治家（政府），マス・メディアがあり，この節では，これらの主体を取り上げる。他の主体として，利益集団や政府を構成する官僚などがあるが，これが果たす役割については，加藤（1999）などが詳しい。利益集団や官僚にも注目した公共選択論には興味深い論点が含まれているので，次節では公共選択論を取り上げる。

　この節では，図表3-3を用いて，公共政策のサイクルについての説明を行ってみよう。政治家は政権の獲得を目指して，民意を反映するか，民意をリードする形で公共政策に関する公約をつくる。政治家は公約を自ら発信したり，マス・メディアによるテレビや新聞での報道，テレビでの討論番組を通じて公約を伝達する。投票者である国民は政治家の公約などに基づいて，自らが望ましいと考える政治家に投票する。投票で選ばれた政治家は，原則的に公約を基にして公共政策を決定し，実施する。政策の結果は，主としてマス・メディアを通じて国民に伝達される。公共政策は，公約に基づく場合もあれば，公約に基づかない場合もあるが，いずれにせよ，マス・メディア

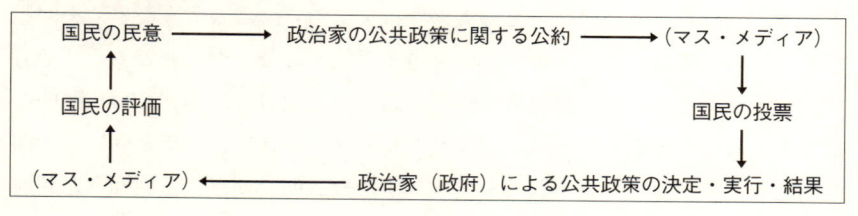

図表3-3　公共政策のサイクル

```
国民の民意 ──────→ 政治家の公共政策に関する公約 ──────→ （マス・メディア）
   ↑                                                              ↓
国民の評価                                                     国民の投票
   ↑                                                              ↓
（マス・メディア）←──────── 政治家（政府）による公共政策の決定・実行・結果
```

を通じた世論調査によって評価される。次の選挙では，公共政策に対する評価や立候補する政治家の公約などに基づいて，次期の政権を担当する政治家が選ばれる。

　図表3－3のような公共政策のサイクルがうまく働くためには，どのような条件が必要であろうか。公共政策のサイクルがうまく働くためには，各主体がそれぞれ適切な役割を果たす必要がある。

①**国民**

　投票権を有する国民は，投票行動を通じて，社会の構成員として責務を果たさなければならない。通常の市場取引では，取引から生じる便益と費用負担は取引の当事者である買い手のみに限定されるので，個人の利益の観点から意思決定を行うことが望ましいが，公共政策の場合，各投票者による投票の結果は他の投票者にも影響を及ぼす。公共政策は，必然的に他の人々にも影響を及ぼすものであり，それゆえ，社会の構成員が関与して政策を決めている。公共政策の影響は，投票者各人の範囲を超えているので，投票権を有する国民1人1人は，自分の利益だけでなく，他の地域の人々や将来世代の利益にも配慮した広い視点からの投票行動が求められる。賢い国民でないと民主主義は機能しないし，賢い国民でないと適切な公共政策は立案されないと言える。

②**政治家（政府）**

　実際に公共政策を立案し，それを実行する政治家（政府）は，民意をくみ上げ，民意にも基づく適正な公共政策を立案・実施したり，必要に応じてリーダーシップを発揮し，国の将来の方向性を示し，それに基づく公共政策を立案・実施したりしなければならない。

③**マス・メディア**

　政治家（政府）と国民の間のコミュニケーションを仲立ちするマス・メディアは，バイアスのない情報を伝達しなければならない。さらに，マス・メディアは，必要に応じて，大きな権力を持つ政府を監視し，正しい世論の形成を促進しなければならない場合もある。

　公共政策のサイクルがうまく働くためには，各主体が上記に示したような役割を果たす必要があるが，現実においてこのような役割が果たされている

のだろうか。次節では，公共選択論について論じ，次々節以降で，図表3－3で示される公共政策のサイクルに登場するマス・メディア，政治家，国民について詳しく論じることにしたい。

3.7 ● 公共選択論と公共政策

公共選択論では，民主主義という制度に注目し，公共政策は民主主義の制度の下で決定され，そこに登場する主体（投票者である国民，政治家，官僚，利益集団）は，それぞれ自己の利益を最大化すると想定する。公共選択論の論者は，政治家，官僚，利益集団の3者の相互の利益による結びつきと投票者の黙認の結果，政府の規模拡大がもたらされると主張する。それは次のようなメカニズムによる。政治家は官僚に予算を付ける見返りに，官僚から活動の支援を受ける。政治家が利益集団から献金と票を受け取る見返りと官僚が利益集団から天下りのポストを受け取る見返りに，利益集団が政治家と官僚から公共工事を受注し，補助金を受け，規制によって守ってもらう。このように3者の相互の利益による結びつきによって生じる結果は，政府規模の拡大である。他方で，投票者は政府規模の拡大を監視することから得られる便益（政府規模の抑制による税負担の減少）よりも監視することのコストの方が大きいため，政府の活動に無関心でいることが合理的であり，政府規模の拡大に歯止めがかからない。

他方で，ブキャナンとワグナーは，不況下での景気浮揚のための政府の財政赤字は，好況下であっても，投票者に不人気な増税や政府支出の抑制によって埋め合わされることはなく，財政赤字偏重になると主張した（Buchanan and Wagner, 1977）。短期的にも財政赤字を許すと，政治家は増税をせず，政府支出を拡大しようとする。ブキャナンとワグナーは，このような公債発行による公共サービスの供給量の拡大，さらには，複雑で間接税中心の租税制度，貨幣の増発が，投票者（納税者）の知覚する公共サービスの価格（公共サービス1単位当たりで感じる負担感）を引き下げ，さらなる公共サービスの需要量の拡大を誘発し，政府支出の拡大を招くと論じた。このように投票者（納税者）が財政負担を本来の負担以下に感じてしまう現象は，財政錯

覚と呼ばれている。こうした政府の肥大化を助長してしまう民主主義の制度に内在する欠点を是正する方策として，ブキャナンとワグナーは憲法によって均衡予算原則を政府に義務付けることを提案している。

　国民の政治的無関心は，公共政策の帰結が自身の利害にかかわっているのみならず，社会全体の利害にもかかわっているという視点を欠いているからである。また，憲法による赤字財政の制限についても，それが個々人の利害より社会全体の利害を優先させていることを国民が理解する必要がある。いずれにせよ，公共選択論が問題視する政府規模の拡大に歯止めをかけられるかは，投票者である国民1人1人が問われている問題であると言えよう。

3.8 ● マス・メディアと公共政策

　ここから，図表3－3の公共政策のサイクルに話を戻すことにしよう。公共政策とコミュニケーションとの関係を考えるに当たり，政治家もしくは政府と国民の間に介在し，公共政策にかかわる情報を国民に伝達する役割を果たすマス・メディアの存在は重要である。この節では，マス・メディアについて取り上げてみよう。

　マス・メディアとは，新聞，テレビ，ラジオなどであり，情報の送り手であるマス・メディアから情報の受け手である国民へ向けて一方向のコミュニケーションがなされる。このようなコミュニケーションは，マス・コミュニケーションと呼ばれ，非常に多数の受け手を対象にしているのが特徴である。マス・コミュニケーションでは，全国民が同じ内容の情報に同時に触れることが可能であり，マス・メディアの影響力の大きさがしばしば論じられている。

　公共政策のサイクルが適切に機能するためには，マス・メディアはバイアスのない客観性の高い情報の伝達を求められるが，果たしてそれは可能なのだろうか。アドニーとメインは現実を3つに分類しており，現実の出来事は客観的現実，マス・メディアがつくる疑似環境は象徴的現実，受け手の意識の中でつくられる現実は主観的現実であると論じている（Adoni and Mane, 1984）。情報が人間に伝達する際には認知というフィルターを通過しなければならず，マス・メディアも人間が担っているため，完全に客観的な情報伝

達を行うことは難しい。何らかのバイアスが生じる可能性がある。日本人はマス・メディアの中でも，テレビとの接触時間が長いが，テレビ局，とりわけ民放のテレビ局はCMスポンサーからの収入で成り立っており，視聴率を上げようというインセンティブが強く働いている。そのため，やらせ，ねつ造，娯楽偏重などの弊害が指摘されており，公共政策との関連では，政策より政局，増税の議論より政治家の言い間違いなどのあら捜しなどが優先され，マス・メディアが公共政策をうまく機能させるための仲介機能を果たせないおそれがある。だだし，これはマス・メディアの問題にとどまらず，テレビを視聴している国民自身がそれを求めているという側面があるため，国民1人1人が問われている問題でもある。なお，新聞は，娯楽性を求められておらず，購買料収入の割合が高いため，テレビほど弊害は大きくないが，記事は人間が書いており，認知のバイアスから完全に免れることはできない。

　また，客観的な情報伝達で注意しなければならない点は，現実社会の情報は無限にあるが，マス・メディアを通じて一定の時間内もしくは一定の紙面内に伝達できる情報の量には限りがあるという点である。さらにいえば，情報を受け取る国民の各人の情報の許容量やその処理能力にも限りがある。マス・メディアが伝達できる情報に限りがあるので，マス・メディアは伝達すべき情報を選別し，その順位付けを行わざるをえない。マコームズとショーは，マス・メディアの持つ議題設定効果を論じており，マス・メディアはすべての争点を報道できないので，取り上げる争点の優先順位を付けるが，これが国民にとっての優先順位も決めてしまうと論じている（McCombs and Shaw, 1972）。このような議題設定効果があるとした場合に，重要なのは，それが適切な公共政策の立案・実施に寄与するものか，それともそれを妨げるものかという点である。

　マス・メディアに携わる人たちと議論して感じるのが，専門職業集団としての強いプロフェッショナリズムである。その具体的な内容は，権力を監視し，正しい世論の形成，ひいては適切な公共政策の立案・実施に寄与したいという気概である。医師や教員も専門職業集団を構成しており，サービスの受け手である患者や学生に多大な影響を与えうる立場にある。サービスの質を決めるのは，専門職業集団の専門的な能力は当然のこととして，強いプロ

フェッショナリズムがあるか否かである。これは、マス・メディアにも当てはまることであり、プロフェッショナリズムの存在がマス・メディアの弊害に歯止めをかけていると言えよう。

3.9 ● 政治家と国民のコミュニケーション

　池田（2000）によると、コミュニケーションには3つの目標がある。目標の1つは説得であり、メッセージの送り手が受け手にメッセージを送ることで、受け手の行動に影響を与えようとすることである。目標の2つ目はリアリティの共有であり、知識、経験、意見を受け手と共有し、受け手に理解してもらい、共感してもらうことである。目標の3つ目は情報環境の形成である。意図するにせよ、意図せざるにせよ、受け手にメッセージが伝わる、伝わってくるということである。

　政治家と投票者である国民とのコミュニケーションは、3つの目標のうち、説得とリアリティの共有に関係している。政治家は政権を得るため、自分に投票してもらうように投票者である国民を説得しようとし、リアリティの共有を図ることによって共感してもらおうとする。どのような場合に説得が効果を持つかについては、これまで多くの研究がなされてきている。マクウェールによると、コミュニケーションが生起する状況や文脈、送り手の特徴や受け手の特徴などが重要であり（McQuail, 1975）、ホヴランド他は、受け手が送り手に対して抱く信頼性が高いほど、説得の効果は大きくなると論じた（Hovland, Janis and Kelley, 1953）。

　また、ジョーンズは、送り手は受け手から承認されたい、よくみられたいので、受け手の機嫌を取るようなコミュニケーションを行うと主張し（Jones, 1964）、ローゼンとテッサーは、送り手は受け手に嫌われたくないために、メッセージが受け手にとって不愉快な内容を持つ場合はそれを受け手に伝えたがらないと論じた（Rosen and Tesser, 1970）。

　これらの知見を政治家と国民のコミュニケーションに当てはめてみると、政治家の主張が説得力を持つためには、メッセージの内容以前の問題として、政治家が信頼に値する人物である必要がある。日本では、政治家が権力のあ

る地位に就くと，スキャンダルを含め何か不正がないかといった調査がマス・メディアを通じてなされる傾向がある。スキャンダルなどが判明すると，政治能力が高いとしても，その政治家は国民の支持を失う。日本人は，「出る杭は打たれる」という諺が示すように，突出した人物の出現を嫌う傾向がある。ある政治家の〇〇が首相になったとたんに，あら捜しが始まり，「〇〇降ろし」が始まることもしばしばである。政治家は潔癖であるべきなのは当然であるが，それが行き過ぎると，国のリーダーが次々と変わり，政治が不安定化するおそれもある。

　また，政治家は国民の支持を受けるためには，国民に迎合するメッセージを発したり，少なくとも国民に嫌われることを避けるためには，国民の聞きたくないメッセージをあえて発しないという行動を取るだろう。この傾向が強まると，政治家は国民にとって耳に心地よいメッセージ（例えば，給付金の支給など）ばかりを発し，国民にとって耳障りな悪いメッセージ（例えば，増税など）はあえて発しないことになる。その結果，負担が先送りされたり，二酸化炭素が増加し続けるなどして，他の地域の人たちや将来世代につけをまわすことになってしまう。これは，政治家の問題にとどまらず，それを求める国民の問題ともいえる。

　とりわけ，日本人は，公の場では，周囲の人との調和，円滑な人間関係の維持を重視する傾向にあり，周囲との和を乱してまで，激しく議論を戦わせるということは避けようとする。中根（1967）は，日本を「タテ社会」，西洋を「ヨコ社会」と表現した。日本は，上下関係を重視し，上の者が下の者を配慮し，下の者が上の者に従うことで安定した人間関係が得られ，人々が安心する。他方で，民主主義制度においては，各人は平等であり，各人は自立した主体とみなされる。この制度の下で，個々人が激しく議論を戦わせ，意見のやりとりを通じて勝敗を争い，秩序を形成していくが，このような民主主義的な手法が日本ではうまく機能しない可能性がある。公共政策を決める方法としては，民主主義しか選択肢がない状況であるが，日本において民主主義がうまく機能するかという問題は，問われるべき根源的な問題の1つと言える。

3.10 ● 日本人の国民性と民主主義

　日本でうまく民主主義が機能するかを考える上で，日本人の国民性を理解することが有用である．ここでは，そのために参考となる議論を展開している林（1996）と中根（1967）を取り上げることにしよう．

　林（1996）は，現代の日本人には父性が欠如しており，父性を復権させることが必要であると主張した．まず，この議論からみていこう．人類における家族の形成を考えてみると，知能の発達に伴い脳が大きくなった人類は，子が産道を通れるように，脳の小さいうちに産む．子は未熟なため，母がつきっきりで子の世話をしなければならず，このような弱い立場を保護するために，父の役割が必要とされた．これが家族の形成であり，母の役割は子の身近にいて世話を焼き，父の役割は外敵から家族を守り，食料を確保し，他の父と協力することであり，子に外の社会を経験させ，社会のルールを教えることである．

　現代の社会では，母が社会に出て働き，生活費を稼ぎ，父が子育てを行うことも可能なので，上記のような役割を男女で固定するものではないが，林（1996）が提示している論点は，それを男性が担うにせよ，女性が担うにせよ，現代の日本人には父性が欠如しているという点である．

　父性とは従来，父が担っていた役割であり，リーダーシップをとって家族をまとめあげ，目指すべき理念を掲げ，全体的な視点に立ち，社会のルールを教えることである．母性は，個々の行為についてのよい悪いを教えるが，社会全体のよい悪いの原理は教えない．母性では，自分が得することが目的になり，他人に勝つ技術を優先して教える．現代の日本では，家族内での父の権威が低下し，母の影響力が高まっているが，父が父性を発揮できないと，家族はまとまりを欠き，善悪の感覚のない人間，全体的な視点のない利己的な人間，無気力な人間が増えてしまう．

　父性の欠如がもたらす民主主義への影響としては，全体の将来を考え，リーダーシップをとり，全体をまとめる力を持つ人間が育ちにくいという点が挙げられる．むしろ傑出した人の出現を嫌う．ある政治家が総理大臣になると，すぐにスキャンダルや言い間違いなどのあら捜しが始まり，その政治家

を総理大臣から降ろそうとする運動が巻き起こる。総理大臣や大臣がすぐ変わるようでは，安定した政権運営は望めない。

　また，公共政策のサイクルにおいて，政治家の立場になるにせよ，投票者の立場になるにせよ，マス・メディアの立場になるにせよ，個人の利益が優先し，他の地域の人や将来世代のへの配慮といった全体的な視点を欠く場合には，適切な公共政策が形成されないおそれがある。高齢化に伴う社会保障給付の増加に対し，負担を先送りし，財政赤字の拡大を続ければ，日本の民主主義では，自浄能力が働かず，IMF（国際通貨基金）などによる外圧を通じた強制的な解決に頼らざるをえなくなるだろう。なお，林は日本に父性が欠如した理由として，日本の敗戦を挙げており，戦争体験による外傷，いかなる価値も信じられなくなったことやコンプレックスが父性をなくす方向に働いたと論じている。

　次に，中根（1967）の議論を取り上げてみよう。中根は日本の社会集団に注目した。日本では，個人の属している社会集団として，個人の属性（氏，学歴，地位，職種など）よりも属している場（○○会社，○○大学など）が重視される。場による集団内では，構成員間の感情的な一体感，仲間意識，安心感が生み出され，同じ構成員は「ウチ」の者であり，その中ですべてが完結すると考える。その集団の外の人は「ヨソ」者として差別される。そして，日本において個人の属する集団は他に優先する1つのみである。日本人以外の他の社会では，個人はいくつもの集団に属しており，集団間の関係を円滑に保つことで社会活動がうまく成り立つと考える。日本の集団は，排他的であり，非社交的である。

　また，日本における場を通じた集団の組織の特徴は，「タテ」の関係，すなわち序列が重視されるという点にある。日本では，同僚間でも序列意識が強いため，連帯感が弱く，「ヨコ」の意識が弱い。大学を例に取ると，アメリカやイギリスでは，教員同士（教授と講師）がファーストネームで呼び合い，連帯意識が強いが，日本では，教員同士でも序列意識が強く，教授と弟子のようなタテの結びつきが強い。図表3−4で示されるように，日本のようなタテの構造を持つ組織では，頂点にリーダーがいて，その下に幹部がいて，さらにその下に部下がいて，下に行くほど枝分かれしていくという樹形図の

図表3-4 タテ構造の組織

出所：中根（1967）。

図表3-5 ヨコ構造の組織

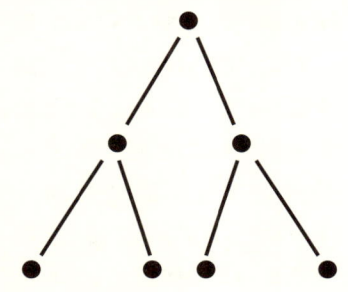

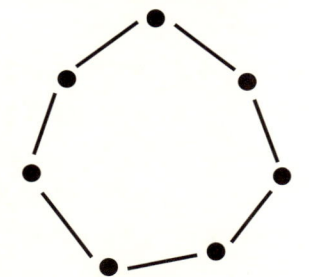

出所：中根（1967）。

ような構造を取る。この集団は，親分と子分のような極めて情緒的な人間関係に支えられており，集団の決定に不統一がある場合は，ヒエラルキーによる力関係が働き，上位の者の意見に落ち着く。論理より人間関係に基づく力関係が優先する。会議における議論では，後輩が先輩に反論できないなどにみられるように相手に与える感情的な配慮が入るため，論理に基づく真の議論は難しい。このような集団は，民主主義的な決定とはなじまないと言える。

他方で，ヨコの構造を持つ組織では，図表3-5で示されるように，構成員はヨコにつながっており，サークル型の構造になっている。力関係よりも論理が優先し，ヒエラルキーがないので，すべての構成員は同じウエイトで意見をいえる。このような組織は民主主義になじむと言える。なお，ヨコ社会が民主主義になじむという議論に関連して，山岸（1998）は，日本は集団主義の社会であり，集団内では，仲間同士で安心していられるが，他の者はヨソ者であり，心を許さないので，人間一般に対する信頼が育ちにくくなると主張し，パットナムは，家族や集団の枠を超えた一般的な信頼が市民社会の伝統の中心であり，民主主義を効率的に運営するためにはこれが必要であると論じた（Putnam, 1993）。

日本のようなタテの関係が強い組織では，人間関係をうまく操れる人がリーダーになりやすいが，リーダー自身の仕事の能力が高いとは限らない。リーダーが直属の幹部より圧倒的に力関係が強い場合はリーダーシップを発揮できるが，直属の幹部の力が強い場合は，直属の幹部の意見に譲歩せざるを

おえず，十分なリーダーシップは発揮できない。

　林（1996）や中根（1967）の議論から，日本人の国民性は外国から輸入した民主主義にうまく適合しないことが予想され，現実の政治においても，論理や合理性よりも国民感情を刺激しないことなどを重視した決定がしばしばなされている。重要なことは，日本人の国民性と外国人の国民性の違いを正しく理解し，その時々の状況に適合した思考や行動パターンを取ることである。会社などの組織とは異なり，公共政策が決定される政治の場では，民主主義による決定しか選択肢がない状況である。民主主義がうまく機能するためには，それに合った思考や行動パターンを取る必要がある。会社などの組織ではタテ型の構造が残るにしても，公共政策を決める民主主義の場では，情緒的な人間関係よりも論理を優先させ，議論に参加する者は，対等の立場で意見を言い合えることが必要であり，投票者である国民も情緒的な人間関係よりも論理に基づいて投票しなければならない。

○**エクササイズ2**

　日本では民主主義がうまく機能していると考えられるか？　問題があるとすれば何か？　問題を解決するためにどうしたらよいか？

3.11 ● インターネット社会と公共政策

　図表3−3で示した公共政策のサイクルにおいて，政治家と国民のコミュニケーションを仲立ちする媒体としてマス・メディアを取り上げたが，ここでは，インターネットに注目し，インターネットが公共政策に与える影響を考察してみよう。インターネットの普及に伴いマス・メディアを経ない，政治家と国民間，政治家間，国民間それぞれの直接かつ双方向のコミュニケーションが可能になっている。実際に政治家が自身のホームページから国民に直接，情報を発信したり，事業仕分けをインターネットで生中継したりしている。国民は以前と比べて，より多様な情報にアクセスすることが可能になり，自ら情報を発信することも可能である。したがって，公共政策をより多

角的に評価する機会が増えたと言える。ただし，インターネットによる情報は，情報の受け手が自ら能動的に情報にアクセスする必要があるため，インターネットから情報を得るためには，インターネットが使いこなせること，それを使いこなせたとしても，情報にアクセスしようとする意志がなければならない。公共政策に関心がなければ，たとえ有用な情報がインターネット上に存在していたとしても，それが国民の投票行動に生かされることはない。

マス・メディアによる報道は，情報環境を形成しており，情報の受け手である国民が意図する，しないにかかわらず，自然と国民に届くという側面がある。また，誰でも情報を発信できるインターネットと比べ，社会からの監視の目とプロフェッショナリズムに支えられたマス・メディアの情報の方が一般的には信憑性は高いとみなすことができるだろう。

池田（2000）は，インターネットの普及は，人々の個々の趣味や関心に応じたインターネット上の集団形成を促進するため，社会的なリアリティが危機に瀕し，社会的争点が人々に共有されない可能性を指摘した。そうだとすると，インターネットの普及は，人々の個別の関心をより優先させることを促し，社会全体への関心をより弱めてしまう可能性があるだろう。インターネットを活用した被災地でのボランティアへの参加や世界各地の民主化運動への支援などのように人々の個別の関心と社会全体の利益が一致している場合は，インターネットの普及が社会全体の利益を促進する側面があるが，人々の個別の関心と社会全体の利益が一致しない場合，例えば，将来世代へのつけを回避するための増税や二酸化炭素の抑制などについては，人々の個別の関心を引かず，社会が関心を向けるべき問題が等閑視されるおそれがある。この場合には，社会は高度な情報化社会であるにもかかわらず，適切な公共政策が形成されないおそれが生じる。この問題は，究極的にはインターネットの問題というより，それを使いこなす人間自体の問題と言える。

3.12 ● 適切な公共政策が形成されるために

適切な公共政策が形成されるためには，どうしたらよいのだろうか。これまで，公共政策とコミュニケーションについて論じてきたが，問題の究極の

所在は，我々国民自身にあると言ってよいだろう。最後に，適切な公共政策を形成するという問題意識の下で，我々国民1人1人がどうあるべきかを論じてみよう。

公共政策の形成は民主主義を基礎としている。したがって，民主主義をうまく機能させなければならない。そのためには，我々国民1人1人がこの制度に適合した思考や行動パターンを取らなければならない。民主主義の下では，その構成員は平等であり，主体的に行動する必要がある。議論の場では，各構成員は他の人の意見をしっかり理解し，自分の意見をしっかり述べなければならない。人の意見の要点を把握し，自分の意見を受け入れてもらうには論理がしっかりしていなければならず，論理的な思考能力が必要である。とりわけ，公共政策を議論する場合，因果関係の推論が不可欠なため，論理的な思考能力が要求される。これは政治家を含め，投票権を持つ国民1人1人にいえる。

日本人は上下関係を重視し，上の者は下の者に配慮し，下の者に従う。このような関係の下で，日本人は安定と安心を得る。日本人は互いに周囲の人の気持ちを察し，周囲の人との円滑な人間関係を保とうとする。日本人の人付き合いでは，情緒的な心の交流が重要であり，言語によるコミュニケーションより非言語によるコミュニケーションが重視される。

しかし，グローバル化が進んだ現代社会においては，欧米の人たちを含む世界の人たちと付き合いをせざるをえない。欧米の人たちとうまくコミュニケーションを取るためには，論理や合理性を重視する欧米の人たちの国民性をよく理解し，自分の意思を言葉で発する言語によるコミュニケーション能力を身に付けなければならない。欧米の人たちを含む世界の人たちを「ヨソ」者とみなし，心を閉ざしていては，グローバル化に乗り遅れてしまう。

以上のこと，すなわち，第1に，公共政策が民主主義を基礎としていること，第2に，グローバル化の下で多様な文化的な背景をもった人たちと付き合っていかなければならないことから，日本人的な思考や行動パターンと異なる論理的な思考に裏打ちされたコミュニケーションの能力の習得と実践が，我々日本人に求められるのである。

さらに，公共政策に特徴的なこととして，公共政策の帰結が，自分以外の

他の多くの人たち，例えば，他の地域の人たちや将来世代にも影響を与えるという点がある。公共政策の形成においては，自分の利害のみでなく，他の人たちにも配慮した広い視点からの意思決定が求められる。これは，政治家のみならず，投票権を持つ国民1人1人についてもいえる。

公共政策のサイクルがうまく機能し，適切な公共政策が形成されるかは，我々1人1人にかかっていると言えるだろう。

塚原康博

[参考文献]

青木孝子・鑓田亨・安藤潤・塚原康博（2012）『入門現代経済学要論（第2版）』白桃書房。
浅川雅美（2004）「説得的コミュニケーション」岡野雅雄編著『わかりやすいコミュニケーション学―基礎から応用まで―』三和書籍，149-172ページ。
池田謙一（2000）『コミュニケーション』東京大学出版会。
植村勝彦（1990）「地域社会におけるコミュニケーション」『人間とコミュニケーション』ナカニシヤ出版，172-185ページ。
大石裕（2006）『コミュニケーション研究（第2版）』慶應義塾大学出版会。
加藤寛編（1999）『入門公共選択―政治の経済学―（改訂版）』三嶺書房。
竹下俊郎（2008）『メディアの議題設定機能：マスコミ効果研究における理論と実証』学文社。
田崎勝也（2004）「異文化コミュニケーション」岡野雅雄編著『わかりやすいコミュニケーション学―基礎から応用まで―』三和書籍，57-87ページ。
塚原康博（2010）『医師と患者の情報コミュニケーション　患者満足度の実証分析』薬事日報社。
中根千枝（1967）『タテ社会の人間関係』講談社。
林道義（1996）『父性の復権』中央公論社。
原岡一馬（1990）「人間とコミュニケーション」『人間とコミュニケーション』ナカニシヤ出版，11-27ページ。
船津衛（2010）『コミュニケーション・入門（改訂版）』有斐閣。
水野智（1990）「説得とコミュニケーション」『人間とコミュニケーション』ナカニシヤ出版，93-105ページ。
諸橋泰樹（2004）「マス・コミュニケーション」岡野雅雄編著『わかりやすいコミュニケーション学―基礎から応用まで―』三和書籍，117-148ページ。
山岸俊男（1998）『信頼の構造―こころと社会の進化ゲーム』東京大学出版会。
Adoni, H., & Mane S. (1984) "Media and the Social Construction of Reality : Toward an Integration of Theory and Research," *Communication Research*, Vol. 11, pp. 323-340.（谷藤悦史・大石裕編訳（2002）『リーディングス　政治コミュニケーション』一藝社）

Buchanan, J., & Wagner R.（1977）*Democracy in Deficit : The Political Legacy of Load Keynes*, Academic Press.（深沢実・菊池威訳（1980）『赤字財政の政治経済学』文眞堂）

Cooley, C. H.（1909）*Social Organization : A Study of the Larger Mind*, New York : Scribner.（大橋幸・菊池美代志訳（1970）『社会組織論：拡大する意識の研究』青木書店）

Hovland, C., Janis, I. & Kelley, H.（1953）*Communication and Persuasion*, Yale University Press.（辻正三・今井省吾訳（1960）『コミュニケーションと説得』誠信書房）

Jones, E.（1964）*Ingratiation : A Social Psychological Analysis*, Appleton-Century-Crofts.

McCombs, M., & Shaw, D.（1972）"The Agenda-Setting Function of Mass Media," *Public Opinion Quarterly*, Vol. 33, pp. 176-187.

McCombs, M., Einsiedel, E. & Weaver, D.（1991）*Contemporary Public Opinion : Issues and the News*, Lawrence Erlbaum Associates, Inc.（大石裕訳（1994）『ニュース・メディアと世論』関西大学出版部）

McQuail, D.（1975）*Communication*, Longman Group Limited.（山中正剛監訳（1979）『コミュニケーションの社会学』川島書店）

Putnam, R.（1993）*Making Democracy Work : Civil Traditions in Modern Italy*, Princeton University Press.（河田潤一訳（2001）『哲学する民主主義：伝統と改革の市民的構造』NTT出版）

Rosen, S., & Tesser, A.（1970）"On Reluctance to Communicate Undesirable Information : The Mum Effect," *Sociometry*, Vol. 33, pp. 253-263.

Sherif, M., & Hovland, C.（1961）*Social Judgment : Assimilation and Contrast Effects in Communication and Attitude Change*, Yale University Press.（柿崎祐一監訳（1977）『社会的判断の法則　コミュニケーションと態度変化』ミネルヴァ書房）

第**4**章

意思決定とコミュニケーション
―議論による合意の形成と不合意の創出

- あなたは議論に対してどのようなイメージを抱いているだろうか？ また，議論というコミュニケーション形態の特徴は何だろうか？
- よい議論と悪い議論を分ける基準は何だろうか？ また，相手と建設的な議論をするために注意すべきことは何だろうか？
- どのような場面で議論は意思決定の手段として有効だろうか？ 逆に，どのような状況では議論による意思決定を避けるべきだろうか？

キーワード
■ 議論　■ 意思決定　■ 合理性　■ 議論領域　■ 熟語民主主義

4.1 ● はじめに

　人と話をするのが好きな人でも，議論をすることは苦手だと感じている人は多い。話し下手と自覚している人なら，なおさらそうであろう。その要因の1つは，議論につきまとう攻撃的なイメージにある。書店の棚に並ぶ関連書籍をみても，議論に負けない方法を伝授することを謳った本が多く，議論を勝ち負けの問題として捉える傾向が強いことがわかる。そのため，議論好きの国民性を持つと思われがちな米国でも，議論は「言葉の対立（verbal hostility）」（Rybacki & Rybacki, 2011, p. 1）として否定的にみられることが多い。

　それでも，私たちは生きる上で議論を避けることはできないし，議論をすべき状況も多い。例えば，家族と中華料理店に出掛けた際にフカヒレを食べ

るかどうかは，個人の好みで決めればよいが，フカヒレの販売を法律で規制すべきかどうかは，公の場で議論を尽くした上で決めなければならない。また，カップルが籍を入れるかどうか，親の介護をどのようにすべきか，といったプライベートな問題でも，当事者同士で議論をし，お互いが納得のいく決断を下す必要がある。

　私たちは，日常的に様々な目的で議論をするが，本章が主に関心を寄せるのは，公共の事柄に関する意思決定の際に議論が果たす役割である。民主的な意思決定プロセスにおいてコミュニケーションは重要な役割を果たすが，ただ単に話し合えばよいというわけではなく，一定の条件と手続きを満たしたコミュニケーションが行われる必要がある。本章では，議論という行為に焦点を当てながら，民主主義社会における意思決定とコミュニケーションの関係を考えていく。

4.2 ● コミュニケーション過程としての議論

　議論とは，裏付けのある主張を提示することで，聞き手の態度や行動に影響を与えることを目的としたコミュニケーションである。したがって，議論の参加者は，思いつきで意見を述べたり，相手の主張を好き嫌いで評価したりせずに，意見や主張を支える理由や事実を重視する必要がある。

　議論の構造を定式化したものとして最も有名なのが，イギリスの哲学者スティーブン・トゥールミンによるモデル（通称，トゥールミン・モデル）である。トゥールミン（2011）によると，議論は，少なくとも主張（claim），データ（data），論拠（warrant）の3つの要素を含む。

①主張とは，議論の結論のことであり，主張に対する聴衆の同意を得ることが議論の目的である。
②データとは，主張をサポートする事実や情報のことであり，事例，統計，専門家の見解，目撃者の証言など，様々な種類が挙げられる。
③論拠とは，データと結論を結び付ける理由付けのことである。明確に示されるデータとは異なり，論拠は暗示される場合が多い。

これらの要素からなる議論を例示したものが，図表4−1である。

図表4−1　議論の構造（トゥールミン・モデル）

```
主張 ：日本はあらゆる捕鯨活動を中止すべきである
  ↑
     論拠：捕鯨活動はクジラを絶滅の危機にさらす

データ：多くの種類のクジラは絶滅の恐れがある
```

　ただし，図表4−1で示した例は，議論の最も単純な構造であり，トゥールミン自身も述べているように，議論の出発点に過ぎない。実際の場面では，こうした個々の主張としてではなく，様々な主張がやり取りされるコミュニケーション過程として，議論は理解される必要がある。例えば，反捕鯨団体は，絶滅危惧種の保全という観点からだけでなく，クジラが知的な動物であること，水銀含有量の高い鯨肉を食することは健康に害をもたらすことなど，複数の理由を持ち出して，捕鯨活動の中止を訴えている。それに対して，捕鯨を容認する側も，捕鯨が日本の食文化に根ざしていること，管理された捕鯨であればクジラ種の安定的な生息には影響を与えないことなど，多くの理由を挙げて，自らの主張に説得力を持たせようとする。さらに，容認派と反対派は，相手の主張にもそれぞれ反論を行っており，こうした相互のやり取りを通して変化・発展していくのが，コミュニケーション過程としての議論の特徴である。

　よい議論をするためには，論理的な議論を構築する（making logical arguments）だけでなく，聴衆に対して効果的に議論をする（arguing effectively）ことも重要である。「[議論は]聞かれもせず，読まれもしないならば，何の活動もなかったことになる」（ペレルマン，1980, p. 32）からだ。例えば，捕鯨問題に関心がない層に訴えかける場合は，単にデータを提示するだけでなく，彼らの感情に働きかけることで，捕鯨問題に興味を持たせ，自分たちの主張を魅力的にみせる工夫も必要となるだろう。

　このように，議論には説得的側面があるが，議論と説得を同一視することはできない。ひたすら恐怖や不安に訴える説得は，どんなに効果的であっても合理的とはいえないからだ。合理性（reasonableness）は，議論の要件の1つなのである。同時に，議論学の領域では，理性（rationality）に基づ

く論証と合理性に基づく議論が区別されていることにも注意が必要である。確実な証拠に基づく論証に対して，合理的な議論は，「恐らく正しいであろう（probably true）」（もしくは「一般的に受け入れられている（generally accepted）」）証拠に依拠しているため，議論によって得られる結論は，客観的な真理ではなく暫定的な合意に過ぎない。例えば，脳死の基準は法律で定められており，専門家が医学的見地から正確に脳死判定をすることは可能である。ただし，脳死を人の死として認めるかどうかは，「生きている価値のある生とは何か」という正答のない問いを含むため，私たちは議論を重ねた上で，現時点で最も合理的な選択をせざるをえない。現在，脳死は人の死として法律で認められているが，依然として反対意見を持つ人もいるし，今後の医療の進歩や社会通念の変化によっては法律が見直されることもあるかもしれない。このように，厳密な意味で議論に決着がつくことはなく，議論を通した決定は常に再考の余地が残されているのである。

　合理性は議論に不可欠な概念ではあるが，何が合理的な議論であるかは状況によって変わる。トーマス・グッドナイト（Goodnight, 1982）によると，私たちが生きる社会には3つの議論領域（argument spheres）があり，各領域で，誰によってどのような議論がなされ，評価されるのかが異なる。

① 私的領域（the personal sphere）では，何をどのように議論するか，そもそも議論をするかどうかの決定が当事者に任されていることが多い。例えば，みたい映画が友達と食い違った場合，議論によって決めることも一案だが，そうすると友人関係にひびが入ったり，結局意見がまとまらずにみたい映画を見逃すことになりかねない。その場合，「この映画，ずっとみたかったんだ。お願いだから一緒にみよう！」と懇願することで，友達を説き伏せた方が得策かもしれない。また，私的領域では合理性の基準もさほど高くなく，うろ覚えの記憶で話したことが，主張を裏付けるのに十分なデータとみなされることもある。

② 専門的領域（the technical sphere）での議論は，特定の分野の専門家同士で行われる。裁判，研究者会議，会社での会議，学術雑誌における議論などが，これに当たる。専門的領域における議論に参加するためには豊富な知識と経験が必要とされるため，たとえ一般に公開されていても，門外

漢には敷居が高い。例えば、宇宙の膨張速度を巡る議論に参加するためには、最先端物理学の知識はもちろんのこと、解像度の高い観測機器を使って得られたデータを解析し、論文にまとめあげた上で、専門誌の査読を通過しなければならず、「素人」にはほぼ不可能である。ただし、専門的な議論領域の閉鎖性自体は特に問題ではない。専門家同士が議論を積み重ねることで初めて解明される現象や説明できる問題も多く、私的領域や公的領域における議論とは異なる意義や価値を持っているからである。

③公的領域（the public sphere）での議論は、以下の2つの意味で公的な営みである。1つ目は、議論が公開性の原則に貫かれていることである。公開性とは、誰もが議論に参加することができ、議論の過程や内容が公表され、批判可能性に開かれていることを意味する。2つ目は、取り上げるテーマの公共性である。これは、社会全体に影響を及ぼしうる事柄については、公の場で十分に議論をして何をするのかを決めるべきだという原則に基づいている。

私的、専門的、公的な議論領域はそれぞれ異なる特徴を持っているが、まったく分離しているわけではなく、図表4-2に示すように、重複する部分もある。例えば、民事調停は、争いの当事者同士で解決策を協議するが、裁判官や調停委員も話し合いに参加して、中立・専門的立場から紛争解決に当たっており、私的領域と専門領域が交差する場で起こる議論だと言える。

また、各領域内での議論のあり方や評価基準は固定的なものではなく、時

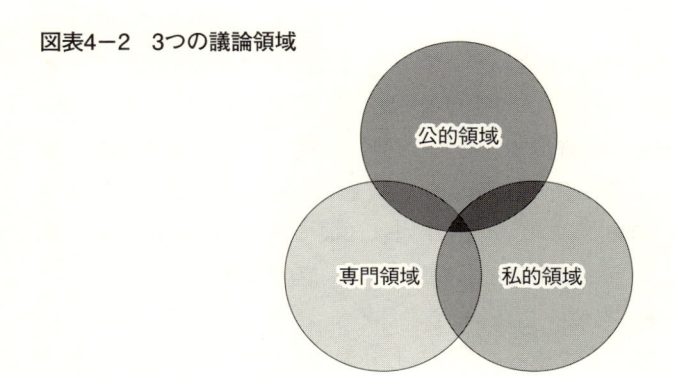

図表4-2　3つの議論領域

代によって変化するし，議論が主に行われる領域が移行することもある。例えば，夫による妻に対する暴力は，かつては家庭内で解決すべき私的な問題だと認識されていたが，ドメスティック・バイオレンス（DV）として社会問題化され，現在ではDV防止と被害者の人権擁護を目的とした法律まで制定されている。その背景には，「個人的なことは政治的なことである（the personal is political）」というスローガンを掲げ，生殖や中絶といった従来は私的な問題とされてきた事柄を公的領域で訴え出たフェミニズム運動の功績があるのだ。このように私的な議論領域と公的な議論領域の境目が流動化していることが，現代社会の特徴の1つである。

　現代社会のもう1つの特徴は，専門的な議論領域による公的な議論領域の侵食である。これは，本来は公の場で市民が議論をして決めるべき問題の多くが，専門家に委ねられるようになったことを意味する。もちろん，現代社会が直面する複雑な問題に対処するためには，専門家の知見は欠かせない。例えば，原子力発電所の安全性は科学的根拠に基づいて評価されるべきだし，原子力発電所が重大な事故を起こす確率が非常に低いという大多数の専門家の見解は軽視すべきではない。しかし，その確率が受容可能かどうかは技術的に決めることはできず，公的領域における市民，行政，専門家を交えた議論を通して判断しなくてはならない。しかしながら，これまで日本の原子力政策は一部の専門家と政治的エリートの間で決められ，市民が意思決定プロセスに参加する機会は極端に制限されてきた。この点については，4.4節でさらに詳しく触れることにしたい。

　最後に，議論は「言葉のやり取り」だと思われがちだが，写真や映像，服装，建造物なども議論の手段になり得る。これらは視覚的議論（visual argument）と呼ばれ，近年，その役割や機能に対する注目が高まっている。例えば，中絶反対派は，超音波装置を使った胎児の写真（特に妊娠後期の新生児に近い胎児の写真）を使用することで，「胎児の声」を「代弁」しようとする（Pickering, 2003）。この場合，胎児は人間であり，したがって中絶は殺人行為であるという主張を裏付ける根拠として写真が使われているのである。また，自らの身体を使って議論をすることもできる。例えば，デモでは，横断幕を掲げたり，拡声器を使って主張したりするだけでなく，多数の参加

者が同じ場所に集まって，街中を歩くこと自体が沿道の人たちへの訴えかけとなる。公民権運動の指導者であったマーティン・ルーサー・キング牧師は雄弁家として名高いが，彼は公民権運動で「歩く」ことを戦略の中心に据えたという（立花，2012, p. 56）。1963年8月のワシントン大行進には，黒人だけでなく，運動に賛同する他の有色人種や白人も数多く参加しており，彼らが共に歩く姿そのものが人種隔離政策廃止を訴える強烈なメッセージとなった。これも身体を使った議論の一例と言えるだろう。

○ **エクササイズ1**

> 中絶問題や捕鯨問題などの社会論争において，どのような視覚的議論が，容認派・反対派双方の主張を裏付け，聴衆の同意を得るために用いられているのかを調べてみよう。

4.3 ● 熟議民主主義とコミュニケーション

　民主主義における政治的意思決定は，多数決と合意形成の2種類に大別されるが，いずれの場合も話し合いが前提となる。ただし，多数決の場合，ある時点で話し合いを打ち切って投票に移るため，常に少数意見の無視を伴い，「数の支配」に陥る危険性をはらんでいる。その一方で，多数決については，国民投票や議会の決議など詳細な規則がそれぞれ存在するが，民主的な合意形成の手続きを定めたルールはほとんどない。そのため，表面上は全会一致で決まっても，そもそも異論を持つ人たちがその場にいなかったり，「本当は不満があったけど，いえる雰囲気ではなかった」と感じる人がいたりと，みせかけの合意に過ぎないことも多い。とはいえ，大勢の人が集まり合意を目指してとことん話し合った結果，最終的に話がまとまらず，行動の時機を逸することもしばしばある。特に，原子力発電の是非のように意見が激しく対立したり，様々な利害が絡んだりする問題の場合，議会で議論を通して合意に達するのは至難の業だし，ましてや「国民的合意」を形成するのは不可能と言ってよいだろう。

それでは，多数決による少数意見の切り捨ては看過できないが，話し合いによって合意に到ることも現実的でない場合，どのような条件を満たした意思決定であれば「民主的」と呼べるのだろうか。こうした問いは，民主主義社会に生きる私たちに常について回る問題である。この問題に正面から取り組んだ理論はいろいろとあるが，本章が注目するのは熟議民主主義 (deliberative democracy) という考えである。熟議民主主義とは，文字通り熟議，つまり熟慮と議論を重ねて拘束力のある集合的意思決定をしようという民主主義のモデルであり，参加者が制約を設けずに自由に議論し，「よりよい議論の力 (the force of the better argument)」以外の強制力によらずに意思決定をすることを原理とする。ドイツの哲学者ユルゲン・ハーバーマス (1994) によると，多数決の原則は，合理的に動機付けられた議論による意見形成と時間的制約の中で行う必要のある意思決定を両立するための取り決めであり，したがって議決後も，その決定の妥当性は批判的吟味に晒されなければならない。有権者により選ばれた議員による決定そのものではなく，公開の場における熟議を通してもたらされた結論であるという前提が，議決の正統性を担保するのである。

　もっとも，議会での意思決定が熟議によって導かれていればよいという訳でもない。間接（代表制）民主主義制では，市民は議会における話し合いに直接参加できないし，議決と民意にずれがあっても制度的には何もできないからだ。そうかと言って，多忙な毎日を送る私たちには，すべての法案や案件を審議する時間も，そのために必要な知識を身に付ける余裕もない。何よりも，古代ギリシアのように都市国家の市民が一堂に会して議論をすることは物理的に不可能である。したがって，私たちは政治的意思決定のかなりの部分を政治家に委ねざるをえない。

　そこで重要となるのが，公的領域での民主的熟議 (democratic deliberation) を通した非公式な意見形成である。ハーバーマス (2002, pp. 216-217) は，議会と公的領域（公共圏）[*1]との関係について，以下のように主張している。

　　それ自体として討議的に構造化された公共圏から，つまり権力が稀薄で，より草の根に近い，多元主義的な公共圏から流入してくる様々な刺激，すなわち主題，発言，情報，根拠を，この討議がうまくすくいあげ，敏感に

反応し，引き受けることができる場合にのみ，代表により実施される討議は，すべての構成員の平等な参加という条件を満たすことができる。

　つまり，公的領域での非公式な意見形成を，議会における制度化された意思決定に媒介させることが，熟議民主主義の活性化につながるということである。例えば，放射性物質の除染対象地域は，有識者からなる検討会が基本方針案を作成し，それを環境省が検討した後に省令で定めることになっている。つまり，制度的には市民が関与する余地はない。しかし，検討会の提言を受けて策定された環境省の当初の方針（年間5ミリシーベルト以上の地域が除染対象）に対して，専門家，地元自治体，市民の間から異論が相次ぎ，最終的に彼らの要望に応える形で，1ミリシーベルト以上の地域を国の責任で除染することに決まった。こうした方針転換の背景には，科学的によくわかっていない低線量放射線被ばくや体内被ばくのリスクについて公的領域で活発な議論が行われたことがある。このように，熟議民主主義では，「市民社会における熟議の成果としての意思『形成』を国家における意思『決定』へと媒介すること」（田村，2008，p. 133）が重要となる。

4.4 ● 公共性が操作される場としての公的領域

　熟議的民主主義論がモデルとする公的領域での自由で制約のない議論が，現実に行われることは稀であろう。それどころか，ハーバーマス（1994，p. 234）は，公的領域が，公権力によって公共性が操作され，公衆の前で披露される場になっていることを鋭く批判している。

　ハーバーマスが指摘するように，国や地方自治体が主催するフォーラムは，政策決定後に市民の理解を求めるために開かれる形式的な儀式に過ぎないことが多いし，政策に対する国民的（住民的）合意を演出するために利用されることすらある。その事例として，2005年12月25日に佐賀県が主催した玄海原発プルサーマル計画を巡る公開討論会を取り上げることにする。[*2] 九州電力は2004年4月に佐賀県玄海町にある玄海原子力発電所3号機でプルサーマルを実施する決定をし，国の安全審査を経て，翌年9月にプルサーマル計画の実施許可が下りていた。プルサーマル実施のように原発施設に重要な変

更を加える際は自治体の事前了解が必要となるが，佐賀県は事前了解の条件の1つとして，地元住民や県民に納得できる形で議論を進めることを九州電力に求めていた。こうした県側の意向に沿う形で，九州電力は2005年2月20日にプルサーマル計画をテーマとした公開討論会を開催し，国も10月2日に同テーマに関するシンポジウムを実施した。こうした公的フォーラムの実施は法律で義務付けられているわけではないが，ウラン燃料用に設計された軽水炉でMOX燃料（混合酸化物）を使用するプルサーマル計画の安全性に不安を抱く地元住民に理解を求めると共に，行政や事業者への信頼を築く目的で企画された。

ここで取り上げる12月の公開討論会は，10月に国主催のシンポジウムを傍聴した知事が，プルサーマル計画の必要性については住民の一定の理解を得られたものの，安全性については説明不足であると厳しい評価を示したため，開催の運びとなった（b, p. 21）。そのため，プルサーマル計画の安全性にテーマを絞って推進派と慎重派が討論する形式になっており，聴衆からの質疑応答にも多くの時間が設けられている。知事は，当日の討論の内容や質疑応答の結果を参考にして，プルサーマル計画の是非を最終的に判断するものとみられており，公開討論会は議論を通して形成された意見を地方自治体の意思決定に反映させる場として位置付けられていた。

しかし，実際には，地元住民の意見が佐賀県や九州電力によって操作される場として公開討論会は利用されてしまう。具体的な問題点としては，以下の3つを挙げることができる。

① まずは，九州電力による参加者の組織的動員の問題である。公開討論会への約1000名の応募者のうち，650名以上が「九州電力関係者」だったとされ，当日の入場者も関係者が占める割合が高かったと推測される（b, p. 23）。こうした組織的動員の目的の1つは，会場に空席を作らないことで，地元住民のプルサーマル計画への関心の高さを演出することにあったという。

さらに，九州電力は，過去2回の討論会・シンポジウムにおいて慎重派による質問が圧倒的に多かったことに懸念を抱き，「地元住民の声」が反対意見で埋め尽くされないように，20名程度の「仕込み質問者」を事前に用意していた（b, p. 26）。当日は18名が質問をし，8名が賛成の立

場から発言しているが，このうちの7名は仕込み質問者であった（b, p. 29）。つまり，仕込み質問を除けば，反対の立場からの質問が10件，賛成の立場からの質問がわずか1件だったということである。討論会後に，知事は質疑応答で賛成と反対の双方の立場から意見が出たことを好意的に評価している（b, p. 30）が，実際には九州電力によって捏造された意見の対立に過ぎなかったのである。

② 2つ目の問題は，公開討論会のテーマが「プルサーマル計画の安全性」に限定されていたことである。もちろん，どの公開討論会でも主催者がテーマを設定するため，参加者がまったく制約の無い議論をすることはできない。しかし，ここでの問題は，討論会のテーマがウラン燃料とプルサーマルの安全余裕の差といった技術的な問題に限定された結果，原子力工学の専門家以外が意味ある形で討論会に参加することが困難になっていることである。言い換えれば，この公開討論会では，原子力のエネルギー利用の是非という，本来，公開の場で行政，専門家，市民を交えて話し合うべき問題が議論の対象外となっているのである。実際，当日の討論会のコーディネーターをつとめた科学ジャーナリストは冒頭の挨拶で，「佐賀県，主催者の意向」に従い，プルサーマルの安全性に焦点を定めて議論をするようにパネリストに念を押している（c, p. 3）。

また，原発推進派として招かれた専門家の1人は，討論会の始めに「プルサーマルの安全性，つまり玄海3号炉のウラン燃料の変ママわりにMOX燃料を入れた時に安全性が確保されるかどうかという議論に来ている」と発言し，地震やチェルノブイリの問題は「全然別の話題」であると切り捨てている（c, p. 7）。実際に，原発耐震審査指針の問題点が別の専門家によって指摘されているものの，討論会の争点にはまったくなっていない。原子力安全の問題は「科学技術をベースにした客観的な判断」をすべきだと考えている推進派の専門家にとって，プルサーマルの安全性は「もう検討しちゃったこと」（c, p. 6）なのである。

③ 最後に，当日実施された会場アンケートの質問項目や集計方法にも問題があった。アンケートに「この討論会を聴いて，『プルサーマルの安全性』について，あなたの理解は深まりましたか」という質問項目があるが，こ

うした問題設定では,「安全であるとの理解が深まった」と「安全でないとの理解が深まった」という正反対の意見が同じ選択肢に該当してしまう。実際に,安全性についての理解が深まったかという質問に対して,「そう感じる」「だいたいそう感じる」という回答が65%を占めるが,その中には「ますます反対の気持ちが強くなった」とか「安全でないこと［の理解が深まった］」という意見も含まれている。しかし,こうした意見は埋没し,「安全性についての理解が深まった」という回答は,「安全であるとの理解が深まった」という意味に拡大解釈されていった。例えば,佐賀県知事は公開討論会直後の記者会見で「安全性についての理解が深まった」と感想を述べ,その2日後に出演したラジオ番組では「プルサーマルそのものが安全かどうかという点については,私は安全であるとおっしゃっていた説明に説得力があったと思っています」(a, 別紙p. 3) とより踏み込んだ発言をしている。さらに,翌年1月に公表されたアンケート結果報告書では,「これまでの議論の中で,プルサーマル計画の安全性についての論点は,ある意味出尽くしたと思っております」(d, p. 1) と記され,これ以上の議論は不要との見解が示されている。最終的に,アンケート結果公表2か月後の3月下旬に佐賀県及び玄海町から九州電力に事前了解が出され,12月には3号機でプルサーマルによる営業運転が開始されている (b, p. 31)。

この公開討論会は,マス・メディアでは九州電力による組織的な動員,仕込み質問,佐賀県知事の関与の有無が話題となったが,より大きな問題は,公的領域での意見形成が一部の専門家による技術的判断に委ねられていることである。また,公開討論会が地元住民の声を政治的意思決定に反映させるための場として機能していないことも同じくらい重大な問題である。10月のシンポジウムでの「やらせ」がプルサーマル計画の認可に与えた影響について,原子力安全保安院院長は,「規制当局として検討し,設置変更許可や手続きをしてきたことに誤りはなかった」(『朝日新聞』, 2011, p. 38) と釈明した。これは,国の安全審査を通過している以上,プルサーマル計画を認可したことに何ら問題はないという見解であり,逆にいえばシンポジウムは,もともと形だけの議論の場だったということである。同様の問題は,ここで取り上げた公開討論会にも当てはまるだろう。

○ エクササイズ2

> 玄海プルサーマル計画に関する公開討論会の議事録を読み（またはビデオで視聴し），意見交換をしてみよう。また，他のテーマを取り上げた公開討論会も調べ，その可能性や問題点を話し合ってみよう。

4.5 ● 不合意の創出手段としての議論

　本節では，公的領域における非公式な意見形成を制度化された意思決定に結び付ける方法の1つとして，社会運動におけるアドボカシー（advocacy）を取り上げる。アドボカシーという用語には様々な意味があるが，簡単にいえば「公の場で自らの主張を聴衆に訴える」ことである。特に，社会運動の文脈では，非正規滞在者の権利やニーズなど，公的領域ではほとんど話題にのぼらない問題をテーマ化するという意味合いがある。アドボカシーは議論の一形式であるが，世間の関心や共感を獲得したり，意思決定の権限を持つ政府や企業の消極的な態度を変えたりすることを目指しており，説得的側面が強い。換言すれば，アドボカシーは，熟議の場で求められる合意形成のための議論とは異なり，論争を起こすことを目的としているのである。

　一般的に，論争を起こすというとネガティブなイメージがあるが，それは「論争（controversy）」と「もめ事（conflict）」が混同されていることが原因である。論争の存在は，決して合意の失敗ではなく，思慮深い対立の創出・継続であり，「態度決定を行う公衆の権威は，公共圏での論争がますます促進されるとともに強化されるのだ」（ハーバーマス，2003，p. 114）。

　田村（2008，p. 67）が指摘するように，熟議民主主義論の問題点は，熟議が起こる契機を十分に説明できないところにある。熟議の成立は，参加者全員が合理的に動機付けられた議論を行う意思を持っていることを前提とするからだ。そのため，熟議民主主義論は，当事者が議論をすることを拒んでいる場合に，どのように熟議の場を創り出せるのかを説明できないのである。

　政治的意思決定プロセスに参加する機会を奪われた人たちは，しばしば「制度化されていない運動」に訴える。それは，デモ，社会運動，アクティビズ

ムなどと呼ばれ，時には憲法原則に抵触する非人道的な法律に抗議して，あえて違法な行動に出る市民的不服従の形を取ることもある（以下，便宜上「社会運動」と総称する）。社会運動の目的は，埋もれた問題を可視化し，その深刻性や問題解決の必要性を広く世間にアピールすることで，意思決定の権限を持つ者が応答せざるをえない状況を作り出すことにある。その事例の1つとして，ここでは，非正規滞在者による在留特別許可の請求運動を取り上げることにしたい。

　在留特別許可とは，入管法第50条の規定により，法務大臣が特別な理由があると判断した場合に，オーバーステイ状態にある外国人を強制退去にせず，在留を認める措置のことである。現在の日本において，在留特別許可は非正規滞在者の在留資格を正規化する唯一の手段である。在留特別許可が，非正規滞在者の正規化の手段として注目されるようになったのは，1999年9月の在留特別許可一斉行動（以下，在特一斉行動）がきっかけである。市民団体のAsian People's Friendship Society（APFS）による支援の下，5家族2個人21名の非正規滞在者が在留特別許可を求めて9月1日に東京入国管理局に出頭した。出頭者の国籍はイラン，バングラデシュ，ミャンマーの3国で，21名のうち8名が子どもであった。家族で出頭した人たちは10年近く日本に居住し生活基盤が確立していることや子どもが日本の学校に通っていること，個人で出頭した者は労災事故によるケガの長期治療を理由に在留特別許可を求めた（筑波，2000）。最終的に，2000年2月に個人で出頭した2名とミャンマー国籍の家族3名を除く16名に在留特別許可が下りた。その根拠は明らかにされていないが，許可と不許可の事例から「子どもの最善の利益」を考慮した決定だと考えられている。日本も批准している「子どもの権利条約」は，締結国に子どもの最善の利益を考慮し，親と一緒に暮らす環境を確保することを求めている。同条約の締結国であるフランスでは，実際に就学児を持つ非正規滞在の両親の強制退去命令が最高裁で取り消されており，子どもの最善の利益の尊重は，在留特別許可を求める上で有力な法的根拠だったのである。いずれにしろ，それまで日本人や特別永住者と家族的つながりをもたない非正規滞在者に在留特別許可が出された前例がほとんど無かったため，在特一斉行動の功績は高く評価されている。

在留特別許可は，強制退去手続の最終段階で法務大臣の裁量で認められる措置であり，したがって許可に係る明文化された基準は存在しない。近年は，在留特別許可処分の透明性を高めるため，許可・不許可の事例や運用に係るガイドラインが公開されているが，1999年の一斉出頭時点では，そのような類型基準と呼べるものすら存在しなかった。当時は，在留特別許可の判断に関して，現在よりも不透明な要素が多かったことから，出頭した非正規滞在者とその支援グループは，自らの主張を法務大臣や世論に向けてよりいっそう強くアピールすることが求められていたと言える。

　在特一斉行動の最大の特徴は，非正規滞在者が自らの素性を明らかにして，公的領域に訴え出たことである。彼らは新聞やテレビ番組のインタビューに答えたり，街頭に出て署名を集めたりするなど，積極的に活動を行った。それまでみえにくい存在だった非正規滞在者が顔を出して訴えるという行為自体が，世間に自らの存在の認識を迫る1つの主張だったのである。より広い文脈でいえば，80年代半ばに「外国人労働者問題」が顕在化して以来，10年以上も外国人労働者の受け入れの是非を論議している間にも，日本で就労し続け，生活の基盤を築いてきた非正規滞在者が多数いる現状に眼を向けることを要求したのである。

　また，支援グループは，出頭した非正規滞在者を「超過滞在外国人」と呼び，公式文書やマス・メディアで一般的に使われている「不法滞在外国人」と明確に区別した。これは「定義による議論（argument by definition）」と呼ばれ，自らの主張の正当化に役立つ名称を用いる技法である。90年代後半は，「不法滞在外国人」に対する摘発が強化された時期であり，センセーショナルな外国人犯罪報道も手伝い，非正規滞在者は「凶悪な外国人犯罪の温床」のようにみられがちであった。支援グループは，非正規滞在者を「超過滞在外国人」と呼ぶことで，彼らと「不法滞在外国人」を象徴的に切り離すとともに，在留期間を超えた滞在が被害者のいない行政犯であり，刑法上の犯罪とは質的に異なることをアピールした。出頭した非正規滞在者が，身の回りにいる外国籍住民と何ら変わらない「ごく普通の人々」（山本, 2007, p. 154）だったことも，こうした定義による議論に説得力を与えるのに寄与したと言える。

　さらに，支援グループは，21名の非正規滞在者が日本に生活基盤を確立

した「住民」であることを強調した。それは，世間が一般的に抱く「非正規滞在者＝外国人労働者」という固定概念を崩し，出産・育児，通学，医療，福祉など，外国人労働者問題という枠組みでは語られにくい問題に光を当てる試みであった。支援グループは，非正規滞在者が職場で頼りにされていること，学校の先生や友達も彼らの運動を応援していること，大家さんや近隣住民とも親しく付き合っていることに言及することで，彼らが地域社会にすでに受け入れられた存在であると主張した。つまり，在留特別許可を出すことは，実質的に「定住化」している非正規滞在者の生活実態を追認し，今後生活を続ける上での不都合を取り除く措置に過ぎないということである。

　日本に生活基盤があることを示すために，非正規滞在者自身が繰り返し話題にしたのが，日本社会とのつながりである。例えば，出頭したイラン人男性の1人は，日本で生まれ育ち日本語しか話せない子どもを，文化も言語もまったく異なる「祖国」へ送還することは残酷であると訴えている（『朝日新聞』，1999b，p. 35）。また，子どもたちも入国管理局に提出する書類の1つとして，そして支援者の集いで朗読するために，しばしば作文を書いた。作文の一部は，法務大臣の裁決が出る直前の2000年1月に出版された『超過滞在外国人と在留特別許可』に掲載されているが，そこでは「私たちは日本が好きです。これからも日本にいたい気持ちで胸がいっぱいです」（筑波，2000，p. 20）という文章のように，子どもたちの日本に対する愛着が表現されている。このように，社会運動におけるアドボカシーの特徴は，参加者が自らの言葉で語り，それまでほとんど聞かれることのなかった議論を展開することで，彼らが直面する問題を社会全体の問題として受け止めるように公的領域で訴えることにあるのだ。

　最後に，非正規滞在者と支援グループは，在特一斉行動を通して，国の責任を問い直そうとした。政府は法律に基づいて在留資格をもたない非正規滞在者を強制退去処分にする責任を負っているが，実際にはその責任を怠り，10年以上にわたって彼らを不安定な労働・生活環境に放置してきた。鈴木（2009）は，非正規滞在者への聞き取り調査を通して，自治体や入管職員，そして警察が彼らの存在を知りながら黙認してきたことを明らかにしている。日本に生活基盤を築いた非正規滞在者を強制退去させることは，「人生の設

計の全面的やりなおしを迫る」（駒井, 2000, p. 13）ことであり, 特に日本で生まれ育った子どもたちにとっては, それまで培ってきた社会資本がすべて失われてしまうことを意味する。支援グループは, 彼らの存在を知りながらも, しかるべき処置を取ってこなかった国の怠慢な姿勢を批判し, 日本に生活基盤をすでに確立した非正規滞在者に対しては, 在留を認めることが国のあるべき責任の取り方であると主張したのである。

在特一斉行動は, 非正規滞在者が集団で出頭し, 公的領域で声を上げた日本初の社会運動だったこともあり, メディアの大きな関心を集めた。1999年9月の一斉出頭から法務大臣の裁決が出された2000年2月までの約半年間に, 在特一斉行動を取り上げた新聞記事は50本を越え, NHKやテレビ朝日の報道番組でも特集が組まれた。特に『朝日新聞』（1999a, p. 5）は, 一斉出頭の翌々日に「訴えに耳を傾けたい」という見出しの社説を掲げ,「実情を世に問うため, あえて身をさらした」非正規滞在者を日本人が「『見て見ぬふり』というわけにはいかない」と彼らの行動に理解を示している。

一方, 在特一斉行動が政府の正規化政策に与えた影響については評価が分かれる。一斉行動後も, 在留特別許可の審査に当たり長期間の居住や就労が積極要素として評価されたことはないし（鈴木, 2009, p. 152）, 現在でも単身の非正規滞在者に在留特別許可が出されることはまずありえない。それでも, 一斉行動以降, 法務省は在留特別許可制度の透明性と公開性を高める方向に動いており, とりわけ2009年改訂のガイドラインには, 在留特別許可を判断する際の積極要素として, 日本の小中学校に通う子どもと同居していることが明記されている（法務省入国管理局, 2009）。こうした法務省の動きと在特一斉行動との因果関係は定かではないが, 一斉行動における主張の一部が, 結果的に在留特別許可に係る政府の方針に取り入れられているとはいえるだろう。

○ **エクササイズ 3**

> 「動物の権利運動」や「環境運動」など, あなたが興味を持つ社会運動を取り上げ, そこで行われている議論の特徴や影響力などを話し合ってみよう。

4.6 ● まとめ

　本章では，民主主義におけるコミュニケーションと意思決定の関係について概説してきたが，実は，コミュニケーションは意思決定の手段としては決して効率のよい方法ではない。特に議論によって何かを決めようとすると，時間がかかることが多いし，意見が平行線をたどったまま収拾がつかなくなるおそれもある。それでも，公開性と公共性を原則とする公的領域で合理的に動機付けられた議論を行うことは，拘束力のある政治的意思決定を下す上で必要不可欠である。

　同時に，議論によって決められた施策と言えども，常に批判の可能性に開かれている必要がある。冒頭で述べたように，一般的に意見の対立は解消すべき問題だと思われがちだが，公的領域でのコミュニケーションは常に合意と差異のダイナミズムとして存在し（阿部，1998，p. 260），議論を通してそのダイナミズムは保たれる。私たちは，議論が合意形成だけでなく不合意創出の手段でもあることに注意を払い，その建設的かつ創造的な役割をもっと評価すべきである。

　近年，コミュニケーション教育に対する注目が高まっているが，その「売り」の1つに「社会的ニーズに答える人材の育成」というものがある。そこでは，コミュニケーション能力が，社会に適応したり，円満な人間関係を築いたりするための力として捉えられがちである。一方，公然と異論を唱える人は，依然として「トラブルメーカー」や「KY（空気読めない）人」として疎まれることが多い。しかし，身の回りや社会における様々な問題に対しておかしいと思うことがあれば，「空気を読まず」に声を上げ，他者を巻き込んでいくこともコミュニケーションの重要な役割の1つである。合意形成のための議論が不確実な状況の「創造的な解消（the creative resolution）」だとしたら，異議申し立てをしたり，論争を起こしたりすることは「不確実な状態の断固たる創造（the resolute creation of uncertainty）」（Goodnight, 1982, p. 215）であり，どちらも民主主義には欠かせないのである。

師岡淳也

[注]
* 1 ハーバマスの原著では Öffentlichkeit という語が使われている。これは，英語では"public sphere"，日本語では「公共圏」と訳されることが多いが，本章では表現を統一するため，「公的領域」という用語を使用する。
* 2 本節での分析に際して，「九州電力株式会社第三者委員会報告書」(本文中には a と表記)，第三者委員会から委託を受けた弁護士によってまとめられた「調査報告書」(bと表記)，「プルサーマル公開討論会議事録」(cと表記)及び「プルサーマル公開討論会のアンケート結果について」(dと表記)を主に参照した。なお，これらの資料はすべてインターネット上でダウンロード可能である。

[参考文献]
『朝日新聞』(1999a)「訴えに耳を傾けたい」9月3日，5ページ。
『朝日新聞（東京版）』(1999b)「出頭者の支援求めキャラバン」12月16日，35ページ。
『朝日新聞』(2011)「やらせ 国の指示7件」10月1日，38ページ。
阿部潔 (1998)『公共圏とコミュニケーション——批判的研究の新たな地平』ミネルヴァ書房。
「九州電力株式会社第三者委員会報告書」(2011). http：//www.kyuden.co.jp/library/pdf/notice/report_110930.pdf （アクセス：2011年10月16日）
駒井洋 (2000)「超過滞在外国人の定住化と在留特別許可」駒井洋・渡戸一郎・山脇啓造編著『超過滞在外国人と在留特別許可——岐路に立つ日本の出入国管理政策』明石書店，9-15ページ。
鈴木江理子 (2009)『日本で働く非正規滞在者——彼らは「好ましくない外国人労働者」なのか？』明石書店。
立花栄 (2011)「人はどんなデモをやってきたか」TwitNoNukes編『デモいこ！——声をあげれば世界が変わる 街を歩けば社会が見える』河出書房新社，55-60ページ。
田村哲樹 (2008)『熟議の理由——民主主義の政治理論』勁草書房。
「調査報告書——玄海原子力発電所におけるプルサーマル計画及び川内原子力発電所における3号機増設の件」(2011). http：//www.kyuden.co.jp/library/pdf/notice/report_110930-3.pdf （アクセス：2011年10月16日）
筑波君枝 (2000)「子どもたちの作文より」駒井洋・渡戸一郎・山脇啓造編著『超過滞在外国人と在留特別許可——岐路に立つ日本の出入国管理政策』明石書店，16-23ページ。
トゥールミン, S. (1958/2003) 戸田山和久・福澤一吉訳 (2011)『議論の技法——トゥールミンモデルの原点』東京図書 (Toulmin, S. E. *The Uses of Argument*, Updated ed. Cambridge UP.)。
ハーバマス, J. (1962/1990) 細谷貞雄・山田正行訳 (1994)『公共性の構造転換——市民社会の一カテゴリーについての探求（第2版）』未來社 (Habermas, J. *Strukturwandel der Öffentlichkeit: Untersuchungen zu einer kategorie der bürgerlichen gesellschaft.* Suhrkamp.)。

――――（1992）河上倫逸・耳野健二訳（2002-2003）『事実性と妥当性（上・下）――法と民主的法治国家の討議理論にかんする研究』未來社（Habermas, J. *Faktizität und geltung : Beiträge zur diskurstheorie des rechts und des demokuratischen rechtsstaats.* Suhrkamp.）。

「プルサーマル公開討論会議事録」（2005）http://saga-genshiryoku.jp/plu/plu-koukai/gijiroku-1.html（アクセス：2012年1月30日）

「プルサーマル公開討論会のアンケート結果について」（2006）http://saga-genshiryoku.jp/plu/plu-koukai/pdf/051225_plu_touron_enquete.pdf（アクセス：2011年10月16日）

ペレルマン，Ch.（1977）三輪正訳（1980）『説得の論理学――新しいレトリック』理想社（Perelman, Ch. *L'empire rhetorique : Rhetorique et argumentation.* Vrin.）。

法務省入国管理局（2009）「在留特別許可に係るガイドライン」http://www.moj.go.jp/content/000007321.pdf（アクセス：2012年1月30日）

山本薫子（2007）「非正規滞在者を支える社会運動の高まり――支援活動のこれまでと今後の課題」渡戸一郎・鈴木江理子・APFS編著『在留特別許可と日本の移民政策――「移民選別」時代の到来』明石書店，150-158ページ。

Goodnight, T. (1982) "The Personal, Technical, and Public Spheres of Argument : A Speculative Inquiry into the Art of Public Deliberation," *Journal of the American Forensic Association,* 18, pp. 214-227.

Pickering, B. A. (2003) "Women's Voices as Evidence : Personal Testimony in Pro-choice Films," *Argumentation & Advocacy,* 40 (1), pp. 1-22.

Rybacki, K. C., & Rybacki, D. J. (2011) *Advocacy and Opposition : An Introduction to Argumentation,* 7th ed., Boston, MA : Allyn & Bacon.

第5章
組織とコミュニケーション
──我々は何を共有しているのか

- 私たちは，なぜ組織を作ったり，それに参加したり，離脱したりするのだろうか？
- 組織内でのコミュニケーションは円滑なものだろうか？　円滑でないとするならば，それはなぜだろうか？
- 自分の意志や，他のメンバーの意志以外に，組織それ自体が意志を持って動いているように感じることはないだろうか？

キーワード
- ■垂直的／水平的コミュニケーション　■公式／非公式コミュニケーション　■組織目的　■組織文化　■文法と文脈

5.1 ● はじめに

　現代社会を生きる私たちは，様々な組織に属することなく社会生活を行うことは難しい。病気になった時に，病院という組織以外で治療を受けることは難しい。幼稚園，小学校，中学校，高等学校，そして大学といった「学校」以外で一貫した教育サービスを受けることも難しい。また，学校を出て企業という組織で仕事と引き替えに対価を受ける人が多いのも事実である。他にも，趣味のサークルやボランティア活動といった個人的な関心に基づくものであっても，大きな成果を求めようとすると，それはある程度，組織だったものに属さざるをえないだろう。

　本章では，組織をごく簡単に次のように定義しておこう。組織とは，現代

社会に生きる私たちが,自分の意志で参加・離脱する集団であり,個人的な活動の成果とは異なる次元での成果を獲得したり,その成果のために自らの資源を奪われたりする社会的時空間である,と。もちろん,私たちひとりひとりが個人として得ることのできる成果を獲得しながら,組織としてさらに大きな成果を生み出していることが理想ではある。しかし,組織の成果を大きくするために,組織の論理に従った結果,組織的な事故隠しや詐欺まがいの商売を行うことに巻き込まれてしまうこともある。組織にはそういった「負」の側面があるのも事実なのである。私たちは自分の意志で参加したのにもかかわらず,その組織にいることが「当たり前」な状況に慣れるあまり,個人的な判断基準を失ってしまうこともあるのである。そのプロセスには,コミュニケーションの複雑さが関連している。本章では,組織内での多様なコミュニケーションについて読み解いていこう。

5.2 ● 組織とは?

　組織,という言葉を聞いて最初に連想するのはどういうものであろうか?
　高校野球の開会式での入場行進にみられるように,人間が一糸乱れぬ行動をとった場合,それは組織だった行動と呼ばれる。あるいは同じく野球の例でいえば,チームという組織のために自ら犠牲になってバントをすることもある。これらの事例は,個人の目的・意志とは別の論理あるいは判断基準がそこにあることを示している。そして,この論理や判断基準といったものは,メンバーによって共有されている(ようにみえる)。そうでなければ,隊列を乱すこともなく行進を続けたり,自らを犠牲にしたりすることの意味など見出せないからである。ところが,この論理や判断基準はなぜ生まれたのか,なぜ共有できるのか,といった点について,普段の我々はそれほど意識することはない。それにもかかわらず,我々は他人と協働(cooperation)することができているのである。それはなぜか?
　本章では組織を人間のコミュニケーション活動からなる総体として考える。ここでいうコミュニケーションとは,端的に,人間同士が意思疎通によって了解事項を共有することと考えておこう。我々はコミュニケーションが成立

しないまま，組織を形成し協働することは不可能である。目標が共有できているから，チームという組織の中で役割をこなすことができるのであり，雰囲気が共有されているから集合体として行動することができるのである。コミュニケーションから何が生まれて組織が形成されるのか，そして，組織として持続していくなかで何が継承されていくのか，本章ではそれを明らかにしたい。

5.3 ● 組織が先か，コミュニケーションが先か？

　鶏が先か，卵が先か？
　一度は耳にするこの問いかけ。誰もが解答できないものの1つである。
　実は，組織とコミュニケーションという2つの概念でも同じように繰り返される問いかけでもある。そのため，リンダ・L・パットナムらによる次のような疑問が持ち上がるのも当然であろう。

　　組織がコミュニケーションのタイプとフローを決定するのか，あるいはコミュニケーションが組織化の本質を形成しているのか。また，組織構造に従ってメッセージは流れるのか，あるいはコミュニケーションのパターンが構造を発達させ，職務に関連した協働を形成するのだろうか。根本的には，どのように組織のコンテクストがコミュニケーションに影響を与えているのか，あるいはどのようにコミュニケーションが組織のコンテクストを形作るのか。　　　（Putnam, Phillips, and Chapman, 1996, p. 375）

　パットナムらが指摘した上の3つの疑問は，それぞれの疑問文のうち，前者の視点は，組織がコミュニケーションに先行して存在している（組織の中でコミュニケーションは行われる）と考えるものであり，後者の視点はコミュニケーションが組織に先行する（コミュニケーションが組織を作る）と考えるものである。[*1]
　さて，先述のパットナムらは，そのコミュニケーション概念と組織概念の緊密な関係を重視し，コミュニケーション論を中心に据えて組織をとらえよ

うとしている。その中で，新たなコミュニケーションのメタファーは組織を様々なかたちで理解するのに役に立つと述べている。

　彼女らは，コミュニケーションのメタファーとして，まず「水路conduit」「レンズ」「連鎖linkage」という3つをかかげる。水路メタファーは，組織を情報を運ぶコンテナとみなし，レンズメタファーは，さらに組織を知覚力を持つ目とみなす。連鎖メタファーになると，個人の結びつきからなるネットワークとして組織は描かれる。基本的にこの3つのメタファーは，コミュニケーションによる情報の伝達という観点をより強調するものである。組織というものがすでにできあがっている中で，コミュニケーションがいかなる形で行われているのかという側面や，組織の静態的な側面を分析する際には有効なメタファーであると言えよう。

　次に，コミュニケーションのメタファーとしてかかげられるのは，「公演performance」「シンボル」「声」「ディスコース」の4つである。これらのメタファーが前の3つのメタファーと異なるのは，その強調点が相互行為と意味に置かれていることである。ここではコミュニケーションとは，当事者が社会的なリアリティを獲得するために行われるプロセスであるという側面が強調されるのである。そのため，組織とは，小説やコーラスといったものとみなされる。これらはまさに組織がこれからコミュニケーションを通して形成されてゆくプロセスや，組織の流動的・動態的な側面を分析する際に有効なメタファーなのである。

　具体的に考えてみよう。

5.3.1　組織が先にあるケース

　大学に入学すると多くの学生たちは何をするだろうか。もちろん，大学で学びたいという個人の目標をかなえるために，厳しい入試を突破し，大学生という身分＝役割を手に入れたわけであるから，4年間勉強漬けになるのもいい。ただ，多くの学生はサークル活動やアルバイトといったものに参加するのが事実ではないだろうか。大学という組織は個人にとってはあまりに規模が大きく，「私は○○大学の学生である」という帰属意識を持つには時間と契機が必要になってくる。人間は誰しも「所属と愛の欲求」を持っている，

と考えたのはアブラハム・H・マズロー（Maslow, 1954/1970）である。その意味では，大学という「リアリティ」のない大規模で抽象的な組織ではなく，小規模で具体的な「リアリティ」を持つ組織に所属したい，と考えることは極めて当たり前のことなのかもしれない。

さて，そのような新入生を迎え入れるために，サークルの勧誘活動は行われる。新入生は多くの場合，いくつかの新歓行事に参加してみて，本当に所属すべきサークルを選択し，晴れてそのメンバーとなる。

ところが，入ってみると「考えていたのとは違う」と思うこともしばしばあるだろう。なぜか上級生や幹部学生たちの命令や指示には絶対に従わなくてはならない。あるいは，意味が感じられないような伝統行事ばかりが繰り返されている。新入生は，初めて，そこは異文化社会であったことを知るのである。上級生や幹部学生といった「役割」を持つ人々は，下級生や新入生に指示や命令を出さねばならないし，下級生や新入生はその指示を受け入れるという「役割」を果たさねばならない。しかし，命令や指示には「慣れ」，意味不明な伝統行事については，その所以や成立のした時のエピソードを聞かされることで「馴染んで」ゆくようになる。

命令や指示，あるいは意味の共有を図るためのエピソード，こういったものは組織の中に存在する情報とコミュニケーションである。「組織がコミュニケーションに先行する」と考える場合，具体的に問題となるのは，以下のような問題群であろう。

○**エクササイズ 1**

> メンバー全員に情報が共有されているか？　一部のメンバーが情報を独占，寡占し，「支配的」な地位についてはいないか？　情報を資源として考えた場合，その資源量が権力格差を生み出すばかりではなく，その格差を正当化するという危険性をはらんでいる。あなたの組織はどうだろうか？
> 　その情報伝達（コミュニケーション）は効率的で双方向的なものか？情報が行き渡るまでに大きな時間差がないか？　また，そのために組織

内に情報弱者を作り出してはいないか？　そして，あなたは情報弱者ではないといい切れるだろうか？

5.3.2　コミュニケーションが先にあるケース

　さて，コミュニケーションが組織に先行する，というのはどういうケースだろうか。組織がないのに，コミュニケーションがある，というのは何ともつかみ所のない話に聞こえるかもしれない。

　こういう状況を想像してみよう。バスの乗客，というのは，単なる時空間を共有しているだけであって，組織ではない。しかし，そこでコミュニケーションが行われることによって，それぞれが自らの「役割」を創造しながら，相互に連携を図ることによって組織が形成されることもあるのである。

　さて，あなたは，大学に通うためにバスに乗っている。いつも混み合い，やや殺伐とした空気を感じているかもしれない。しかも昨日から続く豪雨のせいか，普段よりも混み合っている気がする。しかも交通事故でもあったのだろうか，歩いた方が速い，そういうバスの中にあなたはいる。

　そんななか，優先座席付近で大きな声が聞こえる。スリか痴漢でもあったのではないか，そういう不穏な空気が流れ始める。

　「産まれるかもしれない・・・」

　どうやら妊婦が，破水したようなのだ。生命の誕生という祝福すべき瞬間に，あなたは遭遇したのである。しかし，喜んでばかりはいられない。折しも，バスは満員の上，朝からの豪雨によって，簡単に外に出るわけにもいかない。小説やドラマだと，「この中にお医者さんはいませんか？」となるところだが，あいにくこれは終わりもしない日常の中であり，そういったサプライズは期待できない。

　まずは，妊婦をできるだけ清潔な場所で休めるようにしなければならない。バスに乗り合わせた人々は，持っていたタオルやハンカチを誰からともなく差し出し始める。新聞を読んでいた人がいれば，それを保温剤として利用することもできるだろう。そして，人が横になれるだけのスペースを確保するために，誘導係が生まれ，人々はそれに従って移動し始める。119番通報す

るための連絡係を決めるのも重要だ。誰もが携帯電話を持っている現代社会では，ややもすると10台以上の救急車を呼んでしまいかねない。

しかし，この豪雨と交通渋滞である。なかなか救急車はこない。出産経験のある女性が，苦しむ妊婦にアドバイスをおくる。最悪の場合を想定して，担架も用意した方がよいかもしれない。何本かの傘やステッキを集めて，縛ればしっかりした支柱が2本くらいは作れるかもしれない。さらに男性のベルトを集めてその間に架けていけばよい。あとは体力のある人間が名乗り出れば，妊婦を運び出すことができるだろう。

さて，このようなケースでは，組織はコミュニケーションに先行していただろうか？　偶然にも「時空間」を共有している人々（バスの乗客）が，想定外の状況に置かれた時に，意思疎通を図り，自分ができる「役割」を作り上げ，それがうまく機能したのである。命令系統が最初から備わっていたわけではないが，一時的にせよ「役割」構造が形成されたのである。実際，事故や火事，あるいは事件などが起こった時に行われるのはこういった組織の創造なのである。コミュニケーションが組織を創造する，そういう意味でコミュニケーションが組織に先行するケースもあるのである。

「コミュニケーションが組織に先行する」と考える場合，具体的に問題となるのは，以下のような問題群であろう。

○エクササイズ2

> 小規模で自然発生した組織が継続して活動を続けていく場合は，何が必要となるだろうか？　具体的に組織を維持するためにはどのような「仕掛け」が必要になるか考えてみよう。
>
> 企業では，新しい商品・サービスを作る際に，様々な部署の垣根を越えたチームが作られることがある。今後，大学という組織が提供すべき新たなサービスを考えてみよう。

5.4 ● 組織とコミュニケーションについて考える理由

　さて，実体験であっても，想像の産物であっても，組織とコミュニケーションについて，漠然としたイメージを描くことができたのでないだろうか。実のところ，組織とコミュニケーションの相関関係は100年以上も前から社会科学者にとって，「絶えざる問い」であった（Thayer, 1987）。

　組織論は，その初期にあたる時期より，コミュニケーションという概念を重視して考えてきた。最も初期の組織論と考えられるマックス・ウェーバー（Weber, 1921-2）の官僚制理論の中でも「文書による伝達」というものが，官僚制の理念型としての要素の中に含まれており，上意下達の垂直的なコミュニケーションを重視していた。

　また，いわゆるホーソン実験で有名になったインフォーマル・グループを中心に分析を行ったエルトン・メイヨー（Mayo, 1933）やフリッツ・J・レスリスバーガー（Roethlisberger, 1941）らによる人間関係論も，インフォーマルで水平的なコミュニケーションというものに着目していた。その後も，バーナードは，コミュニケーションを組織の3要素に含めて考えており，ジェームズ・G・マーチやハーバート・A・サイモン（March and Simon, 1958）も，意思決定論を展開するなかで，同様にコミュニケーションという概念に大いなる注意を払ってきた。比較的最近の組織論の中では，コミュニケーションという概念は，ネットワーク論とある程度重なり合うことで，その理論的・実践的な重要性を増している。その意味では，組織論とコミュニケーションという2つの概念は，一度も切り離されて考えられてはこなかったと言えるだろう。現代の社会科学でもそれは変わらない。

　組織が先か，コミュニケーションが先か，その前後関係も重要な論点になり得るが，コミュニケーションの「性質」についても考えておくこととしよう。組織がコミュニケーションに先行する場合は，公式で垂直的なコミュニケーションを中心に考えればよいが，コミュニケーションが組織に先行する場合は，非公式で水平的なコミュニケーションを重視する必要があるからである。

5.5 ● 公式なコミュニケーションと非公式なコミュニケーション

　先ほども少し述べたが，コミュニケーションは一方向的で垂直的なものもあれば，双方向的で水平的なものもある。小規模な組織であれば，双方向的で水平的なコミュニケーションだけで，組織はうまく作動するかもしれない。しかし，大規模な組織では，それはなかなか難しい。多くの組織は大規模化するに従って，ハイアラーキー（階層構造）の形式をとりやすいからだ。簡単に図示しておこう。

図表5-1　2つのコミュニケーションと2つの組織

【小規模組織】
・組織の原初形態。
・ハイアラーキー（階層構造）は必要ではなく，いわばチームとして機能している。
・メンバー間では，情報の共有が図られ，そこでは双方向的で水平的なコミュニケーションが行われている。

【大規模組織】
・組織が発展し，大規模化した形態。
・ハイアラーキー（階層構造）を形成し，上意下達の一方向的で垂直的なコミュニケーションが中心となる。
・メンバー間では，情報は部分的にしか共有されない。
・双方向的で水平的なコミュニケーションは補足的な役割を果たしているに過ぎない。

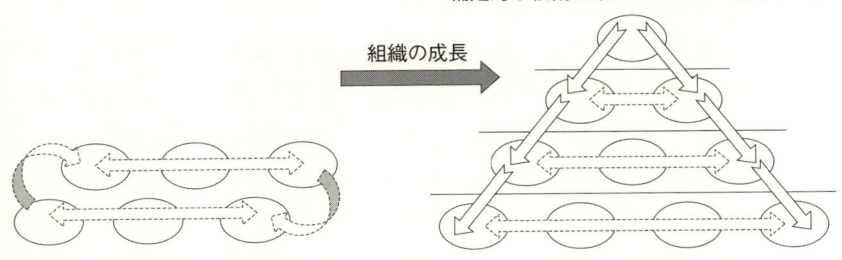

組織の成長 →

　上記の図の左側の「小規模組織」では，当初，水平的で双方向的なコミュニケーションだけで，組織は機能していた。すなわち，非公式なコミュニケーションのみで，十分であったのである。しかし，図の右側のように大規模化するに従って，階層を作ることが必要となる。そこでは，一方向的で垂直的な命令や指示，あるいは経済的なインセンティブを示すこと，表彰などを通じて社会的なインセンティブをかき立てる，といったものが主要なコミュ

ニケーションとなる。それは組織によってルール化された公式なコミュニケーションでもある。多くの場合，組織は大規模化されるにつれて，図表5－1の右側のような組織構造を取るようになる。ウェーバーは，近代社会ではすべての組織がこのように「全般的官僚制化」するという仮説を立てていた。

　しかし，公式なコミュニケーションのみが，組織の中で行われているわけではない。沢田善太郎が述べているように，「巨大組織は，人々がそれにかかわることによって，組織の内外にアソシエーションの契機を作り出す母胎としても機能している」（沢田，1997，p. 229）のである。すなわち，組織は巨大化するとともに，官僚制的なハイアラーキーを形成するが，常にそれを対抗的に補完するものとして，非公式なコミュニケーションに基づいたアソシエーションが形成されるというのである。公式なコミュニケーションは大規模組織を効率的に運営するためには不可欠である。しかし，その公式なコミュニケーションの効率性だけでは対処できない事態があるのも事実である。公式な指示・命令をすべて受容するという，いわゆる「イエスマン」は，組織を崩壊に導くこともある。その公式なコミュニケーションを疑い，新たな価値基準を創造するためにも非公式なコミュニケーションが行われ，公式なコミュニケーションが補完される必要があるのである。

　次のような例を挙げてみよう。あなたは，上司や先輩から，指示を受け取る。しかし，よく考えてみると，その指示は社会的・倫理的に許されるものなのかどうか迷う指示であることがわかる。その指示の意図を知るには，命令者に質問を返すのは得策ではないかもしれない。まずは，同僚や同期に相談するのではないだろうか。非公式なコミュニケーションはこのように発生する。また，発生場所は公式組織とは離れた時空間の方がよい場合もあるだろう。居酒屋に場所を変えて相談するのもよいだろうし，喫煙所で何か噂を耳にするかもしれない。その結果，納得できる指示であれば迷うことなく実行すればよいし，やはり問題があると判断するならば，再び公式組織の「コンプライアンス」を担当する部署に報告するという行動をとればよいし，内部告発の手続きを公式に進めてもよいだろう。

　公式なコミュニケーションは，非公式なコミュニケーションによって対抗的に補完され，再び公式なコミュニケーションの始まりの契機となり得るの

である。

5.6 ● 文法と文脈

　さて，今まで，組織が先か，コミュニケーションが先か，あるいは公式なコミュニケーションと非公式なコミュニケーションの関係について述べてきた。しかし，根本的な問題について，まったく触れずにいた。それは"なぜ我々は組織においてコミュニケーションが可能なのか？"という問題である。
　初めて行った海外で，困ったことはないだろうか？
　もちろん，言語はある程度予習することができる。熱心な者であれば，その土地の風習や歴史についても学んでおくかもしれない。しかし，見たことのない身振り手振りや，さも当然のようにホテルのドアの前に「アヒル」の置物が置かれていることもある。その「アヒル」は「ここは危険だ，入ってはいけない」という意味かもしれないし，「清掃済みですので，どうぞお部屋をお使いください」という意味かもしれない。これらのコミュニケーションについては，我々は事前に何も知り合わせてはいない。異なる組織において最初に覚えるのは異文明に対する違和感のようなものであることが多い。その中で，なぜ我々はコミュニケーションできるのか，という問題を理論的に考えてみたい。
　その際に，本章では文法（code）と文脈（context）という2つの概念を使用したい。文法とは情報の明確な変換規約であるのに対して，文脈とは情報の明確さがその都度確認されるような了解事項である。ある言語で書かれた文章があるとしよう。それを解読するためには，文法を知る必要がある。しかし，それと同時に文脈を理解しないことには，解読は不完全なものになる。組織の中で行われているコミュニケーションは，いわば言語ゲームなのである。
　組織論の中では，文法という機能を果たすものとして「組織目的（organizational goal）」というものがあり，同じく，文脈という機能を果たすものとして，「組織文化（organizational culture）」というものがある。組織目的は明示されていることもあるため，組織に参加していないメンバーであっても，読み解

くことは不可能ではない。しかし，組織文化は暗黙のものであり，その組織に入ってみるまでなかなか読み解くことができないものである。本章では，その2つの概念から，組織とコミュニケーションについて分析する。

5.6.1 組織目的とは何か

　目的を持たない組織，というのは考えにくい。本章で取り上げた事例でいえば，サークルや部活動には，「大会で優勝する」「1人でいるよりも大きな楽しみを得る」といったものがあるし，突発的に起こったバス内での出来事も「妊婦を助ける」という目的がある。

　しかし，組織が大規模化するにつれて，その組織の目的というものは，抽象化したり，複数化したりする傾向があるのも否めない。大規模な企業の目的とは何だろうか。企業のHPをみれば，そこには「経営理念」が掲げられていたり，組織を一言でいい表すようなスローガンやキャッチコピーが載っていたりすることも多い。「世界一の感動創造企業」（バンダイ），「地図に残る仕事。」（大成建設）などがそうだ。これらを組織の目的として捉えることは不可能ではない。しかし，この目的をメンバー全員が共有しているかどうかは，また別の問題である。

　このことについて，バーナード（Barnard, 1938）やアミタイ・エツィオーニ（Etzioni, 1961）らは，興味深い見解を述べている。バーナードは，共通目的の存在は組織に不可欠なものであるという。しかし，その一方でそれは，共有されていると「信じ込まれている」（Barnard, 1938, p. 91=1956, p. 87［傍点原著］）目的であるというのである。また，エツィオーニも，組織目的は「組織というものは『外部向けの』目的で『公共的』目的を掲げる傾向がある」（Etzioni, 1961, p. 72=1966, p. 56）と述べている。彼らの見解に共通するのは，組織目的とはメンバー同士，あるいは組織と外部を架橋するいわばコミュニケーション・メディアであるという点である。すなわち，自分の与えられた役割が，どのように組織にとっての最終的な目的と結びついているのかを理解する一種の道標なのである。我々は，組織目的という文法に照らして，与えられた指示や命令を理解し，納得する（させられる）のである。

例えば，中国に大規模な採石工場があり，そこでは世界19か国の「墓石」を製造している。その組織には，石を切り出し，運ぶといった肉体的作業から，それを研磨し，組み立てあげるという技術的作業，そして「○○家累代之墓」といった各国の言葉を，注文に応じたフォントの文字で刻むという情報処理作業，さらにはそれを輸出し，流通させるという国際経済的な作業までが含まれている。ところが，この工場では石を切り出す役割を担うメンバーは最終的に自分の工場が何を造っているのか理解していないし，文字を刻む役割を担うメンバーは，単に「その文字が美しくて好き」という感情しか有していない。その組織では，けっして労働者のモチベーションは高くなく，事故も多いという。その理由の1つとして，組織目的が共有されていないことがあると考えることができる。組織において，文法を知らないメンバーは異邦人なのである。そこでは，コミュニケーションは成立せず，果たして組織と言えるのかどうかも微妙になってくる。

5.6.2 組織文化とは何か

文化のない国や地域を考えるのが難しいように，文化のない組織も考えづらい。もっとも，我々は「文化とは何か」という問いを，日常的に考えているわけではない。それは，あまりに日常的なものであり，かつ身体化されているために，当然視されているだけに過ぎないのである。お祭りの際には無礼講になるという経験や，手づかみで食事をするという異文化に出会った時に，初めて日常とは何かを知るわけである。

組織文化という概念を明示的に示した論客としてエドガー・H・シャインがいる。彼は，組織文化を「グループが外的適応と内的統合という問題を解決するものとして，グループが学習した基本的仮定のパターン——それはうまく作動し，妥当であると考えられ，したがって，新しいメンバーにそうした問題に関しての知覚，思考，感覚の正しい手法として教え込まれる」（Schein, 1985/1992, p. 12）ものと定義する。端的にいうならば，組織特有の雰囲気や伝統的な認知スキーマである。彼によれば，組織文化には3つのレベルがあるという。それが次頁の図表5-2である。

シャインは3つのレベルの相互作用を指摘するものの，最下層の「基本的

図表5-2　組織文化のレベル

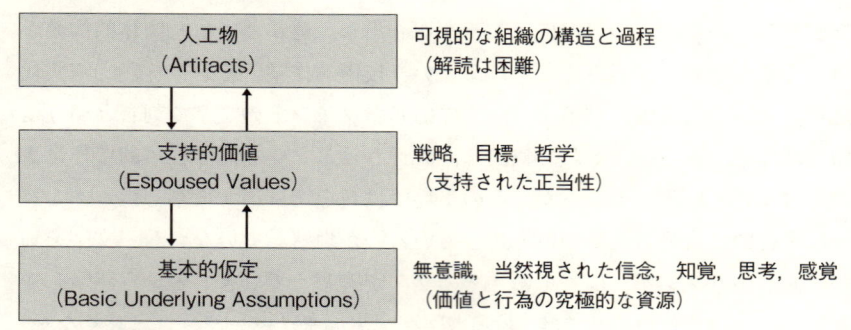

人工物 （Artifacts）	可視的な組織の構造と過程 （解読は困難）
支持的価値 （Espoused Values）	戦略，目標，哲学 （支持された正当性）
基本的仮定 （Basic Underlying Assumptions）	無意識，当然視された信念，知覚，思考，感覚 （価値と行為の究極的な資源）

出所：Schein（1985／1992）より作成。

仮定」というレベルを組織文化の中で最も重要なものであるとしている。マリー・J・ハッチらは，そのことに対して批判的であるものの（Hatch, 1993, 1997, 2000；竹中，2002），この目にみえない不可思議な存在である「組織文化」を理解するに当たって，シャインの功績は多大なものであると言える。

近年，日本の就職活動では「社風」が自分の価値観と一致するかどうかを重視する学生が増えているという。その組織にうまく馴染めるか，事前にHPなどで企業から提示された「社風」をみて，採用試験に臨むのである。ところが，この社風というものは組織文化と同じく，入ってみるまでわからない。また，入っても言語化することが難しく，既存のメンバーも明確に説明することはできない。それにもかかわらず，世代を超えて伝えられるという奇妙な文脈を有するものなのである。

また，社風というものは，参入しようとする者と採用する側の相互作用によってすでにその素地が再生産されていることもあり得る。

例えば，株式会社毎日コミュニケーションズ『マイコミ大学生就職意識調査』（2007年卒版～2011年卒版）をみてみると，「社風がよい」を会社選択のポイントとすると回答した学生の割合は，毎年20％近い。

このことは，就職活動において，学生がどれほど社風を重視しているかを物語っている。入らなければ理解できない社風を，自らの想像で構築して，就職活動に突入するのである。

他方，採用活動におけるPRポイントとして，「社風がよい」という項目

図表5-3　採用活動におけるPRポイントで「社風が良い」ことを選択した企業

年代	率（%）	順位
2012年卒	61.3	2位／21項目中
2011年卒	62.3	2位／20項目中
2010年卒	63.5	2位／20項目中
2009年卒	62.4	2位／20項目中
2008年卒	58.2	2位／20項目中
2007年卒	62.5	2位／20項目中

出所：毎日コミュニケーションズ『マイコミ新卒採用予定調査』（2007年卒版～2012年卒版）を元に作成。

を挙げる企業も多い（図表5－3）。この項目は常に2位を維持しているうえ，その値は60％前後の高い数字を示している。なお，参考までにいうと1位は「若手に活躍の場が与えられる」である。若手に活躍の場が与えられるかどうかは，いわばハードの問題であり，計測可能なものである（すなわち，どれほどの新入社員が活躍しているか，企業同士を比較できる）。しかし，社風がよいかどうかは，ソフトの問題であり，計測不能なものである（すなわち，社風がよいかどうかを比較できる判断基準がない）。それにもかかわらず，自らの組織を「社風がよい」とPRし続けるのである。

　社風とは，その組織に所属している者も，これから参入しようとする者も，言語化できないものである。しかし，互いの相互作用の中から，何らかのコンテクストを想像と創造のプロセスを経て構築されることは十分にあり得る。そして，そのような空想の産物が，同様のプロセスを経て再生産，固定化されることもあるのである。

5.7 ● 組織目的と組織文化に関する諸問題

5.7.1　目的の置換

　目的の置換という事態は，どれだけ使命感に燃えた組織であっても，あり得る事態である。これには，大別して2つのパターンが考えられる。まず，考えられるのは，組織としての目的を達成してしまった時である。単なる個

人の集合体以上の目的を達成するために形成された時空間が組織であるならば，組織の目的が達成されてしまえば，その組織は解体されると考えるのが一般的であろう。しかし，我々は，前項で考えたように，目的を共有しながら，同時に文化を創成し，共有することもある。何らかの目的を達成した後であっても，組織としての文化が残存すれば，再び何らかの目的が新たに創成され，共有される可能性がある。何らかのプロジェクトチームや，4年間という大学生活を終了したサークルのOB・OGらもそうかもしれない。彼女／彼らは，試合に勝つという目的はもはや立てることができないかもしれない。しかし，培った文化は残っている。そこから新たに目的を創成することは組織としてあり得る姿である。

ただ，ここでもう1つ言及しておきたいのは，そういった「自然」な目的の移行ではなく，その組織を維持することだけが目的となってしまうような組織目的の置換である。

「手段の目的化」という用語がある。組織とは何らかの目的を達成するために形成されたものであった。その目的を達成するために多くの手段が喚起される。ところが，その手段を貫き通すこと自体が目的となってしまうケースもある。大きな目的を果たすための手段である細分化された組織目的は，「その組織を維持する」というだけの極めて保守的・閉鎖的な組織を生み出すばかりか，時に不祥事や事故の原因にすらなり得るのである（Chiles, 2001 ; Tedlow, 2011）。

5.7.2 文化の硬直性

確かに，組織というものが，「ある時空間を共有する」ことによって成立している現代社会では，その組織文化は再生産され，時には組織にとって致命的な硬直性を生み出すこともある。今までのやり方を金科玉条のごとく尊重して，「これが我々の組織のやり方だ，伝統だ」と頑なに変化することを嫌うある種の「力」が働く。当時は，何らかの意味や機能を有していた組織文化であっても，社会や環境の変化に対応させて変化させていかなければならない（Cameron and Quinn, 2006）。

しかし，文化を変える，というのは容易なことではない。その組織におい

てすでに既得権益を有している地位にある者の抵抗にあったり，変化の芽を摘み取ろうとする力が働いたりすることもあるだろう。

　組織文化を変えるための処方箋にはいまだ確固としたものはない。ただ，日産自動車がカルロス・ゴーンを招聘した際のように，既存の認知スキーマ（その組織の常識）をドラスティックに改革することや，あるいは組織文化の第1のレベルにある人工物を破壊し過去と決別することも必要かもしれない。学生運動の暴力性に悩んでいた大学が，キャンパスを新築した際に，そういった運動が驚くほど低下したという事例もある。

　上記のようないわば強引な手段で組織文化を変えることも可能ではあるが，ライバル組織の登場や，市場の縮小化といった組織の危機が迫り，その危機意識が共有される時，組織文化は変更されうる可能性もある。

5.7.3　文化中毒者

　組織文化を共有する（組織に馴染む）ということは，ある種の意味で自己の承認にもつながるばかりか，連帯感や集合的アイデンティティを生み出すこともある。しかし，その一方で，価値観を共有するという側面だけをみれば，一種のカルト集団や，現代社会で問題となっている，いわゆる「ブラック企業」が強制的に行う洗脳とそれほどの差異はない。崇高な理想を掲げた社風に染め上げられた「文化中毒者」を生み出すこともあるのである（Kunda, 1992）。

　組織の価値基準と個人の価値基準が完全に同化している「文化中毒者」は，過剰に組織文化を日常化・身体化しているあまり，誤った価値観を持っていることにすら気づくことができない。また，少しでも異なった価値観を持った者や，組織文化を共有できないメンバーに対しては，排除や攻撃の対象にすらする。

　このように，組織文化は確かに一体感や組織コミットメントの源泉にもなり得るし，承認を得られる「居場所」感を生み出すこともあるが，外部からみた時に，非常に奇妙で危険な存在であると認識されることも少なくないのである。

5.8 ● まとめ

　ここまで，組織とコミュニケーションについて，アウトラインを示してきた。コミュニケーションから文法や文脈を理解することで，協働は可能になり，組織は成立する。しかし，その成立した組織の目的や文化に我々は再び拘束されることもありうるのである。組織におけるコミュニケーションには文法と文脈の双方が不可欠ではあるが，時には目的（文法）を斬新なものに変更することで，文化の束縛から解放される必要がある他，文化（文脈）に即した目的を新たに構築することで組織を外的に適応させてゆく必要がある。

　本章は，全体的に組織特有の負の側面を強調する内容になっているように思われるかもしれない。しかし，組織には大きな可能性があることを最後に付記しておきたい。近年，インターネット，ツイッター，SNSなど，人々の繋がり方が多様化しているのはもはや疑う余地はない。ところが，「同じ時空間を共有する」ことでしか，生み出すことのできない組織目的や組織文化の存在は自明であるし，それがまた組織という人間の繋がり方の可能性なのである。

竹中克久

[注]

*1　なお，組織が先か，コミュニケーションが先か，ということを学説史的に捉える際には，チェスター・I・バーナードの『経営者の役割』（Barnard, 1938）と，カール・E・ワイクの『組織化の社会心理学』や『センスメーキングインオーガニゼーション』（Weick, 1979, 1995）を対比することも重要であろう。極めて端的にいえば，バーナードはすでに存在している組織をどのようにマネジメントするか，という立場から考えるのに対して，ワイクは常にダイナミックに進行するコミュニケーションのプロセスがいかに組織化（organizing）されていくのか，という立場から考えるのである（竹中，2001）。

[参考文献]

沢田善太郎（1997）『組織の社会学―官僚制・アソシエーション・合議制』ミネルヴァ書房．
竹中克久（2001）「不断に再生産される組織―コミュニケーションを軸とした組織概念の再考」『ソシオロジ』46 (2)，57-72ページ．
───（2002）「組織文化論から組織シンボリズムへ―〈シンボルとしての組織〉概念の提唱」

『社会学評論』210, 181-96ページ。

Barnard, C. I. (1938) *The Functions of the Executive*, Cambridge, MA：Harvard University Press.（山本安次郎他訳（1956）『経営者の役割』ダイヤモンド社）

Cameron, K. S., & Quinn, R. E. (2006) *Diagnosing and Changing Organizational Culture：Based on the Competing Values Framework*, San Francisco：Jossey-Bass.（中島豊監訳（2009）『組織文化を変える――「競合価値観フレーム」技法』ファーストプレス）

Chiles, J. R. (2001) *Inviting Disaster：Lessons from the Edge of Technology*, New York：Harper Business.（高橋健次訳（2006）『最悪の事故が起こるまで人は何をしていたのか』草思社）

Etzioni, A. (1961) *A Comparative Analysis of Complex Organizations：On Power, Involvement, and Their Correlates*, New York：The Free Press.（綿貫讓治監訳（1966）『組織の社会学的分析』培風館）

Hatch, M. J. (1993) "The Dynamics of Organizational Culture," *Academy of Management Review*, 18（4）, pp. 657-693.

───── (1997) *Organization Theory：Modern, Symbolic, and Postmodern Perspective*, New York：Oxford University Press.

───── (2000) "The Cultural Dynamics of Organizing and Change," in N. M. Ashkanasy, C. P.M. Wilderom, and M. F. Peterson, eds., *Handbook of Organizational Culture & Climate*, Thousand Oaks, CA：Sage Publications, pp. 245-260.

Kunda, G. (1992) *Engineering Culture：Control and Commitment in a High-tech Corporation*, Philadelphia, PA：Temple University Press.（樫村志保訳・金井壽宏解説・監修（2005）『洗脳するマネジメント――企業文化を操作せよ』日経BP社）

March, J. G., & Simon, H. A. (1958) *Organizations*, New York：John Wiley.（土屋守章訳（1977）『オーガニゼーションズ』ダイヤモンド社）

Maslow, A. H. (1954/1970) *Motivation and Personality*, New York：Harper & Row.（小口忠彦訳（1987）『人間性の心理学――モチベーションとパーソナリティ』産業能率大学出版部）

Mayo, E. (1933) *The Human Problems of an Industrial Civilization*, New York：the Macmillan Company.（村本栄一訳（1967）『産業文明における人間問題』日本能率協会）

Putnam, L. L., Phillips, N. and Chapman, P. (1996) "Metaphors of Communication and Organization," in S. R. Clegg, C. Hardy and W. R. Nord eds., *Handbook of Organnization Studies*, London: SAGE Publications Ltd, pp. 375-408.

Roethlisberger, F. J. (1941) *Management and Morale*, Cambridge, MA：Harvard University Press.（野田一夫・川村欣也共訳（1954）『経営と勤労意欲』ダイヤモンド社）

Schein, E. H. (1985/1992) *Organizational Culture and Leadership*, 2nd ed., San Francisco：Jossey-Bass.

Tedlow, Richard S. (2011) *Denial*: *Why Business Leaders Fail to Look Facts in the Face--and What to Do About It*, London: Portfolio Trade.（土方奈美訳（2011）『なぜリーダーは「失敗」を認められないのか』日本経済新聞出版社）

Thayer, L., ed. (1987) *Organization-Communication*: *Emerging Perspectives*, Norwood, NJ: Ablex Pub. Corp.

Weber, M. (1921-22/1976) *Wirtschaft und Gesellschaft* (5Aufl.), Studienausgabe, Tübingen: J. C. B. Mohr.（世良晃志郎訳（1960, 1962）『支配の社会学Ⅰ・Ⅱ』, 世良晃志郎訳（1970）『支配の諸類型』創文社）

Weick, Karl E. (1979) *The Social Psychology of Organizing*, (2nd ed.), MA: Addison-Wesley（遠田雄志訳（1997）『組織化の社会心理学（第2版）』文眞堂）

―――― (1995) *Sensemaking in Organizations*, Thousand Oaks, CA: Sage Publications.（遠田雄志・西本直人訳（2001）『センスメーキングインオーガニゼーションズ』文眞堂）

第6章
文化とコミュニケーション

- あなたは自分の「文化」を客観視し，他者に語ることができるだろうか？もし難しいと思う場合，その理由は何だろう？
- 異文化コミュニケーションの成功者の名前とその人の成功の秘訣を具体的に挙げてみよう。あなたがその人を挙げる理由は何だろう？
- 「文化の違い」から摩擦が起きた場合，あなたはどの程度折り合いがつけば，問題が解決したと考えるだろうか？

キーワード
- ■異文化コミュニケーション　■コミュニケーション能力　■非言語
- ■文化摩擦　■ロールモデル

6.1 ● 文化とは

　本章では，まず，「文化」と「コミュニケーション」の関係性を捉える。その上で，対人コミュニケーションにおける優れたコミュニケーターのモデルを提示し，文化摩擦の事例，ミスコミュニケーションの実例を取り上げながら，よりよいコミュニケーターになるために必要な能力の手がかりを考察していく。

　まず，「文化」とは何かを考えてみたい。例として「日本文化」というキーワードから連想されるものを挙げてみてほしい。よく挙がるものとして，着物，畳，障子，ふすま，寿司，茶道，華道，柔道，歌舞伎，相撲，などがある。これらはいずれも日本にオリジナリティのある伝統文化である。外国

人との国際交流の場において「日本文化セミナー」を行う際には必ずと言っていいほど体験プランとして取り上げられるものでもある。国際交流の催しで，網羅すれば成功するといわれている「3つのF」というものがある。Fashion, Food, Festivalである。例えば，外国人に着物を着せ，寿司や天ぷらの作り方を披露し，地域の祭りで神輿を担がせ太鼓を打たせるといった「文化」交流の押さえ方である。こういった「文化」の捉え方は，確かに外国人からみてエキゾチズムを感じやすいものであろう。

しかし，日本人とコミュニケーションをとろうとする外国人にとって，もっと厄介な「文化」は，これらのような目にみえる「文化」ではなく，それらを下支えしている日本人の価値観，行動規範，信念，思想，態度，発想などの目にみえない「文化」なのである。そして，それらの「文化」は，日本に住む日本人にとっては当たり前の「常識」であって，意識化することさえ難しいものである。

ある集団の文化は，図表6-1のように，三層構造で捉えることができる。衣，食，住などの物質文化や言語を使った行動文化は目にみえるが，それらは氷山の一角に過ぎない。もっと大きなウエイトを占める非言語行動や精神文化は，水面下に隠れている。最下層の精神文化の反映が真ん中の層の行動文化であり，その行動文化の結果として物質文化が存在するのである。

文化の定義は多数あるが，コールズの次のような定義がわかりやすい。「特定の社会のメンバーに特有なもので，その行動パターンが学習・統合されたもの。特定グループに関する生活の全方法。グループのメンバーが考え，発

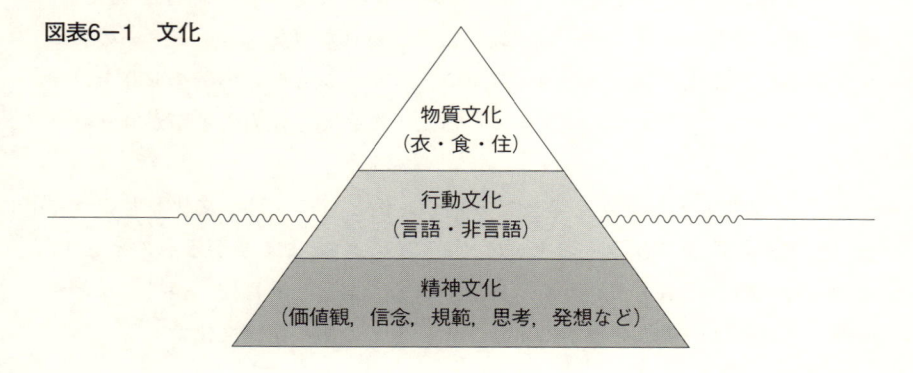

図表6-1　文化

（ピラミッド図）
- 物質文化（衣・食・住）
- 行動文化（言語・非言語）
- 精神文化（価値観，信念，規範，思考，発想など）

言し，行動し，作成するすべてのもの。つまり，慣習，言語，人工品（material artifacts），共有される態度や感情。世代から次世代へと学習され，受け継がれる」(小坂, 2007, p. 15)。また, 石井は文化を「日常生活様式である。社会の成員となるために生後学習・習得するもの，社会の一部が例外的に持つものではなく多数の成員が共有するもの，同世代に限らず次世代に伝達されるもの，の3条件を満たすもの」と定義している（石井他, 1997）。これらの定義で明らかになる文化の性質は，ある特定の集団内での伝承性や学習性と，その集団内での規範性である。また，文化は不変的な面があると同時に，刻々と変化し得る可変性をも有しているという点も見逃せない。

6.2 ● コミュニケーションとは

では，次に，「コミュニケーションとは」という問いに対する答えを考えてみてほしい。おそらく「意思の疎通」とか「伝え合い」「キャッチボール」というような答えが出されるであろう。これらの答えの共通点は，双方向性とメッセージ発信における意図性である。しかし，実は，コミュニケーションには，個人の内部で自己と対話するインターパーソナル・コミュニケーションもあれば，マスコミという略語の原形であるマス・コミュニケーションのように，不特定多数に対して一方的に発信されるものも含まれる。

すべてのコミュニケーションに共通する点としては，「人はコミュニケーションから逃れられない」「人はコミュニケーションせずにはいられない」ということが挙げられる（Watzlawick, Beavin & Jackson, 1967）。ある人が，その人としては伝えようという意図がなかったとしても，他者がその人の言動や様子に対して何らかの意味付けをしたり解釈をしたりした場合は，何かが伝わったと考えざるをえない。例えば，貧乏ゆすりをしている人をみて，何かにイライラしていると意味付けしたり，口をへの字に曲げ沈黙している人を無言の抵抗を示していると解釈したりする。言い換えれば，コミュニケーターのメッセージを送ろうとする意図の有無は，コミュニケーションの必要条件ではなく，コミュニケーションは受け手の意味付けが前提条件となるということである。

コミュニケーションを対人コミュニケーションに限定して定義すれば，場面，状況，背景などのある特定のコンテキストにおいて，2人以上の人間が交互にメッセージをやりとりすることにより，相互に影響し合うプロセスであると言える。よく知られた対人コミュニケーションのプロセスは，シュラムのモデル（Schramm, 1954）を元にシャノンとウィーヴァー（Shannon & Weaver, 1949）のチャンネル，ノイズの要素を入れて作成した図表6－2に示すものである。Aは，まず受信者として，コンテキストを踏まえた上で，Bから受信したメッセージに対して意味付けや評価を行いつつ解読する。そして思考や感情などを整理しながら情報を処理し，今度は発信者として，メッセージを言語やジェスチャー，表情などの非言語に記号化して発信する。発信する際，メッセージを届けるルートとしのチャンネルを，対面，手紙，Ｅメール，携帯メール，電話などから選択する。Bは，Aが発信した記号を受信し，コンテキストを踏まえて，情報に意味付け，評価をしながら解読する。そして，思考や感情を整理しながら情報を整理し，言語，非言語の中から記号化し，メッセージを伝えるのに妥当なチャンネルを選択して，発信する。

　このような相互のコミュニケーション活動には，ノイズを避けることがで

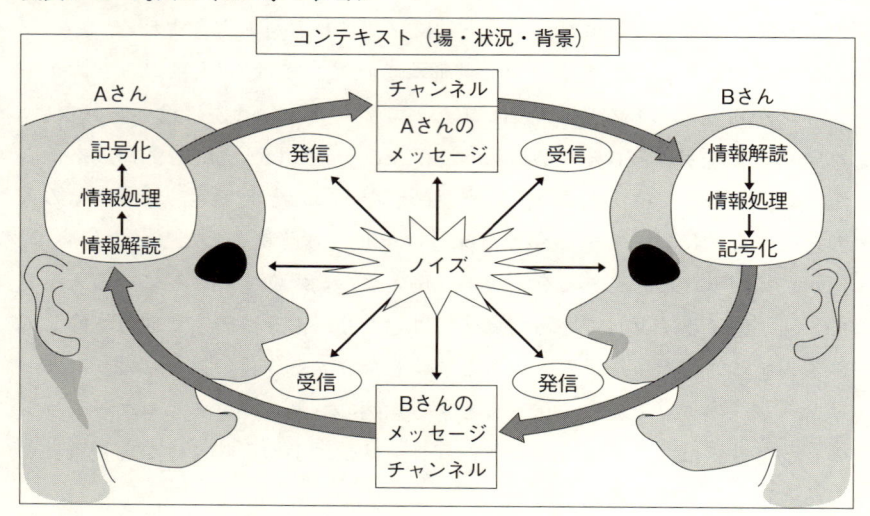

図表6-2　対人コミュニケーション

きない。

　ノイズとは，コミュニケーションをスムースに行うことを阻む障害物である。ノイズには，騒音や寒冷のような物理的ノイズ，体調不良のような生理的ノイズ，偏見のような心理的ノイズ，宗教のような社会的ノイズなど色々なノイズがある。コミュニケーションには必ず何らかのノイズが存在するということを踏まえておき，ノイズを極力減らすよう努めることが良好なコミュニケーション活動に求められる。

6.3 ● 文化とコミュニケーションの関係

　文化とコミュニケーションは相互関係にある。文化の継承は，口伝や記述など，言語を介して行われる。4.1節のコールの定義にあったように，言語は文化の一部である。ペルーやブラジルに移民した日系人が，異国の地で子女に日本文化を伝承させようとして日本語教室を立ち上げ，日本語を学ばせたという実例からも，言語の習得が文化の継承のためには不可欠であることがわかる。文化の学習と伝承は，このように，主として言語によるコミュニケーションを通じて行われる。

　一方，コミュニケーションの方法や様式は，文化によって規定されているものでもある。どのような場面，状況で，どのようにコミュニケーションをするのかは，自分が属する文化の習慣，行動様式，規範などの拘束を受けて行われる。このように，文化の継承に果たすコミュニケーションの役割は大きく，また，文化によってコミュニケーションのとり方が規定されるということから，コミュニケーションは文化であり，文化はコミュニケーションであると帰結することができる。それゆえ，ホールは「文化とはコミュニケーションである」としている（Hall, 1966）。

6.4 ● 異文化コミュニケーション

　異文化コミュニケーションとは，文化的な背景を異にする者同士のコミュニケーション活動を指す。文化は空気のような存在で，通常は意識されない。

自分にとっての常識がグループを異にする他者にとって非常識となるような場面や状況に遭遇して初めて，自分の常識を意識し，自分が属するグループの文化を意識することになる。異文化の「異」とは，必ずしも国籍や民族を異にすることとは限らない。文化を異にする他者とのコミュニケーションは日常的にみられる。例えば，男性文化と女性文化，学生文化と社会人文化，世代差のある者同士，大家族の中で育った息子と核家族の1人娘との結婚など，枚挙にいとまがない。こういった日常的な異文化コミュニケーションは，それぞれのコミュニケーターが文化を異にしていることに無自覚であるがゆえに，すれ違いが生じやすい。自文化の常識というモノサシを相手にあて，相手が非常識だと互いに思うからである。

ここでは，優れた異文化コミュニケーターのロールモデルとして，大黒屋光太夫を取り上げる。大黒屋光太夫は，鎖国時代の18世紀後半，伊勢の商業船の船頭として遭難し，ロシアに漂着した後，生還した実在の人物である（山下，2004）。同じく鎖国時代に，漁に出て遭難した漂流者にジョン万次郎がいるが，光太夫の異文化接触は万次郎より半世紀以上前のことである。ジョン万次郎はアメリカの捕鯨船に救助され，本人の希望でアメリカに渡り，帰国後は日米交渉に尽力した。したがって，万次郎の場合は異文化コミュニケーションの機会を自ら志願しており，異文化接触に対するレディネス（readiness；学習する際，基礎条件となる興味，関心，知識などが整っている状態のこと）があった。それに対し，光太夫の場合は，期せずして異文化世界に放り込まれている。異国や異国人についての予備知識はまったくなく，異文化接触に対するレディネスなど持ちようもなかった光太夫が，ロシアでどのようにサバイバルしたのかを考察することで，異文化コミュニケーションにおける問題解決方法のヒントを得てみたい。

大黒屋光太夫・磯吉画幅

出所：鈴鹿市所蔵

6.5 ● CMM理論,AUM理論のサンプルとしての光太夫

　6.3節で論じたように,コミュニケーションとはコンテキストにおける参加者の相互作用によるものである。コミュニケーションを意味付けのプロセスとみるCMM (The Coordinated Management of Meaning) という理論がある (Pearce, 1976)。CMMでは,意味付けや解釈は参加者の相互作用により生じる主観であり,意味付けのプロセスやコミュニケーションルールそのものを調整しながら,参加者それぞれが新たな意味を作り出していくもので,会話の結果はエピソードであるとされる。また,カルチャーショックと文化適応に関する理論にAUM (Anxiety/Uncertainty Management) がある (Gudykunst, 1995)。AUMは,見知らぬ者同士のコミュニケーションにおいては,不安と不確実性を調整しながら減少させることで効果的なコミュニケーションが行われるとする。また,相手を誤解せずに正確に理解するためにはマインドフルであることが大切であるとしている。光太夫のロシアにおける異文化コミュニケーションのプロセスは,まさにこのCMM理論とAUM理論のサンプルと言える。

　光太夫と他の乗組員が最初に漂着した地は,ロシアの侵略を受け植民地化していたアムチトカという島であった。したがって,漂流民が最初に出会った異邦人は島の先住民である。初めてみる島民を「鬼」のような風貌だと驚きつつも,言語がまったく通じないことがわかった光太夫は,「同じ人間なのだから欲があるはずだ,欲があれば意は通じるはず」と,人間の欲という共通性に着眼し,島民に銭や木綿などを与え,まず相手を喜ばせるところからコミュニケーションをスタートさせている。

　島を統治しているロシア人たちとの遭遇では,ジェスチャーを駆使してコミュニケーションを開始している。例えば,ロシア人が光太夫たちの漂着を祝って放った空砲に最初は攻撃されるのではとおそれおののいたが,肩をなでられるというジェスチャーにより,空砲が攻撃の意味ではないことを理解する。また,空腹を訴えるのに口と腹を指すジェスチャーで理解させている。ロシア人たちに身柄を預ける覚悟をした時は,手を合わせて拝むジェスチャーをして祈りのコードを相手に理解させ,ロシア人を和ませている。日が暮

れると，光太夫らは島民にもロシア人にも握り飯を振る舞い，食のもてなしにより，相手の懐に入っている。さらに，ロシア人たちが船の高価な荷を光太夫の所持品と誤解し，光太夫を裕福な豪商だと思い込んだことを光太夫は好都合と捉え，ロシアを離れるまで相手の誤解のままに振る舞った。そのことにより，日本に生還するまで他の乗組員とは別格の厚遇を受けることになる。

　島で半年過ぎた頃，光太夫らはロシア語の習得方法に気づく。ロシア人が漂流民の持ち物を指してはしきりにエトチョワ（これは何？）というのを聞き，試しにすでに呼び名を知っている鍋を指しロシア人に向かってエトチョワと発話したところ，ロシア語で鍋と応えがあったことから，ロシア語の習得が始まる。これをきっかけに，光太夫は見聞したことを片端から記録していく。4年後，彼らはロシア人とカムチャッカ半島へ移動するが，それまでアムチトカ島民に混じって働くことを通して，ロシア語のコミュニケーション力を着々とつけていく。アムチトカでは漂流中に亡くなった1名に加え，7名の漂流民が亡くなった。

　移動先のカムチャッカ半島で，光太夫らは生まれて初めてナイフ，フォーク，スプーンを使って洋食を食べる。食事作法というコードをきっかけに，西洋の作法の獲得が始まる。当時の日本人にとり肉食はタブーであったため，初めは牛乳と肉を受けつけず，肉食をけがらわしいと罵った。が，飢饉に見舞われ極限状況に置かれたことにより，ロシア人からタブーを破って命をつなぐよう説得され，自文化の規範を脱して肉を食べ始める。カムチャッカ半島での過酷な1年で，新たに3名の漂流民が命を落とした。

　翌年，光太夫は残った6名の漂流民と厳寒のシベリアを馬ぞりで横断し，国際交易都市であったイルクーツクに入る。ここで光太夫は，後に帰国の支援者となるラクスマンと出会う。漂着5年目に光太夫は文字を習い始め，約2年間で書く力を付ける。光太夫はロシア政府に帰国の嘆願を始めるが，当時，ロシアは日本との通商開始に備え，日本からの漂流民を日本語教師にすることを目論んでいた。そのため，帰国許可は容易に下りなかった。漂流民のうちの1名がシベリア横断中にかかった凍傷により足を切断，他の1名も熱病にかかったことから，この2名はキリスト教に入信して帰国をあきらめ

る。さらに1名はイルクーツクで病死する。このように仲間が次々と帰国を断念したり死亡したりする中で，光太夫はロシア政府が提示する「ロシア人化」の好条件に屈することなく，何度も帰国の嘆願書を提出し続ける。

　ついに彼は，サンクトペテルブルクでエカテリーナ女帝に謁見する機会を得る。ここで光太夫は，言語を通して人を引き付けるだけのコミュニケーション力を発揮している。女帝は，日本との通商交渉を判断するための情報を光太夫から得るため，7回の謁見を重ねた。彼は皇族からも引っ張りだことなる。宮中の人と接触を重ねると同時に，光太夫は目標達成のために率先して人脈を広げている。女帝付き秘書官長を帰国のためのキーパーソンだと判断するや，何度も官長宅を訪れ，食事を共にして帰国を働きかけている。同時に，ラクスマンの弟嫁がオランダ人であることから，オランダ公使にも近づき，日本への帰国を懇願している。

　そして漂着から10年後，ついに帰国の許可を得る。女帝から法外な帰国費用と豪華な土産を賜り，遣日使節として恩人ラクスマンの次男アダム・ラクスマンが同行するという女帝の配慮も得た。ペテルブルク社交界の名士らからも手厚い餞別の品々を受けて，ロシアを後にする。餞別の贈答品から，光太夫が社交界でいかに人気があったかが窺い知れる。出航時，陸のロシア人と船中の日本人は，空砲を媒介に惜別のコミュニケーションを取る。

6.6 ● 光太夫のコミュニケーション戦略

　生田は，光太夫を「コミュニケーション能力を武器に奇跡の生還を果たした」と評して，光太夫に関する様々な資料を元に「言語・身体・社会」というキーワードから考察している（生田，1997）。また，亀井は光太夫からの聞き書きである『北槎聞略』を軸に光太夫の人物像を考察している（亀井，1987）。本項では，生田と亀井の論考を元に，光太夫のコミュニケーション戦略の要素をまとめてみたい。

①開放的な性格と洞察力

　ロシアで光太夫と出会ったフランス人レセップスによると，光太夫が気遣いと愛情あふれる人物であり，同時に人見知りや気後れをしない性格である

と描写している。礼儀にこだわらずに意のままにくつろぎ，ほしいものは率直に請求し，自分の考えを隠そうとせずに率直に意見を述べる。気分にむらがない。また洞察力が鋭く，他人が彼に理解させようとする事柄はすべて相当な早さで飲み込む。レセップスの描写からは，オープンマインドで率直であること，他者に愛情を持って接することなどの基本的な姿勢と，相手の言動から状況や立場を注意深く洞察することの重要性が示唆されよう。

②緻密な記録

　光太夫は見聞きしたことのすべてを正確に日記につけ，彼の前で起こり語られることはもらさずノートに書き記した。異文化受容（acculturation；異文化と接触した者がその文化を取り込み，受け入れ変わっていくこと）に際し，詳細にノートをとり，体験のデータを蓄積すること，データを正確に解釈していくことの重要性が挙げられる。

③人間関係調整のための言語コードに力点

　コードとは，あるルールを持ったサインのことで，そのルールを使う集団にとっては当然のこととして理解されるもののことである。言語コードとは，言語を用いたサインのことで，例えば日本語で「米」と言えば調理前の米粒を指すが，「ライス」と言えば炊いた米のことを指す。この場合の「米」や「ライス」は言語コードである。光太夫の習得した言語コードには，次のような特徴が認められる。短文で複雑な文は書けないものの，運用能力が高い。光太夫の創作文は人間関係を円滑にするための気配り表現が多い。また，光太夫が記録した語彙は，呼称，称号など，人間関係を調整するための語彙が多く，敬愛を示す待遇表現など，働きかけの機能のある表現を重視している。さらに，発話場面で出会う語を，二項対立的に構造的に捉えようとしている。例えば「多」と「少」，「よい」と「悪い」などがその例である。一般的な言語能力ではなく，人間関係の構築と継続に役立つ言語能力の養成に着眼した点が特徴的である。

④意味の類似性の関係付けによる未知なるものの理解

　ロシア文化にあって日本文化にないものを表現する際，意味の類似性により関係付けをして，意味を調整している。例えば，ナイフを「小刀」，フォークを「熊手のごときもの」，スプーンを「大さじ」と表現している。また，

接吻のような日本にない習慣を「口をなめる」と表現している。未知のものを受容する際，既知のものとの共通性を探すというポジティブな思考法は特筆すべき点である。

⑤人間関係調整のための非言語コードに着目

　非言語コードとは，ある集団の成員なら意味が当然わかる言語によらないサインのことである。例えば，日本人が人差指で鼻を指せば，「私」という意味を示すが，これは非言語コードの1つである。光太夫の非言語面についての記述には，出会い，別れ，接客などにおけるエチケットに関するものが多い。無作法だとみなされることに敏感だった。例えば，アイコンタクトの重要性や，レディーファースト，食事作法などに関して詳細に書いている。とりわけ，日本文化における身体コードと対照的なものについて注意を払っている。視線を外すことが不誠実と受け取られること，スープを飲む時，音を立てて吸うということがタブーであること，親しい人との別れ際には，まず右，次に左，もう一度右と3度頬に接吻をすることなどがその例である。光太夫が，社交上，エチケットを逸脱した場合に被る暗黙のペナルティの重さを十分わきまえていた点に注目しなければならない。

⑥ロシア化した非言語コードの習得

　光太夫のコミュニケーションの鍵は，非言語コミュニケーション手段がロシア化していったことにある。他の漂流者と異なり，光太夫の非言語表現には，日本ではなくロシアのコードが組み込まれている。それは，帰国の途につく際，足を切断して帰国を断念した者や世話になったラクスマンに別れを告げる場面に顕著に表れている。他の漂流者は，帰国を断念した漂流者に涙ですがりつくだけであるが，光太夫は手を握り，抱き合い，口に接吻している。男同士の抱擁も口づけも当時の日本文化にはない身体コードである。ラクスマンとの別れの場面でも，他の漂流者はお辞儀をして謝意を述べるという日本的な挨拶をしているのに対し，光太夫は足を戴くというラクスマンの息子がした表現と同じ身体コードで別れを惜しんでいる。非言語コードの習得と実践が人間関係の情意的側面を助長することを感知していた光太夫の感性に注意を払いたい。

⑦ロシア文化の支援者の知識借用

　いくら光太夫が洞察力とコミュニケーション能力に優れていたとはいえ，理解しにくい点や不明な点は多々あったと推察される。そのような点については，ラクスマンという知識層に属する支援者に聞き，適切な知識を得たことは想像に難くない。正確な異文化受容のためには，信頼できる文化媒介者の存在が不可欠であることを示唆していよう。

　以上のように，光太夫の卓越したコミュニケーション能力には，それを支える要素を多数抽出し得る。

6.7 ● 非言語コミュニケーション

　前項でモデルとして取り上げた光太夫のケースにおいても明らかになったように，異文化受容にせよ伝達手段にせよ，非言語コミュニケーションの重要性を無視することはできない。非言語コミュニケーションは，言語コミュニケーションに比べ，無意識にメッセージを送っている場合が多い。また，非言語コミュニケーションの表出のルールや解釈は，観察を通して学ぶものである（Knapp & Hall, 1997）。したがって，異文化環境下に置かれて日が浅い場合，言語コミュニケーション以上に摩擦の要因となりやすいものである。

　非言語コミュニケーションには，次のようなものがある。表情，身振り，手振り，姿勢などの身体動作，視線の合わせ方やはずし方，合わせている時間などの視線接触，対人距離や対人角度，空間使用や縄張りなどの近接空間，時間に対する感覚や時間の使い方などの時間概念，抱擁，接吻，触れ合いなどの身体接触，香水や香りの使い方などの嗅覚表現，声の表情や沈黙などのパラ言語，外見，所持品などの体物表現，エチケットやマナーなどの外交儀礼などである（清，2008）。6.1節の図表6－1でみたように，これらの非言語コミュニケーションの水面下には，それぞれを支えている価値観や信念，規範意識，思考法や発想法などがあることを忘れてはならない。

6.8 ● 非言語コミュニケーションの文化摩擦

　本節では非言語コミュニケーションによる文化摩擦の事例を取り上げ，解釈や意味付けのすれ違いについて考察する。

①日本人と結婚した韓国人女性の例
　まず，漫画をみてほしい。

『日本語ジャーナル』アルク，2007年3月号　漫画：宇田川のり子

　これは，韓国に赴任していた日本人ビジネスマンと韓国で結婚した韓国人女性の実話を漫画化したものである（清，2007a）。子どもが3歳になった時，韓国人女性の夫が日本に呼び戻された。漫画のエピソードは日本で夫の両親と同居し始めたばかりの頃のことである。この事例では，まず，摩擦の引き金として日韓の食事作法の違いが挙げられる。日本では銘々の和食器は手に持って食すのが作法であり，韓国では手に持たずにテーブルに置いたまま食すのが作法にかなっている。日本の作法から逸脱し，ご飯茶碗を持たずに食していた孫に姑が「行儀が悪い」と注意した。この姑の孫に対する注意が，ウチソト関係の捉え方の違いと注意するという行為の価値付けの違いという

第6章　文化とコミュニケーション　119

新たな2つの摩擦を露呈させた。日本の思考法では、「よそ」（ソト）から嫁いできた女性が「ウチの嫁」として家族同様に扱われるまでには一定の時間を要する。そのため、遠慮が働き、言いにくいことを面と向かっていうことを控える傾向が強い。それでなくても日本では、人に注意するという行為は、それが必要だと思われる状況下でさえ極力回避する方が人間関係に支障をきたさないと価値付けされている。一方、韓国の思考法では、息子に嫁いできた女性は嫁いだ瞬間から家族として扱われ、ごく近い関係とみなされる。また、近い関係で大事にしたいと思う相手であればあるほど、言いにくい忠告も親切心からストレートに伝えることが許容され歓迎されもする。一般的に、韓国では、日本に比べ、人に注意するという行為が当然視される状況下ではストレートに注意する傾向が強い。この韓国人女性は、日韓両文化を知っている夫に、それぞれの文化の作法や解釈を妻と姑双方に解説し、妻と姑の人間関係の仲介役を期待したが、期待通りに行かなかったと当時を振り返った。

②外国人力士の例

次は元横綱力士・朝青龍の例である。朝青龍は2007年7月、腰痛と疲労骨折で6週間の休業と夏巡業の不参加を相撲協会に届け出て、故郷モンゴルに帰国した。ところが、休業中にモンゴルのチャリティーサッカー大会のイベントに参加し、プロサッカー選手とサッカーをしていることが報じられ、仮病を疑われた。相撲協会は、朝青龍は仮病ではないとしながらも誤解を招く軽率な行動だったとして、2場所出場停止、減俸処分とした。この処分を受けて、モンゴル大使館は協会に対し朝青龍にサッカー参加を強要したことを謝罪した。モンゴル国内では協会の処分に対する抗議デモに発展した。8月、朝青龍はモンゴルに再び帰国する。11月30日に再来日し、謝罪会見を開いた。その様子を翌12月1日に『スポーツ報知』が「謝罪直後に報道陣に舌打ち逆ギレ」との見出しをつけて報じ、再出発をかける記者会見の質疑応答で朝青龍が17回舌打ちしたことから、謝罪どころか逆ギレしていると批判した。舌打ちに対する解釈はモンゴルと日本では異なる。日本では、舌打ちは相手にいらついたり非難したりする意味合いを持つが、モンゴルでは、自分自身が「まずい」と思うようなことをしてしまった後悔や不都合なことが起きた場合の自分へのいら立ちを表すことが多く、舌打ちを日本人より頻繁に打つ。「逆ギレ」

と意味付けされた記事は，日本の舌打ちに対する解釈を当てはめたものである。

図表6－3　DIE法分析表─朝青龍

E　モンゴル側の評価	I　モンゴル側の解釈	D　事実の描写	I　日本側の解釈	E　日本側の評価
体調不良なら休業は正しい選択。帰国してリラックスするのは妥当である。	体調不良なら休場は当然。仕事がオフなら，モンゴルでくつろげばいい。	朝青龍が体調不良を理由に休場を相撲協会に届け出，モンゴルに帰国。	体調不良なら休場もやむを得ない。モンゴルで静養するのもやむを得ない。	休場するほど体調が優れないのだから静養のための帰国は妥当である。
休業しているのだから，私生活で何をしようが本人の自由だ。体調不良にもかかわらず国のために慈善をしたのは素晴らしい。	仕事と私生活は別。国を代表するスターが体調不良を押して慈善事業に参加してくれたことは喜ばしいことだ。	朝青龍が休業中にモンゴルでチャリティーサッカー大会に参加し，サッカーをした。	とんでもないことだ。体調不良を理由に休業しておきながら，サッカーをするとは不届き。仮病なのではないか。	国技の横綱にふさわしくない軽率な行動である。仮病を疑われるのも妥当である。
謝罪など不要だ。朝青龍は正しいことをした。	どうして謝罪しなければならないのか。朝青竜の行動は国民を喜ばせたのに。	モンゴル大使館が協会に対しサッカー参加を強要したことを謝罪。	朝青龍をかばっている。本人が自分の責任において断るべきだった。	悪いのは朝青龍だ。
処罰は不当だ。協会は無理解である。	国のために無理をしてサッカーをしたスターに処罰などとんでもない。	相撲協会は朝青龍に2場所出場停止，減俸処分を下した。	仮病ではないものの，誤解を招く軽率な行動をしたのだから，けじめが必要。	国技の横綱にふさわしい行動をとらせるべき。処罰は当然である。
抗議デモは妥当だ。協会を改心させるのに必要だ。	国のスターをないがしろにした協会と日本の世論に訴えなければならない。	モンゴルで抗議デモが起きた。	横綱の立場というものを理解しないお国柄だ。	抗議など不当だ。協会の処罰は正しい。
不当な処分を受けた朝青竜には休養が必要だ。	傷心した朝青竜を温かく迎えたい。	朝青龍はモンゴルに再び帰国した。	頭を冷やして反省してほしい。	少しはおとなしくなるだろう。帰国は妥当だ。
朝青龍は反省しているのだから妥当だ。	朝青竜は自分のしたことをまずかったと思っている。	朝青龍は再来日し，謝罪会見の席で舌打ちを17回した。	傲慢だ。反省どころか逆ギレしている。	謝罪にならない。非常識だ。やはり朝青龍は横綱にふさわしくない。

第6章　文化とコミュニケーション　121

ここで，文化摩擦が発生した場合に，自文化の解釈を客観視し他文化の理解に努め，問題解決の糸口を見つけるのに役立つDIE法と呼ばれる分析法を紹介する。DはDescription（事実の描写），IはInterpretation（解釈），EはEvaluation（評価）を指す。朝青龍の事例をDIE法で分析すると，図表6－3のようになる。誤解や摩擦が生じた場合，自文化中心主義に陥ることを避けるためにもこのような分析を行ってみることが求められる。

③アメリカ大統領の例

　次は，オバマ大統領の例である。2009年11月14日，来日中のオバマ大統領が皇居を訪問した。その際，天皇陛下と握手をしながら腰を90度に曲げて深々とおじぎをした。

写真提供：共同通信社

　オバマ大統領のとった態度に対する日本，アメリカ，中国，韓国のメディアの論調や世論はそれぞれ異なっている。日本の論調は，ネガティブな評価として普天間基地問題で反米感情が強くなっている日本の世論に配慮したものとの解釈もあるが，大半はオバマが日本の儀礼に従ったことを礼儀正しいとプラスに評価し，天皇への敬意の表れだと解釈している。他方，アメリカ国内では，年長者に対する礼儀として容認したのはごく少数である。大国が弱体化して卑下している，大統領としてふさわしくなく低姿勢過ぎるとの批判的な評価が世論を占めた。一方，中国のメディアでは，オバマを東洋の礼儀を理解している人として称賛し，90度のおじぎは謙虚さの表れであるとして評価した論調が多くみられた。中国の世論には，他国と比べ，日本国内

の世論との共通性が散見される。韓国では，礼儀正しいとの評価は4割程度に留まり，アメリカの大統領としては不適切である，失望した，ショックである，といった世論や報道が目についた。韓国は日本に統治された歴史があり，第二次世界大戦中の天皇制に対するアレルギーがあることから，儒教精神を重んじる風土が日本以上にあるにもかかわらず，オバマのとった態度を評価しにくくしているコンテキストの存在が推察し得よう。

6.6節において，大黒屋光太夫のコミュニケーション戦略の1つとして現地のエチケットに基づく身体コードの習得を挙げた。光太夫の場合は，一漂流者であったが，オバマのように一国を代表する政治的立場にいる者の場合，国の威信というコンテキストを看過できなくなる。光太夫の生還に同行し，遣日使節として日本政府に女帝の書状を渡す任務を負っていたアダム・ラクスマンは，会見の際，一国を代表する立場として日本の儀礼の受容を拒否している（木崎，1992）。日本側はラクスマンに日本式に靴を脱ぎ，平伏するか横座りするかを求めた。しかし，ラクスマンは，低頭平伏するような卑屈な礼式は，神を拝する場合を除き，たとえ国王に謁見する時でさえ決してすることはないこと，洋装で靴を脱ぐことは風習上奇妙な格好になることを申し立て，日本人がどのような姿勢をとろうとかまわないが，その代わり自分も自文化の習慣を曲げることはできないと返答した。その結果，日露双方が対等な立場でそれぞれの文化に基づいた儀礼に従い会見をすることになった。ラクスマンはロシア式に長靴のまま立礼を通した。ラクスマンがとった態度からは，摩擦が生じた場合に，自文化の習慣や価値観を他文化の者に説明し理解をとり付ける姿勢の重要性が示唆されよう。また，国の代表としてのラクスマンの立場と礼式に関する毅然とした態度に鑑みると，オバマのとった態度がアメリカで不評だった理由も納得し得るのではないだろうか。

6.9 ● 言語コミュニケーションによるミスコミュニケーション

言語によるコミュニケーションは，非言語コミュニケーションに比べると後から確認し得るという点で誤解は少ない。とはいえ，言語文化の違いから生じるミスコミュニケーションには留意しなければならない。本項では，例

として日本語を習得した外国人による母語と日本語の言語文化の違いがもたらしたミスコミュニケーションの実例を挙げる（清，2007b）。

① 呼称

英語のyouが相手の身分や上下関係を問わずに誰に対してでも使えるというルールを日本語にも当てはめ，上司を「あなた」呼ばわりして上司から怒鳴られた外国人やクビになった外国人がいる。日本語の「あなた」の使用範囲は狭いこと，2人称の代わりに役職などで呼ぶという言語文化の学習が必要だった例である。

また，母国で日本語を学び，日本に留学してきた学生が，ホームステイ先の家族構成を理解できなくて困ったという話がある。そのホストファミリーは，夫婦間で「お父さん」「お母さん」と呼び合い，その夫婦の長男を「お兄ちゃん」と呼んでいたからである。家族間の呼称が家族メンバーの最年少者に照準を合わせた呼称となるという暗黙のルールに気づかなかったために生じた例である。このように，ごく日常的な語彙1つとっても，意味と使用範囲のズレが生じるのである。

② 文脈理解における「省略」

次の例は，日本語の言語文化を熟知した外国人タレントが，英語の発想を当てはめた場合に起きそうな誤解を笑いのエンパシーに変換したジョークである。お笑い芸人のパックンが，日本語の省略について次のようなジョークを語っている（ハーラン，2008）。彼がヘルメットを持っていると，友達から「あ，バイク？」と言われる。揚げ足を取って「いや，これはヘルメット。バイクじゃない」と言うと，今度は相手が「パックンはバイク？」と言い直す。そこで，「いや，パックンは人間」と切り返す，と。これは，主語の文脈指示性という日本語の言語文化の特徴が面白おかしく紹介された例である。

6.10 ● エクササイズ−理解とエンパシーのために

本章は，文化とコミュニケーションの関係性を捉え，異文化摩擦が生じた場合の問題解決のヒントを得ることが目的であった。そのために必要なキーワードと理論を解説した。また，問題解決のために求められるコミュニケー

ション能力を具体的に把握するべく，歴史上の人物をロールモデルとして取り上げ，そのコミュニケーション戦略を考察した。さらに，いくつかの文化摩擦の事例を考察し，自文化中心主義に陥らないための分析法を紹介した。

最後に，エクササイズとして3つの話題を提供する。6.8節で紹介したDIE法により，2つの相反する立場からの解釈と評価を分析してみてほしい。分析の前段階で，まず，インターネットを利用してそれぞれの話題に関する情報を十分収集し，情報解析を試みてほしい。DIE法による分析が済んだら，すれ違う2つの立場のいずれかに立脚して，相手の立場と解釈に共感しながら自分の側の立場を相手に説得するスピーチを作成してみてほしい。

○ **エクササイズ**

1) かつて千葉すずという水泳選手がいた。オリンピック出場を期待されながら，彼女は代表選手に選ばれなかった。千葉は選考基準が曖昧だとして水泳連盟を提訴し，ある判決を得た。千葉すず側と水泳連盟側の主張と論点のすれ違いの分析を試みてみよう。

2) 1990年の入国管理法改正以来，南米日系人の定住者が増加している。それに伴い，学校教育の場に日系人子女が急増しているが，彼らが身に付けているピアスが教育の現場で問題になっている。学校文化の立場と日系人文化の立場での理解と解釈のズレの分析を試みてみよう。

3) 日本はもともと商業捕鯨をしていた国である。しかしながら，アメリカが国際捕鯨委員会に商業捕鯨の全面禁止を訴えたことを皮切りに，オーストラリア，ニュージーランド，イギリスなどもアメリカに同調し，商業捕鯨再開を阻まれている。日本の立場と全面禁止を訴える国々の立場での理解のズレを，他の国際問題との関連を含め，分析を試みてみよう。

清　ルミ

[参考文献]

生田美智子（1997）『大黒屋光太夫の接吻―異文化コミュニケーションと身体』平凡社（平凡社選書166）。

石井敏・久米昭元・遠山淳・平井一弘・松本茂・御堂岡潔編（1997）『異文化コミュニケーション・ハンドブック』有斐閣。

亀井高孝（1987）『大黒屋光太夫（新装版）』吉川弘文館（人物叢書）。

木崎良平（1992）『光太夫とラクスマン―幕末日露交渉史の一側面』刀水書房（刀水歴史全書30）。

久米昭元・長谷川典子（2007）『ケースで学ぶ異文化コミュニケーション―誤解・失敗・すれ違い』有斐閣。

小坂貴志（2007）『異文化コミュニケーションのA to Z―理論と実践の両面からわかる―』研究社。

杉本つとむ（1993）『北槎聞略―影印・解題・索引』早稲田大学出版部。

清ルミ（2007a）「ウチとソトの人間関係」『日本語ジャーナル』3月号, アルク。

清ルミ（2007b）『優しい日本語―英語にできない「おかげさま」のこころ』太陽出版。

清ルミ（2008）『ナイフとフォークで冷奴―外国人には理解できない日本人の流儀』太陽出版。

ハーラン, P.（2008）「Special Interview Part 1」『日本語教師になりたい』学習研究社, p. 7。

山下恒夫（2004）『大黒屋光太夫―帝政ロシア漂流の物語―』岩波書店。

Gudykunst, W. B.（1995）"Anxiety/Uncertainty Management（AUM）Theory: Current Status," in Richard L. Wiseman, ed., *Intercultural Communication Theory*, Thousand Oaks, CA: Sage, pp. 8-58.

Hall, E.T.（1966）*The Hidden Dimension*, Garden City, NY: Doubleday.

Knapp, M.L., & Hall, J. A.（1997）*Nonverbal Communication in Human Interaction*, 4th ed., Orlando, FL: Harcourt Brace College Publishers.

Pearce, W. B.（1976）"The Coordinated Management of Meaning: A Rules-Based Theory of Interpersonal Communication," in G.R. Miller, ed., *Explorations in Interpersonal Communication* Thousand Oaks, CA: Sage.

Schramm, W.（1954）"How Communication Works," in W. Schramm, ed., *The Process and Effects of Mass Communication*, Urbana, IL: University of Illinois Press, pp. 4-8.

Shannon, C. E., & Weaver, W.（1949）*The Mathematical Theory of Communication*, Urbana, IL: University of Illinois Press.

Watzlawick, P., Beavin, J., & Jackson, D.（1967）*Pragmatics of Human Communication: A Study of Interactional Patterns, Pathologies, and Paradoxes*, Norton.

第**7**章

情報とコミュニケーションの関係
――歴史にみる異人とのファーストコンタクト

- 他者との円滑なコミュニケーションに情報は必要なのか？
  事前に集めた情報が原因となり，ディス・コミュニケーションを引き起こしてしまう，あるいはそう思われてしまうのはなぜなのであろうか？
- 歴史学は単なる過去の事象の集積なのか？
  古くさいことは現実社会の役に立たないのではないか？　また，歴史学の研究はどのように進めていくのか？
- 本章では，歴史学の概念や，ややこしい研究上の手続き，やっかいな史料読解といった難儀な側面はすべてそぎ落としてあるので，歴史を舞台にしたコミュニケーションの問題として読んでもらえればと思う。

キーワード
- ディス・コミュニケーション　■情報　■社会的立場　■先入観
- 組織防衛

7.1 ● 19世紀　異人とのディス・コミュニケーション

次の史料に見覚えはないだろうか――まったく知らなくても，もちろん問題はない――。

　　いきりすの船，先年，長崎において狼藉に及び，近年は所々へ小船にて乗り寄せ，薪水食料を乞ひ，去年ニ至り候ては，猥ニ上陸致し，或は廻船の米穀，嶋方の野牛等奪ひ取り候段，追々横行の振舞，其上，邪宗門勧め

入れ候致し方も相聞へ、傍捨て置かれ難き事ニ候、一体いきりすニ限らず、南蛮・西洋の儀は、御制禁邪教の国ニ候間、以来何れの浦方におゐても、異国船乗寄せ候を見受け候ハヾ、其所ニ有合せ候人夫を以て、有無に及ばず、一図に打払ひ（後略）　　　　　　　　　　　　　　（御触書天保集成）

　この史料は、文政8（1825）年に江戸幕府が発令した「異国船打払令」である――日本史受験の人にはおなじみの史料――。江戸幕府は、オランダ・朝鮮・琉球・中国以外の他国との交易を禁止していた。江戸時代の日本は、いわゆる鎖国状態にあったが、嘉永6（1853）年のアメリカのペリー来航によってこれが打ち破られ、政治体制――研究者は幕藩体制と呼称している――も崩壊していった、ということはこれまで勉強してきたと思う。

　実はペリー来航より100年も前（18世紀後半）から、異人は日本近海に来航していたのである。おおまかに整理すると、ロシア人→イギリス人の順番で到来していた。そして、文化・文政期（19世紀初頭）になると、この傾向はさらに顕著となっていた。この異人の到来に対して、近世人＝民衆・幕藩領主はどのような対応をとったのであろうか。その場面を他者とのコミュニケーションの空間として設定してみよう。

　先の「異国船打払令」の分析からはじめよう。まず史料後半に注目すると、「南蛮・西洋」は幕府が厳禁している「御制禁邪教」＝キリスト教を信仰している国であるから、以後、異人が上陸した場合、その場にいる人員で攻撃すること、とある。なぜ、幕府はこれほど極端かつ野蛮な法令を出したのであろうか。その答えは前半にある。イギリスの船が先年「長崎において狼藉に及び」とは、文化5（1808）年のフェートン号事件のことを指し「近年は所々へ小船にて乗り寄せ」以下の内容は、文政7年（1824）に発生した2つの事件＝大津浜事件（常陸　水戸藩領）と宝島事件（トカラ列島　薩摩藩領）を示している。

　このディス・コミュニケーションの典型ともいえる「異国船打払令」は、文政7年の2つの事件を契機として、翌年発令されたことは有名である。ところが、この2つの事件の詳細はほとんど知られていない。本論では、特に大津浜事件をトレースし、それに関与した近世人の対応を明らかにすることで、本論のテーマ＝情報とコミュニケーションの関係を考えてみたい。

7.2 ● 19世紀　異人とのコミュニケーション

発端

　文政7年(1824)5月28日，常陸国水戸藩領(附家老中山氏の知行地)大津浜(現　茨城県北茨城市)の沖合に異国船2艘が出現した。異国船からは2隻のボートが下ろされ，まっすぐに大津浜に接近，午前10時ごろ，12人の異人が上陸した。

大津浜漁民の様子

　上陸した12人は大津浜の漁村に入り，人家に立ち寄り，食料を求めた。異人を見ようとして，大津浜の多くの漁民が集まり，異人たちを取り囲んだ。この時，大津浜の漁民たちには恐怖も敵愾心も見受けられなかった。
　異人たちの中には，歌を歌い始める者もいた。彼らは鉄砲4挺を持参しており，漁民たちはこの鉄砲と食料・水等とを交換し，夜になると異人たちに就寝のための家屋を貸し与えた。

水戸藩の対応

　大津浜の漁民たちから異人上陸の連絡を受けた中山家の家臣たち100人ほどが，現地にかけつけ，海岸に大筒を配置し警備を固める一方，異人たちが寝ている家屋を包囲して監視体制をとった。
　中山家から急報を受けた水戸藩では，翌29日，鉄砲・弓・大筒で武装した先遣隊が大津浜を目指し，さらに多くの後続部隊が続いた。
　異人との「筆談役」(交渉役)として，徳川斉昭(のちの水戸藩主)の信任があつい会沢正志斎が現地に赴いた。6月3日，会沢の尋問が始まった――この時の様子は後日，会沢自身が「諳夷問答略記」としてまとめている――。当初，会沢は異人たちをロシア人と認識していた。会沢は，まず沖合に停泊している異人の本船に，非難の書翰を出すべき，としたが，随伴した役人から許可はおりなかった。当初筆談は，漢字・漢文で行われていたが，尋問が進む中で，会沢は異人をイギリス人と認識することができ，さらにケンプ・テーラン・ルチンといった異人たちの名前も明らかとなった。さらに，彼ら

は捕鯨船の乗組員で，本国を出港してからアメリカ廻りで日本に近づいてきたこともわかった。イギリス人捕鯨船員はクジラの絵を描き，会沢に日本近海への渡航の目的が捕鯨であることを語った。しかし，会沢は彼らの話を信用せず，日本を侵略することがイギリス人の最終目的であると判断してしまう。

○エクササイズ１

> 問―なぜ，大津浜の漁民は異人と良好なコミュニケーションをとり，会沢は異人への警戒を深めたのか。
> 方法―①仮説を立てる。
> 　　―②二項対立の発想。

エクササイズ１では，情報とコミュニケーションの関係を，異人上陸を巡る，大津浜漁民と水戸藩会沢正志斎の対応の比較から考察してみたい。①仮説を立てる，②二項対立の発想，という２つの観点からエクササイズ１に取り組みたい。これは，学問・研究（ただし文系）をすすめる上での基本的な方法論である。

まず，大津浜漁民と会沢とでは，異人に対する対応がまったく相違していることを認識したい（二項対立の発想）。単純化すると，大津浜の漁民は最初から友好的であり，会沢は敵対的である。なぜこのような差違が発生したのか。次に，仮説を立ててみよう。以下２つの可能性が考えられる。

A　両者の社会的立場の相違
B　両者の情報量の相違

　Aの検討：大津浜の漁民の日常＝社会は，生業に密着したものであり，彼らの社会的責任の範囲は，村と地域内で完結するものであった。一方，水戸藩は幕府政治（全国政治）への影響力も持つ有力な親藩である。会沢が徳川斉昭の信任を得ていたことは先述した。会沢の師である藤田幽谷は，水戸藩の民政も担当し，儒学とさらに国学を修め，水戸学という尊王攘夷思想の基盤を形成した人物であった。つまり会沢は，幕政への影響を持つ水戸藩の政治と，日本全国に影響を及ぼす水戸学の将来とを嘱望されるという公的責任

を負った人物なのである。

　Bの検討：大津浜の漁民と，水戸藩会沢正志斎とでは，それぞれが有する情報の量・質は明らかに相違する。江戸時代は身分制社会であり，民衆（被支配者）が政治に参加することはなく，彼らの世界≒社会は，生業とごく限定された範囲（地域）でのネットワークに基づく，日常的世界の枠組みの中で完結していた。彼らはこれを基盤に情報と知識を得ていた。それも，生きるための知恵として。

　有力な親藩である水戸藩には，幕府や諸藩を通じて様々な政治・海外情報が入り，会沢もこれを共有できる立場にいた（後述）。

　以上，A・Bを検討してみると，A：社会的立場によって，異人＝他者とのコミュニケーションは相違することは了解できる一方，B：情報量の多さが良好なコミュニケーションを阻害する要因となっている，ようにも思える。以下，Bを問題にしたい。情報量が多いと，それだけよけいな先入観が入り込み，他者と客観的に接することができない，という見解が出てきそうである——実際，学生のレポートにはこのような意見が多い——。結論を出す前に，大津浜での会沢の対応をもうすこし細かく検討し，エクササイズに挑みたい。

○エクササイズ2

> **問**—会沢はなぜ当初，異人をロシア人と思ったのか。しかしその後，彼はなぜイギリス人と認識できたのであろうか。
> **方法**—仮説は柔軟に。

　エクササイズ2のための知識として，当時の対外関係を以下のように整理しておく。

　　18世紀後半：ロシア船の日本近海接近
　　　　ラクスマン根室来港　　　寛政4（1792）年
　　　　レザノフ長崎来港　　　　文化元年（1804）
　　　　ロシア船打払令　　　　　文化4年（1807）

ゴロウニン事件　　　　　文化8年（1811）
19世紀初期：水戸藩の沿岸警備と攘夷思想
　　　藤田幽谷　攘夷論形成
　　　会沢正志斎『千島異聞』執筆　寛政13年（1801）

　18世紀後半，日本に接近して来ていた異国はロシアであり，北方領域をめぐってトラブルが発生しており，文化4年（1807），幕府はロシア船を攻撃する命令まで発していた。18世紀後半から19世紀初頭，大津浜事件が発生する以前まで，為政者の中では，日本に接近する異国はロシアであり，日露関係は悪化しているという認識が一般的であった。会沢も寛政13年（1801），『千島異聞』を執筆し，ロシアの覇権的性格と強大な軍事力の具体的様相を述べ，蝦夷地への侵略を警戒すべき，と論じていた。会沢はこの論文を，幕府の外交資料である『和蘭風説書』『別段和蘭風説書』などを情報源として書き上げていた。会沢は幕府の公的資料（オープンなものではない）を読むことができる立場でもあったのである。以下，会沢の『千島異聞』の一部を紹介しておく。

　ロシアの膨張に関して
　　ヲロシヤ近世に至りて諸国を兼併し，殊に近き比雪際亜の地を併せ得し
　　より，其広大なる事，世界に双なし

　ロシアの強大な軍事力に関して
　　其王の随身の兵，常に三十万也，女王アナ教場を設て軍士を錬り，また
　　水軍はペテルの時，オ、ステゼーに七十二の戦艦を作り，第一等の船九
　　隻，毎船軍卒五百（九隻通計四千五百人），鳥銃六十（中略），アルカン
　　ゲル（白海に臨むの地）に多くの船匠をあつめ，夥しく船を造らしむ

　ロシアの蝦夷地侵略の可能性について
　　其併得たる所の地，南は大韃靼・トルコ等を侵し，北は雪際亜の地を割
　　き，西はホロニヤの県邑を奪ひ，東はシベリを併せ，東北大洲（西蕃是

を号して北アメリカといふ）の地，及ひ蝦夷の諸島を蚕食し，無人の地には人を植て年々繁息せしめて，益々富厚を致し，強大の国となれり

（千島異聞）

　ロシアに関する相当量の情報から導き出した潜在的な危機意識によって，会沢は大津浜での異人とのファースト・コンタクトの際に，彼らをロシア人と早合点したのである。会沢は異人たちにロシア語の単語を書き示していた。これはまさに，会沢の先入観による誤解である。コミュニケーションを図る上で，情報は阻害要因のようにみえる。しかし，会沢はなぜ途中から異人をイギリス人と認識できるようになったのであろうか，これが問題である。

　会沢が，異人をイギリス人と認識するためには，彼らと具体的なコミュニケーションがもたれなければならない。コミュニケーションのツールは言語である。すると，以下の仮説を想定できる。

A　会沢が英語を理解できた。
B　水戸藩の中に英語を理解できる役人がいて，通訳をした。
C　異人が日本語を理解できた。
D　大津浜の漁民が英語を理解でき，通訳をした。

　さて，C・D，特にDは【エクササイズ１】の解説——江戸時代の民衆の世界は，日常的生業とごく限定された範囲でのネットワークに基づく，日常的生業の枠組の中で完結していた——と矛盾するわけで，常識ではありえない，と言えそうである……。しかし，仮説は柔軟に設定したい。
　A・Bは事実として確認できない（説明は省略する）。解答はなんとC・Dなのである。意外な解答であろうか。以下これを解説していこう。
　天明から寛政の時期にはロシア船が，ラッコの毛皮をもとめて日本の北方海域に出没していた。しかし，文政期に入ると，日本近海，特に関東地方の太平洋沖合にはイギリスの捕鯨船が多くやって来るようになったのである。18世紀，ヨーロッパでは捕鯨が盛んとなり，18世紀後半以降，イギリス捕鯨船は遠路アジアまで到達していた。彼らの捕鯨は，鯨油を取ることが目的

であり，捕獲したクジラは船内で解体し，肉から油を絞り樽に詰め船倉に貯蔵していく。船倉がいっぱいになるまで操業は長期に及ぶ。ゆえに新鮮な水・食料は欠乏しがちで，船員の中には敗血症になる者も出るようになる（『通航一覧　第六巻』）。このような事情が，大津浜にイギリス捕鯨船員が上陸した背景にあったのである。

　大津浜事件の1年前＝文政6年（1823）だけでも，常陸の漁民が沖合で異国船を発見・通報する事件が29件も発生し，これらのうち，漁民が異国船の乗組員と接触したという記録は14件も残されている。以下は，その1例である。

　　沖合に異国船を発見，漁師たちが様子をうかがうと捕鯨の最中であった。漁師たちが近寄っていくと，異人たちが招いてきた。漁師たちは薄気味悪く見ていたところ，会瀬浜の漁師忠五郎は，「近年このようなことがよく起こっている。子細がわからないのでは不安なので，自分が異国船に乗り込み，船中の様子などを偵察してくる。もし，異人が悪心を起こしたとしても，私1人が生け捕られるだけである。もし，私が帰ることができなかったならば，以後，異国船には用心し，近寄らないことにすればよい。たとえ殺されても，犬死とはならない」と語り，1人異人船に乗り込んでいった。忠五郎は丁重に扱われ，船長に部屋に案内してもらい，酒食を出されもてなしてもらった。言葉は通じないが，忠五郎は，身振り手振りで，どこの国の人かと聞くと，船長は世界地図を出し，身振り手振りで語ってきた。忠五郎にはイギリスという語彙が聞き取れた。さらに船長は，日本語を理解しようとして，様々なコミュニケーションを図り，日本語の単語を記してきた。また忠五郎は再びイギリス船とコンタクトをとり3日間もイギリス船に逗留した。その際にイギリス人は捕鯨がいかに利益になるかを話し，捕鯨とクジラ解体，鯨油を絞る様子も見学させた。その後，常陸（水戸藩領）の漁師たちは　安心して異国船に接近し，乗船までして，気安く交流して，物々交換をしている。（通航一覧　第六巻）

異国船の日本近海への接近に対して，当初，日本人漁民は不安を感じていたのである。しかし，当時の日本の民衆は史料で見たように好奇心旺盛であり，また積極的に自己を犠牲にしてでも社会の不安要因をぬぐいたい，という心性も有していたのである。江戸時代，民衆の中に，忠五郎のように勇気ある人物がいたのである。忠五郎と，イギリス人とのファースト・コンタクトは身振り手振りであった。しかし，徐々にお互いの言葉を単語レベルで修得していった様子も窺える。忠五郎の勇気ある行動以降，常陸（水戸藩領）の漁民たちは，不安を解消して，日常的生業の活動範囲でイギリス人とのコミュニケーションをとり，物々交換まで行うようになったのである。

　ここまでの解説で，19世紀初頭に日本に接近していた異国船は，イギリスの捕鯨船であり，常陸の漁民がイギリス捕鯨船に乗り込み，コミュニケーションをとっていたことは了解できたと思う。しかし，この事実だけでは【エクササイズ2】の解答には至らない。

　そこで，大津浜の状況をさらにいくつかの史料で確認してみたい。

　会沢が異人を尋問していると，大津浜の漁民の勇三郎が，上陸した異人の中には，「心易」い知り合いがいる，といい出した。また一方，異人の1人は，「ヤスゴロウ（安五郎ヵ）はいないかい」と話しかけてきた。そして，勇三郎は身振り手振りを交え，異人たちと"会話"をはじめた。会沢は勇三郎に，異人たちの国名と，渡航目的を聞くように，と語っている。

　つまり，会沢は，勇三郎の"通訳"によって異人たちがイギリス人であり，渡航目的は捕鯨であることを知ったのである。ここまでの，解説を理解した上で，他者とのコミュニケーションには，情報＝知識は必要であるか，否かの二項対立の問題を引き続き考えたい。

　A　会沢の検討：会沢は幕府を通じて，様々な情報を得ていた。しかし，会沢は自己の社会・政治的立場から，危機意識が先行してしまい，異人を日本と緊張関係にある，ロシア人と早合点していた。また，イギリス人とわかり，コミュニケーションを図った後も，イギリス人の日本接近は侵略にある，との考えを捨てることはできなかったのである——イギリス人は渡航目的を捕鯨と語っているにもかかわらず——。

　B　大津浜漁民の検討：常陸沿岸地域の漁民たちの中には，すでに異人と

直接接触し，物々交換を行う者も少なからずいて，異人がイギリス人であり，捕鯨のためにやって来ていることを知っていた。そして，このコミュニケーションは，平和的に行われ，勇三郎のように，イギリス人船員に知り合いができ，身振り手振りによる——おそらく片言の英語も交え——コミュニケーションを取ることができるようになっていた。

　以上，ここから【エクササイズ２】の解答，つまり，情報は，良好なコミュニケーションを取る上での阻害要因にはならない，ということは理解できたであろう。さらにレベルを上げ，この問題を考えるために，以下を付け加えておきたい。

①会沢にみるように，情報そのものが，受けとめる側の社会・政治的立場，意識によって変容してしまうという問題がある。換言しよう。受け手の社会的立場によって，情報は一定の固定観念を形成し，さらに新たな情報を受け取っても，この固定観念にもとづいて，さらに誤った分析・判断が行われてしまうのである。

②大津浜の漁民にように，情報は自らの経験・見聞によって得たものが重要である。

　ここまで，解説すると，カンのよい人は，気付いたであろうか。①は先入観という言葉を固定観念にすり替えただけになっていることを。さらに，理解度の高い人は見抜いたであろうか。つまり，二項対立の発想だけでは，複雑な要素の理解に至らないのではないか，ということを。そこで，さらに複雑な問題＝情報とコミュニケーションの関係を考えるために第３項を設定してみよう。

幕府の登場

　大津浜事件は，水戸藩を通じて当然，幕府にも連絡されていた。会沢の尋問終了のち，幕府の代官古山善吉，オランダ通詞吉雄忠次郎，足立左内（天文方高橋景保部下）らが大津浜に到着する。オランダ通詞吉雄は，フェートン号事件を契機に英語をも学習していた。幕府の公的記録『通航一覧　第六』には，吉雄らによる問答の様子が収録されている。とても，面白い史料なので，一部を挙げておく。

一, 六月九日には別條無之, 十日四ツ過頃に, 公儀御代官古山善吉殿, 大通詞二人足立左内・吉雄忠次郎下着仕候, 同日通詞二人并水戸徒目付立会にて, 異人と対面有之候処, イギリス国の異人にて, 阿蘭陀国之文字通用, 言葉も相分り, 殊, 鯨取船の由挨拶仕候, 日本え船着仕候は, 全山肴調申度故と相分, 尤船中に病人有之候処（中略）元船に敗血病人御座候に付, 果実・野菜・阿蘭陀草様のもの（後略）

申諭
　此度其方共, 我国々近海え船を寄るのみならず, 不法に上陸いたし候儀, 我国の禁を犯し, 容易ならさる事なれとも, 其方共, 此儀一切弁へ知らす, 唯病人ありて, 是か為に, 果実・野菜の類を得度ゆゑの由に有之故, 此度は差免し, 且乞にまかせ, 薬用の品品, 我等の差略を以さし遣候間, 早々帰帆いたすへし, 此以後, 右様の始末於有之は, ゆるしかたし, 此度帰国の節, 鯨漁のもの共, また其外々へも急度相伝ふへし

六月
　我国の法にて, 常々来らさる外国の船, いつれの所にても, 着岸をゆるさゝる事なれは, 速に帰帆いたすへきなり
　右書面, 横文字にて書付, 異人え被相渡, 　　　　　　　（通航一覧　第六）

　幕府通詞の到着によって, 異人はイギリス人で, 彼らは日本近海に捕鯨のために渡航してきているのであり, 大津浜上陸の目的は, 生鮮食料品と敗血症治療のための薬を調達することにあったことが明確となる。幕府代官らは, イギリス人捕鯨船員に, リンゴ・枇杷・鶏などの食料を持たせ, 母船まで丁重に帰している。英語を理解できた幕府通詞吉雄の登場によって, ようやくイギリスとのコミュニケーションは円滑に行われ, 平和的解決が図られたわけである。この処置は, 文化3年（1806）に出されていた「薪水給与令」[*1]の法規定に基づくものであり, 冷静な対応であった。ただし, 幕府役人は「日本の法により, 上陸は許可できないので, 速やかに帰帆すること」と「横文

字」＝英文で記した書状をわたすことを忘れていなかった。

　幕府の通詞吉雄は水戸藩の会沢をはるかに上回る海外情報を持ち，幕府代官古山は，水戸藩目付を凌駕する法知識を習得していたのである。幕府という第3項を入れてみると，情報が良好なコミュニケーションを形成することを阻害することにはならないことを了解できたのではなかろうか。会沢の情報収集能力は高かった，しかし，これを分析する段階で，西欧が日本を侵略するのではないか，というノイズが入り込んでしまったのである。

　ところで，最後に重大な問題が残っていることに気付いたであろうか。大津浜では，イギリス捕鯨船員と幕府役人との間で良好なコミュニケーションが形成されたにもかかわらず，なぜ翌年，幕府は異国船打払令を出したのか，という問題である。

7.3 ● 再び19世紀異人とのディス・コミュニケーション

　最後に，冒頭で確認した「異国船打払令」に戻りたい。この法令は，幕府老中たちの議論・合議により文政8年（1825）発令されたのであるが，その前提には，先述した宝島事件の影響もあり，また以下にみるような，4人の幕臣からの献策・意見があったこともわかっている。本論のテーマ＝情報とコミュニケーションという視点から考察すると，意見書を出した以下の4人の人物（以下①～④）の見解が重要なカギとなる。

①林述斎（1768～1841）：美濃国岩村藩主松平乗薀の子で朱子学を修め，1793年，林信敬（大学頭）の養子となり林家を嗣ぎ，幕府の文教政策のトップとなり，寛政異学の禁の発令の中心を担い，幕府の歴史編纂事業にも参与，幕政に影響力をもった。

②高橋景保（1785～1829）：幕府天文方高橋至時の長男で，自身も天文方に任用される。伊能忠敬の実測をもとに「大日本輿地全図」を作成する。蛮書和解御用を運営するなど，オランダ語に通じ，シーボルトに接近し，シーボルト事件に連坐，獄死する。

③遠山景晋（1752～1837）：11代将軍家斉の時代，幕府学問試験に優秀な成績を修める。レザノフ来日の際，応対をする。文化9年（1812）長崎奉行

に就任，奉行所の諸改革を行う。
④大草高好（？〜1840）：目付，のち長崎奉行に就任。

○エクササイズ３

> 問──幕府はなぜ「異国船打払令」を発令したのか。
> 方法──比較という視座。

　４人の意見書には様々な論点がみられるが，共通するものがあった。これをヒントとして，エクササイズに取り組みたい。なぜ，幕府は「異国船打払令」を発令し，イギリスとのコミュニケーションを遮断したのであろうか。比較という視座を用いて，アプローチしてみよう。
Ａ：４人は，老中などの政策決定を行うランクではなく，高級官僚として政策を立案する立場にあった。
Ｂ：４人は，この献策以後も順調に出世している──失脚していない──。つまり意見書では幕政・幕制を批判していない。
Ｃ：４人とも学問に造詣が深い。

　以上の比較から，仮説は１点のみ成り立つ。幕府は，享保期（18世紀前半）以降，武芸よりも学問に秀でた者を積極的に抜擢し，重要なポストに就任させる方針をとっていた。彼らは４人とも高度な学問を修め，高級官僚として幕政の中核を担う部署に就任している。また４人とも，幕政・幕制を擁護するための献策を行ったと考えられる──今回の場合は対外関係である──。そこで，４人とも鎖国維持の方針を強調している，という仮説が成り立つ。

　大津浜にかけつけた幕府の代官・通詞の中に，高橋景保の部下，足立左内がいたことを思い出してもらいたい。高橋は，足立から大津浜でのイギリス人捕鯨船員とのコミュニケーションに関する詳細な情報を直接聞き及んでいたのである。そこで，４人のうち高橋景保を抜き出して分析し，先の仮説を証明してみよう。高橋の意見書は「近年英吉利漁船度々東海え渡来仕候に付，愚意申上候書付」（『勝海舟全集　13』）として残されている。この骨子は以下の通りである。

第７章　情報とコミュニケーションの関係　139

イギリス人は漁師であり，日本に対して「禍心」≒侵略の意図を持っていない。しかし，彼らは「卑賤の漁人」であり，「愚蒙の夷人」であるから，図々しく上陸してくるのであり，その都度，彼らに水・食料などを与えていては，彼らは増長してさらに日本近海に出没するようになる。そうなると，沿岸で操業している日本人漁師との交流が起こり，イギリス人と日本人との交易が始まるようになり，その結果，日本人がキリスト教の布教を受けるようになってしまう。

この高橋の言説をみると，外国語を学んだ者が必ずしも開明的とはいえないことがわかる。それはともかく，高橋は幕府の方針＝鎖国を堅持することこそが重要であるとしている。ここで，煩雑ではあるが，鎖国の原則を確認しておく。
　①日本への来航は中国・朝鮮・琉球・オランダのみ認め，特にオランダとの交易は幕府のみが行い，長崎奉行が管理する。
　②キリスト教は全国法令として厳禁しており，違反者は処刑する。
　大津浜で，イギリス人捕鯨船員とコンタクトした足立左内は，イギリス捕鯨船の接近目的を理解していた。足立から第1級の情報を得たであろう高橋も，意見書の中でイギリスに日本侵略の意図はないとしている。高橋の問題関心は，民衆が幕府の統制からはずれ，幕府のみえないところで異人とコミュニケーションを図り，交易を行うことにあった。つまり，民衆がキリスト教の影響を受けることを危険視していたのである。この見解は他の3人の高級官僚にも共通するものであった。そして，政策決定権を持つ老中たちは4人の見解を下に，鎖国の原則＝祖法堅持の方針に依拠し「異国船打払令」を発令したのである。
　幕府がおそれたのは，民衆による，幕府の統制から離れた独自のコミュニケーション――キリスト教信仰も含め――であった。

7.4 ● おわりに

　情報とコミュニケーションとの関係を，19世紀を素材に近世人と異人との遭遇から考えてみた。近世人を漁民（民衆），水戸藩役人・国学者，幕府高級官僚と具体化して解説を試みた。また，エクササイズとして仮説を立て，それを論証するという方法論を提示した。歴史学という学問は，歴史的事象＝具体的事例から普遍的理解に至るという帰納法が基盤になっているということも理解できたと思う。

　情報はコミュニケーションを阻害する要因にはならない。ただ，会沢にみるように，情報を集積する能力とこれを分析する能力とは同一ではない，ということを理解したい。会沢は，水戸藩の上層役人・国学者という固有かつ独特の発想を持つ集団に所属し，この組織内部の観念を普遍化させる役目を担っていた。別言すれば，会沢にとって，組織内部の視座が正当であり，これを普遍化させることが正義である，と当たり前のように認識していた。彼は洋学者や技術者といった他領域の人々との，異文化交流を意図的に拒否していたのである。

　私たちは一定の目的を持って情報を集積し解析していく。その際，視野は広く持ち，所属する集団・組織を超えた知識を得ることも前提にしたいものである。

　さらに，高橋景保ら4人の幕府高級官僚にみるように，情報とは社会的立場によっていかようにでも解釈可能であり，そこから一定の固定観念が形成されてしまう，ということも事実である。

　他者とのコミュニケーションの場面において，客観的な対応など不可能である，ということを自覚することが必要であり，漁民忠五郎のように，異人＝他者を知ろう，という姿勢こそが重要なのである。

　高橋ら幕府高級官僚を最後に事例として取り上げたが，少々消化不良の状態ではないであろうか。位相を替えてみよう。組織防衛――高橋たちにとっては狭義には幕府であり，広義としては社会体制――を優先すると，情報はこれに向かって都合よく解釈・隠蔽されていく，という一面を認識することも重要である。普遍化すると，一定の目的に従って，情報は加工・消去され

ているともいえる。

　大津浜における漁民や幕府通詞らのとった良好なコミュニケーションのあり方は、また1つの情報となり発信されていった。ところが、幕府という組織の運営と防衛をになう高級官僚・老中を経過することによってディス・コミュニケーションの典型「異国船打払令」に帰結し、この法が全国に発令されたのである。さらにこの法を受けた近世人は、異人への攻撃を意識・企図していくわけである。このような現象は現代社会にも多くあり得るのではなかろうか。我々は、情報の発信源、その意図と目的を見抜く能力を身に付けたいものである。

　本章では、情報とコミュニケーションの問題を考察する上で、私たちが所属する文化・社会・慣習・伝統といったスキーマに関する事象は扱わず、社会・政治的立場ということに限定して論を形成した。研究や論文というものは、本来限定された情報でしかないのである。その意味で、情報とコミュニケーションの問題を歴史事象として扱うというテーマは、未完成なのである。

　本章が素材にした大津浜事件は、日本近世史の専門・学問領域ではよく知られた出来事である。しかし、これを情報とコミュニケーションの関係という切り口＝発想からアプローチした研究はまったくない。歴史学は過去の出来事の提示や発見ではなく、これらを現代社会と結びつけ、いかに考察していくか、という学問なのである。つまり、研究対象は歴史的空間に無限に存在している、と言ってもよいのである。歴史に興味がある方は、"手垢がついた"と思われている歴史事象にぜひ挑戦してみてはいかがであろうか。

須田　努

［注］
＊1　これは天保の「薪水給与令」よりも前に発令されたが、ロシア船の接近により、翌文化4年には、「ロシア船打払令」が出されることとなった。しかし、この「ロシア船打払令」の対象は、名称通りロシア船に適応されるだけであり、イギリス船には適用されない、という判断が行われた。

[参考文献]

上白石実（2011）『幕末の海防戦略』吉川弘文館。
北茨城市史編さん委員会（1988）『北茨城市史』。
瀬谷義彦（1990）「大津浜異人上陸の歴史的意義」『北茨城史壇』創刊号。
高萩市史編纂専門委員会（1981）『高萩市史　上』。
高橋裕文（2005）『幕末水戸藩と民衆運動』青史出版。

第**8**章

国際関係とコミュニケーション
―核兵器は廃絶できるか?

- あなたは,核兵器について考えたことがあるだろうか? あるいは誰かと核兵器の問題について話し合ったことがあるだろうか?
- 人類はこれから先,ずっと核兵器とともに生きて行かなければならないのだろうか? それとも,いつか核兵器をなくすことができるのだろうか?
- 核兵器が必要だと考える人がいるかもしれない。それに対して,あなたはどのような意見を持っているだろうか? 賛成だろうか? 反対だろうか?

キーワード
■ オバマ大統領　■ 現実主義　■ 自由主義　■ 核抑止論　■ 合理性

8.1 ● はじめに

　2009年4月5日,アメリカのオバマ大統領はチェコ共和国のプラハで演説して,全世界に向けて「核兵器のない世界」を作ろうと呼びかけた。アメリカの大統領が核兵器の廃絶に言及したのは,オバマが初めてではない。だが,前任者のブッシュ大統領の下で進められた対テロ戦争にみられたように,アメリカの単独行動主義やネオコン的な政策に厭きていた世界の人々にとって,オバマ大統領の呼びかけは新鮮なものに映った。オバマ政権の下で,アメリカは他国との協調を重視する多角的な外交政策をとって,世界をより平和的で安定的なものにするのではないかと期待されたのだ。こうした文脈の中で「核兵器なき世界」を目指すと言ったことは,もちろんその達成への道のりは長く険しいものになると予想されたにしても,アメリカが世界平和の

実現に積極的に関与する姿勢を示すものだと受け取られて，多くの人から歓迎されたのである。

それでは，「核兵器なき世界」すなわち核の廃絶は，本当に実現できるのであろうか？　本章ではこの問題をテーマにして，議論の進め方を学んでほしい。まずは国際関係のあり方について，2つの異なる見方を紹介し，それを踏まえた上で核兵器の廃絶に関するいくつかの議論を考えていきたい。

8.2 ● 国際関係に関する2つの見方

読者の皆さんは国際関係についてどのような見方をしているだろうか？　北朝鮮は核兵器を持ったし，中国は尖閣諸島を日本から奪おうとしているようにみえる。イラクやアフガニスタンではアメリカを中心とする多国籍軍が対テロ戦争を行った。昨年（2011年）5月にはビン・ラディンが米軍によって殺害された。そうなったのも，2001年9月11日にアメリカで同時多発テロがあったからだ。ニューヨークのマンハッタンにあった世界貿易センタービルに，旅客機が突入して火だるまになり，やがてビルそのものが崩壊した。思い出すだけでも恐ろしいことだ。世界の歴史を少し振り返ってみても，人類は戦争ばかりしてきたように思える。日本も明治維新以来，第二次世界大戦まで何回か大きな戦争を経験してきたし，今でも日米安保条約に基づいて米軍基地が沖縄や本土に置かれている。

このように国際社会では常に武力紛争の可能性があり，国家はそれに備えて軍事力を整備したり，仲のよい国と同盟を結んだりして，敵対的な国家の出現に備えなければならないという見方がある。国際社会は本質的にアナーキーな状態に置かれているので，自分で自分を守らなければ，誰も自分を助けてはくれない。国内の社会のように警察や裁判所があるわけではないのだ。このような見方を，国際関係論では現実主義（リアリズム）という。この見方は国際関係論という学問が登場するきっかけになった見方でもある。つまり多くの国家の間に政治的な関係があるということだ。

だが，本当に国家は常に戦争ばかりしているものなのであろうか？　今現在，世界には約200もの国家がある。大きいものもあれば小さいものもある。

これらの200もの国家がいつもすべて戦争しているのだろうか？　ニュースを見て世界地図を開いてほしい。確かに戦争をしたり，その他の紛争が起こっている地域はあるが，広い世界の中では部分的なものに過ぎないのではないか？　戦争をせず，友好的な関係を結んでいる国家も数多くある。日本も第二次世界大戦以来，一度も戦争をしていないし，アメリカとも友好関係にある。ヨーロッパを見ても，かつてはよく戦争をしていたドイツとフランスは，ともにEUの中心的な国として大きな役割を果たしている。それに昨年（2011年）3月11日に起こった東日本大震災のあと，多くの国が日本に援助の手を差し伸べてくれた。こうしてみると国際社会は，決していつも戦争ばかりしているわけではないことがわかる。国家同士が協力して問題の解決にあたることもあるし，国家以外にも国連やEUなどの国際組織があって，大きな役割を果たしている。それに民主主義の国同士は戦争をしないようにもみえる。このような見方を国際関係論では自由主義（リベラリズム）の見方と呼ぶ。自由主義の見方に立てば，国際社会は完全なアナーキーではない。国際組織やその他の様々な制度がアナーキーを弱め，国際社会に一定のルールと秩序をもたらしているのである。

　読者の皆さんは，このような2つの見方のうち，どちらが国際社会の実情をうまく説明できていると思うだろうか？　この2つの見方を基本にすえて，核兵器の廃絶について考えていくことにする。

8.3 ● 核兵器の歴史

　核兵器の廃絶の問題に入る前に，核の歴史について一応まとめておこう。すでによく知られていることだが，核兵器は第二次世界大戦中にアメリカの進めた「マンハッタン計画」によって生まれ，戦争末期に広島と長崎に投下された。これらの町は投下直後から猛烈な爆風と熱線により火炎地獄となり，多くの人々が非常な苦痛のうちに命を絶たれた。運よく生存できた人も，救援に赴いた人も，残留放射能に汚染され，さらに多くの人が亡くなったり，後遺症に悩まされることになった。

　アメリカが原爆を開発したのは，ナチス・ドイツが原爆を製造しようとし

ているという情報を得たからだといわれている。しかし途中から，完成後は日本に投下されることになり，ドイツは原爆完成の前に無条件降伏していた。アメリカはドイツに負けないために原爆開発に着手したと考えるなら，これは現実主義の視点から自国の軍事力を強化しようとしたものだということができる。

　第二次世界大戦が終わると，すぐに米ソ間で「冷戦」が始まった。この「冷戦」の中で，核兵器は極めて重要な位置を占め，米ソともに相手に負けまいとして核軍備競争が起こった。1949年にソ連が原爆実験に成功すると，アメリカは水爆開発に乗り出し，1952年に水爆を保有すると，2年後にはソ連も水爆を持った。1957年にソ連が人工衛星の打ち上げに成功すると，核兵器の運搬手段が爆撃機から弾道ミサイルになり，大陸間弾道ミサイル（ICBM）や潜水艦発射弾道ミサイル（SLBM）が開発された。アメリカは，ICBM，

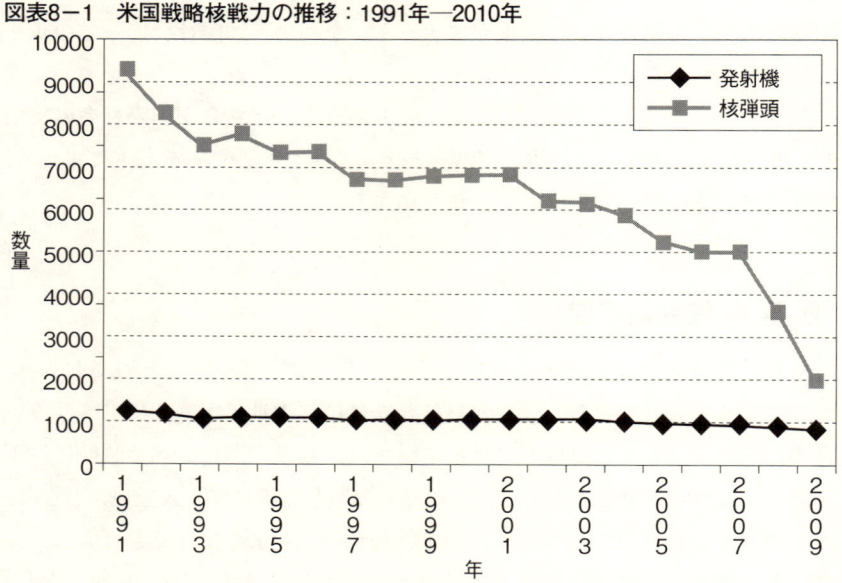

図表8-1　米国戦略核戦力の推移：1991年―2010年

出所：Amy F. Woolf, (2012) *U.S. Strategic Nuclear Forces : Background, Developments, and Issues,* Congressional Research Service Report, RL33640, Feb. 22., p.5より。
http://www.fas.org/sgp/crs/nuke/RL33640.pdf, 2012年5月14日ダウンロード。

図表8-2　新START条約下の米国の戦略核戦力

	Estimated U.S. Forces, 2010		Current U.S. Forces, October 2011[a]			Potential Forces Under New START[b]		
	Deployed Launchers	War-heads	Total Launchers	Deployed Launchers	War-heads	Total Launchers	Deployed Launchers	War-heads
Minuteman Ⅲ[(1)]	450	500	506	448		420	400	400
Peacekeeper[(1)]	0	0	51	0		0	0	0
Trident [(2)]	336	1152	336	249		280	240	1090
B-52 [(3)]	76	300	130	114		74	42	42
B-2 [(3)]	18	200	20	11		18	18	18
合計	880	2152	1043	822	1790	792	700	1550

出所：Amy F. Woolf, (2012) *The New START Treaty:Central Limits and Key Provisions,* Congressional Research Service Report, R41219, Feb. 14., pp.20-21より。http://www.fas.org/sgp/crs/nuke/R41519.pdf、2012年5月14日ダウンロード。

注：　a. U.S. Department of State, Bureau of State, Bureau of Arms Control, Verification, and Compliance, *New START Treaty Aggregate Numbers of Strategic Offensive Forces,* Fact Sheet, Washington, D.C., December 1, 2012, http://www.state.gov/documents/organization/178270.pdf. The Fact Sheet does not display warhead subtotals for each delivery system; it only includes an aggregate across the force.

　　　b. This force assumes that the United States retains 14 Trident submarines, with two submarines in overhaul, but that each has only 20 deployed launchers.

(1) 大陸間弾道ミサイル（ICBM）
(2) 潜水艦発射弾道ミサイル（SLBM）
(3) 爆撃機

SLBM，爆撃機を，核兵器運搬手段の三本柱（triad）であるとして，それらの強化と近代化を進めた。ソ連でも概ね同様のことが起こった。つまり「冷戦」時代には，米ソ超大国は現実主義の考え方に立って，相手に負けないようにするため自国の核兵器を増強していたのである。そのおかげで人類は，常に核戦争によって滅亡する危機に直面することになった。実際に1962年10月に起こったキューバ危機では，米ソが核戦争一歩手前まで行って，危ういところで戦争を回避した。これをきっかけにして米ソ間で核兵器について軍備管理をする動きが出てきて，1968年には最初の核軍備管理条約としてSALT－Ⅰ（戦略兵器制限条約－Ⅰ，暫定協定）が米ソ間で結ばれた。「冷戦」期で米ソは敵対していたにもかかわらず，核兵器に関して一定の制約を双方

図表8-3　新START条約下のロシアの戦略核戦力

	Estimated Forces 2010		Potential Forces under New START		
	Launchers	Warheads	Total Launchers	Deployed Launchers	Deployed Warheads
SS-18 ICBM [1]	68	680	68	20	200
SS-19 ICBM [1]	72	432	0	0	0
SS-25 (mobile) [1]	180	180	0	0	0
SS-27 (mobile) [1]	13	13	27	27	27
SS-27 (silo) [1]	50	50	60	60	60
RS-24 (mobile) [1]	0	0	85	85	340
SS-N-18 (Delta III SSBN) [2]	64 (4 SSBNs)	192	0	0	0
SS-N-23 (Delta IV SSBN) [2]	96 (6 SSBNs)	384	64 (4 SSBNs)	64	256
Bulava (Borey SSBN) [2]	0	0	64 (4 SSBNs)	64	384
Blackjack Bomber [3]	14	168	13	13	13
Bear Bomber [3]	63	688	63	63	63
合計	620	2787	444	396	1335

出所：Amy F. Woolf, (2012) *The New START Treaty:Central Limits and Key Provisions*, Congressional Research Service Report, R41219, Feb. 14., pp.20-21より。http://www.fas.org/sgp/crs/nuke/R41519.pdf, 2012年5月14日ダウンロード。

注：(1) 大陸間弾道ミサイル（ICBM）
　　(2) 潜水艦発射弾道ミサイル（SLBM）
　　(3) 爆撃機

が受け入れたのである。核兵器の開発が進み，しかも戦略核弾頭の保有数が増えてきたことで，米ソともまったく規制のない状態にいるよりも，一定の規制をして，お互いを制約した方が好ましいという状況が出てきたのである。つまり，核兵器を保有するという意味では，現実主義の見方が崩れたわけではないが，米ソともお互いに完全に相手より優位に立てないことがわかると，部分的ではあるが自由主義（リベラリズム）的な考えが有効になったのだと考えられる。

「冷戦」の末期，あるいは「冷戦」の終焉後には，米ソ（ソ連崩壊後はロ

シア）との間で，協力して核兵器を削減していく条約が結ばれるようになった。1987年にはINF全廃条約が締結されたが，この条約はINF（中距離核戦力）に限られてはいたが，その全廃を定めたもので，歴史上，人類が何らかの核兵器を完全に廃止した初めての取り決めとなった（黒沢，2005，p. 29）。その後はSTART－I（戦略核削減条約－I）が結ばれるなど，核兵器は削減される方向になった。本章冒頭のオバマ大統領のプラハ演説から約1年後，米露は新START条約を結び，核兵器をさらに削減していくことで合意している。

8.4 ● 核兵器についての議論

　それでは，これまでの議論を参考にして，核兵器の廃絶問題について考えてみよう。核兵器についていくつかの議論を紹介するので，自分たちで考えをまとめてもらいたい。

(a) 核兵器がなくなると大きな戦争が起こる？

　1945年に核兵器は使用されたが，それ以後，今日まで核兵器は使用されていない。広島と長崎に投下されたのは，すでに戦争をしていたからで，もしアメリカが最初から原爆を持っていて，その威力が一般に知られていたら，日本はアメリカに戦争を仕掛けたであろうか？　その後の冷戦期においてさえ核兵器は使用されていないのである。これは核兵器が抑止力を持っているからであると考えられている。核兵器の破壊力は格段に大きいため，それが使用された時にどのような状況になるか非常にはっきりしている。したがって，どの国の指導者も核兵器による攻撃を受けたくないと考えるのである。核保有国が敵国に対して核を使用するぞという脅しをかけても，敵国側もまた自国に対して核を使用するという脅しをかけてくる。そうなると自国が核兵器を持っていても敵国に対して使用することが，ためらわれるのである。核兵器を持っている国同士の関係がこのようなものであるならば，核を持っていない国が核保有国に戦争を仕掛ける可能性はさらに小さくなると考えられる。こうして，第二次世界大戦以後，全世界を巻き込んだ大きな戦争は起こらなくなっているというわけだ。非常に逆説的だが，米露のように大きな戦争を

起こす能力を持っている大国が，核兵器を持っているために，戦争ができないことになっているのだ。

　だからもし核兵器が廃絶されれば，米露のような大国も，それほど大きな力を持っていない国も，核兵器による攻撃を考える必要がなくなる。核兵器の攻撃を受けた時のような大きな被害を受ける可能性がなくなるのであれば，大きな戦争もできると考えられるようになるのではないか。核兵器がなくなることで大戦争が起こる可能性が高くなるのであれば，危険を伴うが核兵器を持っていた方がよいのではないか？　核を持っていることで大きな戦争が防げるのであれば，その方がよいのではないかという主張をする人々もいるのである。核兵器を持っていることで，いつかそれが使用されるかもしれないという恐怖は続く。しかし同時に，大きな戦争が起こる可能性は小さくなるかもしれない。あるいは逆に通常戦力を使った大きな戦争が起こる可能性が増えても，核兵器を廃絶した方がよいのだろうか？　ちなみに第二次世界大戦で最も大きな被害を受けた旧ソ連は，約2000万人以上が死亡したといわれている。日本も300万人以上の人が戦争の犠牲になり，命を落とした。

　この二者択一的な問いに対して，1つの有力な「反論」がある。それはあるアメリカの学者が言ったことだが，通常戦力を使った大きな戦争そのものが，すでに時代遅れになっているのではないかという主張である（Mueller, 1989）。現在の極めて発達した通常戦力は，もし大量に使用された場合には，とてつもなく大きな被害を，国や国民に与えることができるのである。もちろんその被害は，全面核戦争の場合よりは小さいだろう。しかし近代的な通常戦力によって戦う大戦争のコストは極めて大きい。人的・物的な資源を使い，国の財政も破綻するかもしれない。わざわざそんなことをする必要があるだろうか。現代の国家は，海外と貿易をし，国民に福祉を与え，自然環境を保護するなど様々な働きをしている。そういう日常生活は，複雑で高度に発達した交通システムや通信情報システムによって支えられているのだ。「3月11日」直後のことを思い出してみよう。もちろん自然災害と戦争による被害は同じではないが，電車がとまり，停電が起こり，食料品が不足する，など色々なことが起こるだろう。そのような不便を国民に強いてまで戦争する必要があるだろうか？　戦争のコストが大きくなり過ぎているのであれば，

戦争するよりは話し合いで問題を解決した方がよいではないか？　確かに小さな戦争は起こるかもしれないが，大きな戦争にエスカレートする前に止めることができるかもしれない。

　この様な考え方に立てば，核兵器の廃絶と，大きな戦争の起こる可能性を関連させて考える必要はなくなるだろう。通常戦力による大戦争が起こる可能性が，もともと小さくなっているのであれば，核兵器を廃絶してもなんら問題はないはずである。

　ちなみに全面核戦争が起こった場合に，人類が滅亡することは，ほぼ確実である。かつてアメリカや旧ソ連の学者たちが明らかにしたように，核戦争が起こると，破壊されたビルや燃え上がった大量のガスなどのため，大量の煤が発生して上空に上り大気の中を循環するため，地球上に太陽光線が届かなくなり，地球全体が氷結するのである。これは「核の冬」と呼ばれた。「核の冬」をしのいで生き残れる人間がどれだけいるだろうか？（Sagan, *et al.*, 1983 [野本訳, 1985年]）

(b) 多くの国が核兵器を持った方がよい？

　2011年現在，世界で核兵器を持っている国はいくつあるだろうか？　読者の皆さんは全部答えることができるであろうか？　以下に核保有国を列挙しておこう。なおカッコの中はその国が核を持った年である。アメリカ（1945），ロシア（旧ソ連）（1949），イギリス（1952），フランス（1960），中国（1964），インド（1974），パキスタン（1998），イスラエル（不明），北朝鮮（2006）の9か国である。

　核兵器が開発されてから60年以上が経っているが，この9か国という数字は大きいとみるべきだろうか，あるいは意外に増えていないと考えられるだろうか？　1960年代にフランスと中国が核を持った時には，世界で「n番目国問題」が大きな関心を呼んだ。つまり次に核兵器を持つ国はどこであろうか，という問題である。核兵器を持つ国が増えることを心配した国際社会は，1968年に核不拡散条約（NPT）を作ることで合意し，多くの国がこれに参加することになった。核不拡散条約は，加盟国を「核兵器国」と「非核兵器国」にわけ，「非核兵器国」は核兵器を開発したり保有したりしないと誓約して

図表8-4 世界の核戦力（2011年1月）

国名	最初の核実験実施年	実戦配備中の核弾頭数	その他の核弾頭[a]	保有総数
アメリカ	1945	2150[b]	6350	~8500
ロシア	1949	~2427[c]	8570[d]	~11000
イギリス	1952	160	65	225
フランス	1960	290	10	~300
中国	1964	..	200[e]	~240
インド	1974	..	80–100[e]	80–100
パキスタン	1998	..	90–110[e]	90–110
イスラエル	..	..	80[e]	~80
北朝鮮	2006	..	..	?[f]
合計		~5027	~15500	~20530

注：a. 予備，解体待ちなど組み立てられていないものを指す。
　　b. この数字は欧州と米国本土にある戦術核を含んでいる。
　　c. この数字は，すべての戦術核を保管の状態にして，部隊に配備していないというロシア政府の宣言(2010年)を反映している。
　　d. この数字は5400発程度の戦術核を含んでいる。
　　e. 中国，インド，パキスタン及びイスラエルの核弾頭は，完全には実戦配備されていない（保管されている）と考えられている。
　　f. 北朝鮮は，2006年と2009年に核実験を行った。
出所：*SIPRI Yearbook 2011*,（SIPRI, Oxford U.P., 2011）p.320より。注は一部割愛したり要約したりしてある。

いる。だが原子力発電などの平和利用は「非核兵器国」にも認められている。「非核兵器国」は平和利用している原子力を核兵器に転用することはできず，この点についてIAEA（国際原子力機関）の査察を受けなければならない。これに対して「核兵器国」は核兵器を持つことを認められているが，核軍縮について「誠実な交渉の義務」を負うことになっている（黒沢，2005，p.52）。

　この核不拡散体制の基になっている考え方は，核兵器を持つ国が増えるほど核戦争や事故による核爆発の可能性が増えるので，核保有国の数をできるだけ制限して，そのようなリスクを小さくしようというものである。核兵器の引き金に指をかける国が少ないほど，核が使われる可能性が小さくなるはずであるという，若干素朴な考え方に基づいているのだ。

これに対して,アメリカの国際政治学者K・ウオルツは「核保有国の数が徐々に増える方がよいかもしれない」という,正反対の議論を展開したことがある。ウオルツによれば,核兵器を持った国は,持っていない時よりも慎重に行動せざるをえないので,かえって自制心が働き戦争が起こりにくくなるというのである。なぜなら,戦争によって何らかの利益を得るよりも,核による被害というコストの方がはるかに大きくなるので,核を持った国同士は戦争に訴える可能性が低くなるのである (Sagan & Waltz, 1995, pp. 44-45)。つまり核保有国同士は慎重にならざるをえなくなる。もしそうであるなら,核保有国が増えれば増えるほど,慎重にふるまう国が増えることになり,戦争の危険性は段々減っていくことになるというわけである。皆さんはこの考え方をどう思うだろうか？

　ここで少し補足しておくと,ウオルツは新現実主義の国際政治理論を展開した学者で,国家がしっかりした1つのまとまりとして存在していて,しかも国際社会の中で損得を計算しながら合理的に行動するという考え方をしている人である。では実際に国家は核兵器を持てば,ウオルツが期待するように慎重に行動するだろうか？　歴史を少し振り返ってみると,国家が核を持っているからと言って慎重になるという保証は必ずしもない。確かに傾向としてそういうことはいえるかもしれないが,個々の場面で国家が核を持っているからと言って,いつも合理的に損得を計算して行動するとは限らないのである。例えば「冷戦」の時代,キューバで社会主義革命が起こった時,旧ソ連の指導者たちは革命のロマンチシズムにおぼれて,キューバに核ミサイルを配備するという非常に危険な行動をとった。これがアメリカの反発を招いて,先にも触れたキューバ危機となり,核戦争一歩手前までいったことはよく知られている (Gaddis, 2006, pp. 75-76 [河合,鈴木訳, 2006], pp. 94-95)。

　さらに「冷戦」が終わった後,旧ソ連の核兵器の管理がかなり杜撰であったことがわかった。ということは事故の可能性があったということである。もし事故で核ミサイルが発射され,どこかの国に落ちたらどうなるのであろうか？　事故に対して核兵器で反撃しても無意味である。つまり国家は核を持っていても,不合理な行動を取ることもあるし,しっかりとした1つのま

とまりとして核兵器をしっかり管理できるという保証もないのだ。

　こうしてみると，やはり核兵器の保有国を増やさないように努力した方が無難かもしれない。現在の核不拡散体制の下で核保有国が9か国あるというのは，多いのだろうか，あるいは不拡散の努力が功を奏しているのだろうか？　なおこの9か国の中には核不拡散条約に加盟していない国もある。

○ **エクササイズ 1**

　日本は核兵器を持つべきだという意見があるが，これについてどう思うか？　賛成，反対，それぞれの立場からディベートしてみよう。

（c）政治的シンボルとしての核兵器

　なぜ北朝鮮のような国家は，核兵器を持ちたがるのか？　あるいはイギリスやフランスは，なぜ核兵器を維持しているのか？　1つの理由は核兵器を持っていることが大国としての地位を象徴しているからである。現実主義の立場からみれば，核兵器を持っていることはアナーキーな国際社会の中で，最終的な自己決定権を持っている，もしくはそれに近い立場を得ることができるという考えである。イギリスもフランスもかつては全世界に植民地を持つ帝国であった。しかし第二次世界大戦を機に，かつての植民地は次々と独立し帝国は崩壊した。こうした英仏の国際社会における地位の低下を，別の角度から防ぎ，大国としての地位を守るために核兵器が必要であるという考え方がある。核兵器を製造し，信頼性のある運搬手段を持つには進んだ科学技術が必要であるし，米露ほどではないにしても，自国から遠く離れた場所を核兵器で攻撃できる能力を持つことは，英仏が依然として国際的な影響力を持っていることの証になるというわけだ。核兵器が人類にとって最終兵器であるとするなら，数が多くはなくてもそのような最終兵器を持っていることで，国際社会の動向に一定の影響力を持つことができるはずであろう。

　では核兵器を持っていることで，本当に英仏は大国としての地位を守ることができているのであろうか？　イギリスやフランスの核兵器には意味があるのだろうか？　今の国際社会で大国としての地位に大きな影響を与えてい

るのは軍事力だけであろうか？　今の中国や日本のことを考えてみよう。中国は核兵器を持っているが，それが今の中国の躍進を支えているのであろうか？　日本は軍事力は小さいのに大国としての地位を得ているのではないか？　国際社会では経済力の大きさや強さも十分に大国としてのシンボルになっているのではないであろうか？　イギリスやフランスの国際的な地位も，この両国がEUに入っており，EUの経済規模が大きく，その中で主導的な役割を果たしているということで英仏の立場が強まっているということはできないであろうか？　今，イギリスやフランスが核兵器をすべて廃棄したとして，これら両国の国際社会における立場が大きく変わると考えられるであろうか？　おそらく答えは否である。だとすれば核兵器は何の役に立っているのだろうか？

　イギリスやフランスが核兵器を持っていることのもう1つの理由は，自分たちの核兵器をアメリカの核兵器と連動させることで，アメリカへの発言権を持ち，それによって間接的に国際的な影響力を維持するという考え方である。これは特に冷戦初期のイギリスの核兵器についてよくあてはまることである。フランスのほうはやや独立性が高い（と言ってもアメリカとまったく関係なく核兵器を使用する可能性は，まったくないわけではないが，極めて小さい）。イギリスは持っている核兵器の数は少ないが，アメリカと共同で核兵器を使用するための戦略を持つことで，事実上アメリカの核兵器の使用について発言権を持っているという面があった。いつ，どこで，どのようなタイミングで核兵器を使用するか，という微妙な問題について，イギリスはアメリカの核戦略の中に自国の核兵器の使用を組み込み，一緒に核兵器を使用しましょうという形を取ることで，アメリカに対して影響力を持つことができたのである。アメリカからみれば，核兵器を使う時には必ずイギリスと相談することが必要になるわけである。自分自身は超大国が持つような核兵器を持つことはできないが，超大国の核と自国の核をほとんど一体化することで，超大国に対する影響力を持つことができると考えていた。こういう関係を作っておけば，アメリカは常にイギリスの利益を考えて行動しなければならなくなるかもしれない。少なくともイギリスにとってマイナスになるようなことは，しにくくなると考えられるのだ。こうしてイギリスは間接的ではあるが国際社会で影響力を維持することができる，と考えられていたようだ。

なお，日本やドイツのように大国だが核兵器を持っていない国は，第三国から攻撃を受けた場合，アメリカが核兵器を使ってでもこれらの国を守るという誓約，すなわち「核の傘」を提供しているという考えに基づいて，自国の安全を確保しているということになっている。日米安保条約やNATOの基本的な意義は，その点にあるとされている。

では北朝鮮は何のために核兵器を持ったのであろうか？　見たところ，イギリスやフランスの場合に当てはまるような超大国（アメリカ）との同盟があるわけではなさそうだ。北朝鮮が核兵器を持つ理由は，ひとえに国際社会との交渉の切り札を確保するためである。「冷戦」が終わった後，旧ソ連からの経済援助が途絶えた北朝鮮にとって，日本やアメリカから経済援助を引き出すことが急務となった。冷戦時代に旧ソ連に依存した経済体制になっていた北朝鮮に，国際的な競争力のある産業はなかったのである。そこで考え出されたのが，核兵器やその運搬手段である弾道ミサイルを保有するという姿勢を見せることで，それを危惧する周辺諸国から，核を持たない代わりに経済援助を出すよう仕向けることだった。6者協議に応じたかと思えば，弾道ミサイルを発射したり，核実験をしたりして，情勢を緊張させ，そのたびに周辺諸国から経済援助を引き出そうとしたのである。いわば国家の生き残りのために，あえてリスクのある行動をとらざるをえない貧困国の戦略として，核開発が行われたのである。核兵器というシンボルを操作することで，外交上の利益を得ようとする戦略である。

一方では，やはり大国としての地位を示すシンボルとして核兵器を持ったインドのような事例がある。経済発展する中国と対抗し，さらには中国が支援するパキスタンに対抗するために，インドは核兵器を持ったと考えられる。インドも中国ほどではないが，経済発展を続けており，経済力に見合った軍事力を持とうとしているようにみえる。そしてインドの核保有は隣国パキスタンの核保有を呼び起こし，南アジアでの軍拡競争をもたらした。こうなるとまったく負の連鎖であり，「安全保障のディレンマ」に陥り，紛争の可能性を高めてしまうことになる。

イギリスとフランスのような事例，北朝鮮の事例，インドの事例などを考えると，核兵器を保有することの政治的理由には様々な側面があることがわ

かる。核兵器の保有へと進む，多様な政治的理由をすべて解消することは容易ではないし，それらをすべてなくすことはできないであろう。

○ **エクササイズ2**

> アメリカの核兵器がなくなった場合，アメリカの「核の傘」の下にあといわれている日本の安全保障はどのようになると考えられるか，議論してみよう。

(d) 核抑止論と「合理性」の問題

　核兵器の存在を批判する人たちによってしばしば主張される論点が，核抑止論である。核抑止論があるから核兵器がなくならないというのである。しかも核抑止論というのは論理的な矛盾に満ちているばかりか，理論として信頼できないと主張されている。賛成するにせよ反対するにせよ，核兵器の問題を考える時に，核抑止論を無視することはできないのであって，それゆえにこそ十分に議論すべき問題である。では核抑止論とはどのような理論なのであろうか。

　核抑止論は核兵器の登場とほとんど同じ時期に登場した。1945年夏に核兵器が使用された後，翌1946年には既に核抑止の考え方が登場していた。最初に核抑止論を唱えたのは，バーナード・ブロディであり，ブロディは『絶対兵器』という表題の本を編集し，自らもその本の中で核抑止について研究した結果を発表した。ブロディの主張は多岐にわたるが，その主張を要約すると，(1) アメリカによる核の独占はやがて崩れる，(2) どんな大都市でも数発の原爆で破壊することができる，(3) 完全な防御手段というものはない，といったところである。このような論点を提示した後，ブロディは核兵器の登場によって軍事力の意味が変化したと主張した。すなわち，従来，軍事力は戦争に勝つために存在したのであるが，これからは戦争を避けるために存在することになるといったのである（Brodie, 1946）。これがまさに核抑止論の基本的な命題であった。核兵器に対する完全な防御手段が存在しない以上，ひとたび戦争が始まってしまえば，自国に対する核攻撃を回避することは不

可能となる。自国の都市上空に飛来してくる核を搭載した爆撃機をすべて撃墜することが不可能であるからには，必ず核兵器がニューヨークやシカゴなどに落とされることになる。ここで防御できないということの意味は，通常兵器であれば，その破壊力に限界があるため，飛来してきた爆撃機の90％を，もし撃墜できれば，自国の都市が被る損害を限定する（小さくする）ことが可能になるということである。これに対して，飛来する爆撃機がすべて核兵器を搭載している場合には，それらの爆撃機すべてを撃墜できない限り，何発かの原爆が自国の都市に落ちることになる。しかも大都市でもわずか数発で，中小都市であれば1発で，その都市は広島や長崎と同様，ほとんど破壊されてしまうことになる。つまり爆撃機を1機でも撃ち漏らしただけで，壊滅的な被害を受けることになるのである。このような状況が発生してくるとすれば，どのようにして核攻撃に対する防御を考えればよいのであろうか。

　そこで登場してくるのが核抑止論である。核を搭載した爆撃機部隊が，自国に飛来してくれば，その時点で大規模な被害を受けることが避けられないとすれば，残る手段は爆撃機が飛来してこないような手段を講じるしかない。ではどのようにすれば将来核兵器を持つ国から爆撃機が飛んでくることを防ぐことができるであろうか？　ブロディが考えた答えは，アメリカが相手国に対して，やはり核を搭載した爆撃機部隊を飛ばすぞ，という脅しをかけることによって，相手国が自分の爆撃機部隊をアメリカに向けて出撃させないようにするしかない，ということであった。相手国もアメリカの爆撃機を100％撃墜することはできないのであるから，当然，核兵器による被害を受けることになる。アメリカからの核攻撃で自国の都市が破壊されることになれば，あえてアメリカを攻撃することはできなくなるであろう。なぜならアメリカに核攻撃を仕掛ければ，必ずアメリカから核による反撃を受けて自国が破壊され，戦争に勝つことができなくなるからである。このような考えが核抑止論の基本である。抑止という考え方自体は核兵器が登場する前からあったが，核兵器の登場によって抑止論は最も重要な戦略理論として，すなわち核抑止論として定着することになった。

　核兵器に関する技術には進歩があったが，核抑止論の基本的な考え方は変わらなかった。原爆に続いて水爆（水素爆弾）が開発され，核兵器の運搬手

段も爆撃機から弾道ミサイルに変化した。水爆は原爆よりさらにいっそう巨大な破壊力を持つものであり、その登場によって人類は、言葉の真の意味において絶滅する可能性が出てきたのである。しかも弾道ミサイル技術の発達は、大陸間弾道ミサイルだけでなく潜水艦発射弾道ミサイルも配備することを可能にした。1960年代末ごろには、米ソの核兵器保有数とその運搬手段の数は、本質的に大体均衡するところにまで到達した。

この時点で登場してきたのが相互確証破壊（MAD）戦略という核抑止論であった。これは、もしアメリカが旧ソ連から核攻撃を最初に受けても、生き残った大陸間弾道ミサイルや潜水艦発射弾道ミサイルで反撃して、ソ連に壊滅的な破壊を与えることができる能力を維持しておけば、ソ連からの核攻撃を抑止できるとする理論であった。ソ連が何らかの理由でアメリカへの先制核攻撃をしようと考えたとしても、もし自国がアメリカからの核を使った反撃を受けて破壊されることが明白であれば、ソ連はアメリカへの核攻撃を思いとどまるであろうと考えられたわけである。以下の図表8－5を参照すれば大まかなところが理解できるであろう。

図表8－5　冷戦時代の米露（ソ）関係

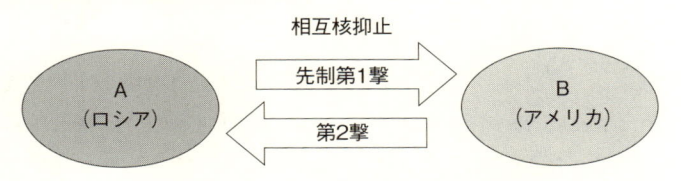

```
              相互核抑止
          ┌─先制第1撃─→┐
    A                        B
  (ロシア)                 (アメリカ)
          ←──第2撃──┘
```

- B（アメリカ）は第2撃でA（ロシア）の都市を攻撃して耐えがたい損害を与える。Aは先制第1撃を行なっても自殺行為となる。したがって抑止される。

出所：筆者作成。

したがって信頼性のある第2撃能力をアメリカが持っていれば、ソ連を抑止することができることになる。事情はソ連側からみても同じである。ブロディが初めて核抑止論を唱えた時からみて、軍事技術は飛躍的に進んだが、核抑止の考え方の基本は変わらなかったことがわかる。

以上のような核抑止論にはどのような問題点があるのだろうか？　なぜ核

抑止論が批判されるのであろうか？

　核抑止論を成り立たせているものには，4つの要素がある。第1は，「意図」である。アメリカも旧ソ連も，相手を抑止するためには，自国が本当に核兵器を使用するつもりがあることを明確に表明し伝えなければならない。もし自国の「意図」が深刻なものでないと相手からみられた場合には，相手は核攻撃を仕掛けてくるかもしれないことになる。核保有国が核抑止を維持するためには，常に相手に向かって，あるいは世界に向かって，どのような場合には自国が核を使った攻撃をするかを公表し，しかもそれが単なる脅しでなく本気であると信じ込ませなければならない。核兵器については2つの政策があるといわれるのはこのためである。1つは宣言政策といわれるものであり，もう1つは運用政策といわれるものである。この宣言政策が，ここでいう「意図」の表明である。核兵器登場以前は，国家の軍事戦略というものは最高度の秘密であった。しかし核の抑止力を維持するためには，どのような場合に核を使用するつもりがあるかという点について，基本的な軍事戦略を公表しておかなければならないのである。相手国から核を使うつもりがないと思われてしまったら，抑止力は機能しない。なお運用政策というのは実際に核を使用するための具体的で詳細な計画であり，これは従来通り国家の最高機密である。

　第2の要素は「能力」である。これは実際に相手を攻撃して被害を与えることができる能力を持っていることを示すことである。核爆弾については，技術開発のために実験することがあるのはもちろんであるが，実験で実際に核爆弾を爆発させ，その威力を誇示することで自国の「能力」を示さなければならない。また弾道ミサイルについても，時折発射実験をして本当にミサイルが飛んでいくことを示す必要があった。自国のミサイルについてその基本性能を誇示して能力があることを明らかにするのである。旧ソ連時代には革命記念日などにモスクワの「赤の広場」で軍事パレードが行われ，トレーラーに載せたミサイルを内外に誇示することが行われたが，これなどは「能力」を示す典型的な事例であった。

　第3が，上の2つの要素と密接な関係があるが，また「意図」と「能力」のところを読んで頂ければわかるように，それらを間違いなく相手に伝える

コミュニケーションが成り立っていなければならないということである。国家でも個人でも，敵対的な相手に対しては通常，コミュニケーションを取らなかったり，あえて取ろうとしなかったりするものである。あるいはコミュニケーションがうまくいかないことで，今まで何でもなかった相手が敵対的になることもある。ところが核抑止論では，自国に核攻撃を仕掛けてくるかもしれない最大の敵国と，密接なコミュニケーションを取らなければならないのである。これは何とも皮肉なことである。しかし「意図」についても「能力」についても，相手にしっかり伝え，間違いのないようにしなければ核抑止は成り立たない。

　第4の要素が，合理性ということである。ここでいう合理性とは，アメリカにせよロシア（または旧ソ連）にせよ，1つの国家が自国についての損得勘定を間違いなく計算して，自国にとって最大の利益をもたらすように，あるいは自国にとっての損失を可能な限り小さくするように行動するはずだ，という前提である。これはG.アリソンが提唱した政策決定に関する3つのモデルの中の，第1モデルに相当する。アリソンは『決定の本質』の中で，合理的行為者モデル，組織過程モデル，政府内政治（官僚政治）モデルという3類型を示しながら，1962年に起きたキューバ・ミサイル危機におけるアメリカ政府の決定と行動を分析した（Allison, 1971［宮里訳，1977］）。核抑止論はこの中で示されたのと同類の，合理的行為者モデルを前提にして構築されているのである。しかし，まさにアリソンが他の2つのモデルを提示していることから明らかなように，合理的行為者モデルだけで政策決定のすべてを説明することには難点がある。であるとすれば，核抑止論がその前提にしている合理性には一定の限界があることになり，国家の合理性以外の要因が作用する余地を残すことになってしまうのである。

　米ソ冷戦期には核兵器は使用されず，また広島・長崎に投下されて以来，現在に至るまで核兵器が使用されたことはない。こうしてみると核抑止論は一応の正しさを，何とか維持していると考えることも可能であろう。しかし「9月11日」（2001年9月11日）以来，国際社会の問題を考える上で，テロリストグループの果たす役割を従来以上に重く考えなければならなくなった。テロリストグループはいわば一種のNGOと言ってよいと思うが，もしテロ

集団が核兵器を持ってしまい,「9月11日」のような行動に出たらどうするかという問題が差し迫った課題になったのである。ここで厄介なのは,宗教的信念に駆られ,テロ行為を行う個人や集団には,核抑止論が前提にしているような合理性を期待できないということである。自分の生命を顧みない個人や集団を抑止することは極めて難しい。あるいはほとんど不可能であると言ってもよい。核抑止論が前提にしている合理性は,国家または個人が,自分の生命を守るために損得勘定をするということが前提なのであるから,使命を達成するためには自分が死んでもよいと考えている人々は抑止できないのである。しかも核の原料や弾道ミサイルについて,国家間や国際的な集団間に,あるいはそれらを横断して,闇市場があることが知られており,核兵器をいかに管理するかが極めて重要な課題になっている。

　以上のように核抑止論の基盤は心理的要素が大きな要因となっており,それだけ不安定なものであることがわかるだろう。また核抑止論が前提にしていないテロ集団については,抑止が効かない状況が出てきつつある。

8.5 ● 核兵器の廃絶は可能か?

　これまでの議論を踏まえた上で,読者の皆さんは核兵器の廃絶についてどのように考えているだろうか。最後に核廃絶について2つの論点を示しておきたい。

　第1の論点は,核兵器は実際に削減されてきているし,かつて核兵器を持っていた国家が核兵器を廃棄したり,核の開発を行っていた国で,それを止めた国があるという事実があるではないかという主張である。1990年代の初め,ブラジルとアルゼンチンは核開発を中止したし,南アフリカはすでに保有していた少数の核兵器を廃棄した。実際にこういう事例があるのだから,国際社会の協力や合意によって,核兵器を廃絶することが可能になるのではないか。最大の核兵器保有国であるアメリカとロシアが削減しているのだから,やがてイギリス,フランス,中国などの「中級国家」も核を削減し,やがては廃絶できるのではないか,という主張である。

　第2の論点は,核兵器が開発されて以来,核保有国の数は確実に増加して

きており，中長期的に見てこの流れは覆せないのではないかという主張である。確かに全体として核兵器の数は減るかもしれないが，核を持つ国は増えるのではないかということである。多くの国が少しずつ核兵器を持つという方向性が，残念ながら今の国際社会の流れではないかというのである。またもし一度は国際社会で核兵器の廃絶に成功しても，一度獲得した科学的知識や技術は残るので，またいつかどこかで核を持つ国が出てくるのではないか？あるいは紛争の当事国が，紛争が起こってから改めて核の開発に進むことも考えられる。人類は核兵器と「共存」していかざるをえないのだ，という主張である。

○ エクササイズ3

> 核兵器をなくすことは可能であろうか？　もし可能であるとすれば，具体的にどのようにすれば核を廃絶できるか考えてみよう。またもし不可能であるとすれば，なぜ不可能なのか，やはり具体的に考えてみよう。

鈴木健人

[参考文献]

黒沢満（1999）『核軍縮と国際平和』有斐閣。
黒沢満編著（2005）『軍縮問題入門（新版）』東信堂。
鈴木健人（2002）『「封じ込め」構想と米国世界戦略―ジョージ・F・ケナンの思想と行動，1929～1952年』溪水社。
Allison, Graham (1971) *Essence of Decision*: *Explaining the Cuban Missile Crisis*, Boston, MA: Little, Brown and Co. (宮里政玄訳（1977）『決定の本質』中央公論社）
Brodie, Bernard, ed. (1946) *The Absolute Weapon*, New York: Harcourt, Brace and Company.
Freedman, Lawrence (2003) *The Evolution of Nuclear Strategy*, 3rd ed., New York: Palgrave MacMillan.
Gaddis, John L. (2005) *The Cold War*: *A New History*, London: Penguin Books（河合秀和・鈴木健人訳（2006）『冷戦：その歴史と問題点』彩流社）。
Herken, Gregg (1988) *The Winning Weapon*: *the Atomic Bomb in the Cold War, 1945-1950,* Princeton, NJ: Princeton U. P.

Jervis, Robert (1989) *The Meaning of the Nuclear Revolution: Statecraft and the Prospect of Armageddon,* Ithaca, Cornell U.P..

Mandelbaum, Michael (1981) *The Nuclear Revolution : International Politics before and after Hiroshima,* Cambridge, UK: Cambridge U. P.

McDonough, David S. (2006) *Nuclear Superiority : The "New Triad" and the Evolution of Nuclear Strategy* (Adelphi Paper 383), (The International Institute for Strategic Studies), London, Routledge.

Mueller, John (1989) *Retreat from Doomsday : The Obsolescence of Major War,* New York: Basic Books.

O'Hanlon, Michael E. (2010) *A Skeptic's Case for Nuclear Disarmament,* Washington, D.C. : Brookings Institution Press.

Sagan, Carl, et al. (1983) *The Cold and the Dark : The World after Nuclear War,* New York: W.W. Norton & Company. (野本陽代訳 (1985)『核の冬：第三次世界大戦後の世界』光文社)。

Sagan, S. D., & Waltz, K. D. (1995) *The Spread of Nuclear Weapons : A Debate,* New York: W.W. Norton & Company.

SIPRI (2011) *SIPRI Yearbook 2011,* Oxford, UK: Oxford U.P.

Trachtenberg, Marc (1991) *History and Strategy,* Princeton, NJ: Princeton U. P.

─── (2012) *The Cold War and After : History, Theory, and the Logic of International Politics,* Princeton, NJ: Princeton U. P.

Williamson, Samuel F. Jr., & Rearden, Steven L. (1983) *The Origins of U.S. Nuclear Strategy, 1945-1953,* New York: St. Martin's Press.

Woolf, Amy F. (2012a) *The New START Treaty : Central Limits and Key Provisions,* Congressional Research Service Report, R41219, Feb. 14.

http：//www.fas.org/sgp/crs/nuke/R41219. pdf（ダウンロード：2012年5月14日）。

─── (2012b) *U.S. Strategic Nuclear Forces : Background, Developments, and Issues,* Congressional Research Service Report, RL33640, Feb. 22.

http：//www.fas.org/sgp/crs/nuke/RL33640.pdf（ダウンロード：2012年5月14日）。

第9章
新興国・途上国の情報化

- インターネットはグローバルなネットワークであり，世界中の人々と繋がっているといわれる。しかし，本当にそういえるだろうか？ 他の国々でのインターネットの利用のされ方は日本と同じだろうか？
- 経済成長著しい新興国において情報機器やサービスの利用が急速に広まる場合に，どのような問題が生ずるだろうか？ 日本の私たちに何か影響があるだろうか？
- 発展途上国にとって，情報化が進むことにどのような利点があるだろうか？ 発展途上国の情報化のために，日本など先進国は何かすべきだろうか？

キーワード
■インターネット　■発展途上国　■デジタルデバイド　■情報セキュリティ　■情報教育

9.1 ● はじめに

　私たちは，現在，インターネットを使って世界中のいろいろな場所にいる人と連絡を取りあうことも，いろいろな情報を集めることもできる。私たちの周りには情報通信技術（ICT）を利用した物がふんだんにあって，いつでも，どこでもICTの恩恵を享受できる。それゆえ，私たちの社会を「情報社会」と呼ぶことに何の違和感も持たない。世界各地の紛争や貧困の悲劇を報じるニュースは目にしていても，インターネットを思い浮かべる時，ついつい，私たちが住む社会と同様に便利な社会が世界中に広がっていると考えがちで

はないだろうか。

　実際，東南アジアの中でもシンガポール，マレーシア，タイなどの都市部では，若者たちが携帯電話やパソコンを駆使している姿をあちらこちらでみることができる。一見すると，どこも日本と変わらないようにもみえる。さらに，インターネットが「グローバルな」ネットワークであるという説明や，Facebookの会員数が8億人を超えた，1日5億もの人々が利用したなどというニュースに触れた時にはそういう思いを強くする。しかし，実際のところはどうなのだろうか。[*1]

9.2 ● 日本の状況

9.2.1. インターネット利用者の割合

　まず，他国の統計データと比較するために，日本の現状から把握してみよう。図表9-1は，日本においてインターネット利用者がどれほどいるかを表している。[*2]2010年には78.2%に達している。また，図表9-2は，インターネット利用者がどのような情報端末を使ってアクセスしているかを示すグ

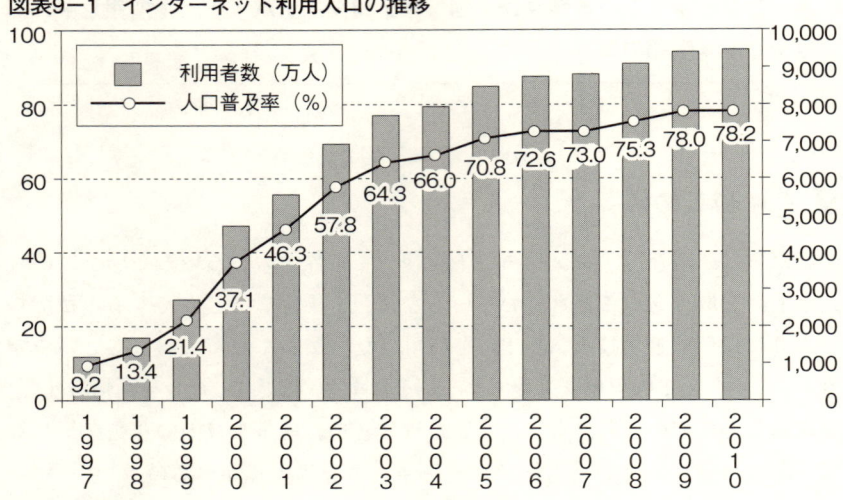

図表9-1　インターネット利用人口の推移

利用者数（万人）
人口普及率（%）

年	1997	1998	1999	2000	2001	2002	2003	2004	2005	2006	2007	2008	2009	2010
普及率(%)	9.2	13.4	21.4	37.1	46.3	57.8	64.3	66.0	70.8	72.6	73.0	75.3	78.0	78.2

出所：総務省。

図表9−2　インターネット利用者の使用端末の比率
（単位：%）

年	パソコン	モバイル端末	ゲーム機・テレビ等	（パソコンのみ）
2000	79.1	47.0	2.9	51.8
2001	87.4	44.8	5.5	52.8
2002	82.4	40.2	5.2	56.0
2003	79.7	58.0	4.4	40.2
2004	80.7	73.3	1.6	26.5
2005	81.2	77.4	1.9	18.6
2006	92.0	80.9	3.8	18.6
2007	88.7	82.8	4.1	16.7
2008	90.8	82.6	6.2	16.6
2009	90.5	85.1	7.9	13.7
2010	92.0	83.3	7.6	15.9

出所：総務省。

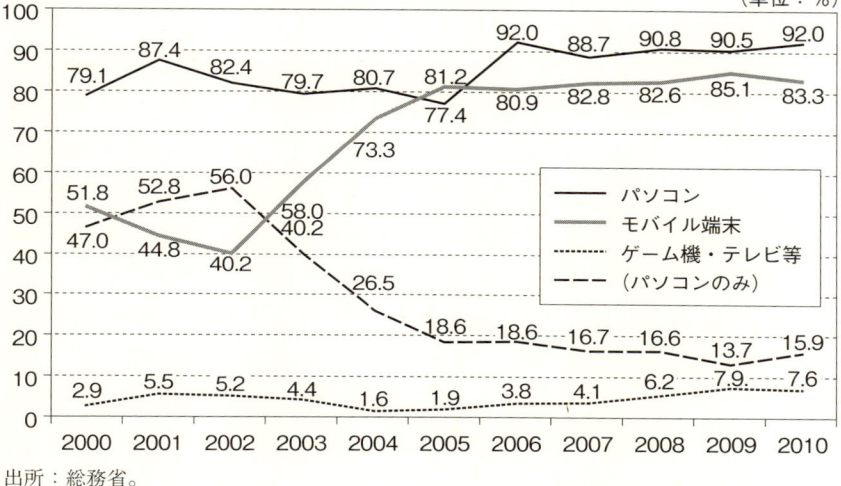

ラフである。携帯電話を含むモバイル端末の利用が近年増えており，パソコンしか利用しない人が減少している。スマートフォンやタブレット・コンピュータの普及に伴い，こうした傾向は今後ますます強まることが予想される。さて，こうした統計の数値は日常の印象と一致しただろうか。

9.2.2 日本の学校とインターネット

公立の小中高等学校などには，すでに1997年3月時点で94.3%にコンピュータが導入され，平均して一校当たり，小学校は8.5台，中学校は25.3台，高等学校では66.6台が設置されていた。しかし，インターネットへの接続を果たしている学校は全体の9.8%に過ぎなかった。1999年にまとめられた「ミレニアム・プロジェクト（新しい千年紀プロジェクト）について」では「教育の情報化」が取り上げられ，2001年度までにすべての公立小中高等学校等がインターネットに接続し，2005年度までに校内LANの整備などを通じて，すべての授業で教員・生徒がコンピュータやインターネットが活用できるような環境を整えることが目標に掲げられた。その取り組みの結果，2004年度末には公立学校のインターネット接続は99.8%に達した。教育の情報化に

ついては，2005年度以降も，普通教室へのLAN整備，高速インターネットへの切り替えが推し進められてきた。

　教育内容の面では，2002年の学習指導要領でコンピュータ利用が重視され，中学校に技術・家庭で「情報とコンピュータ」が必修として導入された他，「総合的な学習」の時間におけるコンピュータやインターネットの積極的な活用が求められるようになった。高校では，教科「情報」が必修科目に位置付けられた。この教科「情報」に情報社会の脆弱性や知的財産権などの問題が重要な項目として取り込まれたことも，情報化への対応として重要である。

　このように学校へのコンピュータやインターネット接続の普及がかなり進んだため，情報化の統計において，小学校以上の児童・生徒全員がインターネットの利用者として数えられるようになっている。2005年以降の大学入学者にとっては，物心つくころからコンピュータやインターネットが身近にあり，学校教育を通じて利用技能や社会的な問題を学んできたことになる。

9.3 ● 世界的な動向

　海外に目を向けてみよう。ここでは，インターネットが現在のように世界を覆うまでに巨大になったのがそれほど昔のことでなく，1990年代の半ばからであったことを示し，先進国と途上国の間で非常に大きな格差があること，そして，その格差の解消が課題となったことについてみてゆく。

9.3.1 インターネットの急速な拡大 ― 2000年頃までの状況

　少し時間をさかのぼってインターネットの普及を簡単に振り返っておく。インターネットの原型は，1960年代にアメリカで生まれた。大学や研究機関を結ぶ学術研究用のネットワークとして広がり，日本につながったのは1984年である。1984年時点でのホスト数（インターネットに接続したコンピュータ数）は，世界中でわずか1024台に過ぎなかった[*3]。その後，1992年の商用化によって，一般の多くの人々が利用可能なものとなった。これと前後して革新的なソフトウェアが登場する。ウェブブラウザである。これを使えば簡便な方法で画像や音声などを含む様々な情報にアクセスすることができ，

多くの人々を魅了した。もう1つの普及の原動力はインターネットを利用しやすいOSの登場であった。1990年代半ばから2000年にかけて，Windowsをはじめとするパソコン用の主要なOSで，インターネットへの対応がはかられ，バージョンアップの度に利用しやすくなっていった。インターネットを利用するのに必要とされる知識や技能の水準が引き下げられたことで，より多くの人々がインターネットに接続できるようになった。これは，インターネットに接続しているコンピュータ（ホスト）数の推移に端的に表れている（図表9－3）。急速に増え始めたのは90年代半ばであることがわかる。1991年10月時点で約62万台だったホスト数は，95年ころから急速に伸び，1997年7月時点では，2,600万台を超えるに至った。[*4] 同コンソーシアムの統計によれば，2011年7月時点でのホスト数は約8億5,000万台に達している。

もう1つ，インターネットの急速な発展とグローバルな広がりを示すためによく引き合いに出されてきたのがLarry Landweber氏が公開した世界地図である（図表9－4, 9－5）。1991年9月の時点ではインターネットに接

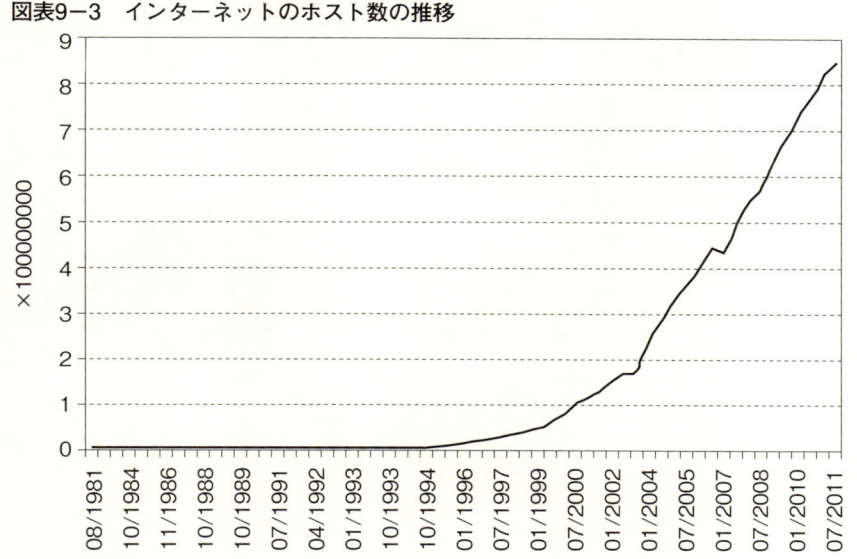

図表9－3　インターネットのホスト数の推移

出所：Internet Systems Consortium, Internet host count history.
　　　http://www.isc.org/solutions/survey/history をもとに作成。

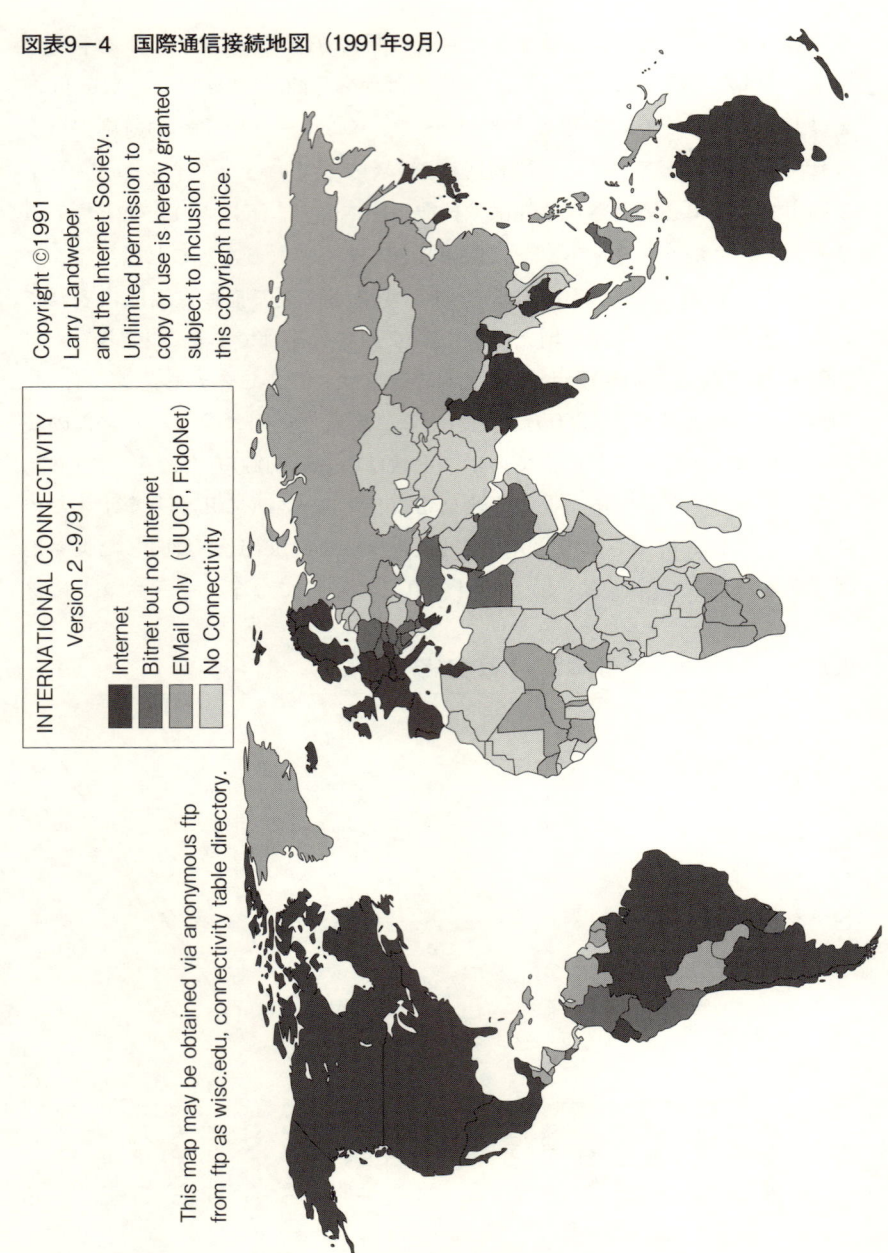

図表9−4　国際通信接続地図（1991年9月）

INTERNATIONAL CONNECTIVITY
Version 2 -9/91

Internet
Bitnet but not Internet
EMail Only (UUCP, FidoNet)
No Connectivity

Copyright ©1991
Larry Landweber
and the Internet Society.
Unlimited permission to
copy or use is hereby granted
subject to inclusion of
this copyright notice.

This map may be obtained via anonymous ftp
from ftp as wisc.edu, connectivity table directory.

出所：Larry Landweber's International Connectivity map.

図表9-5　国際通信接続地図（1997年6月）

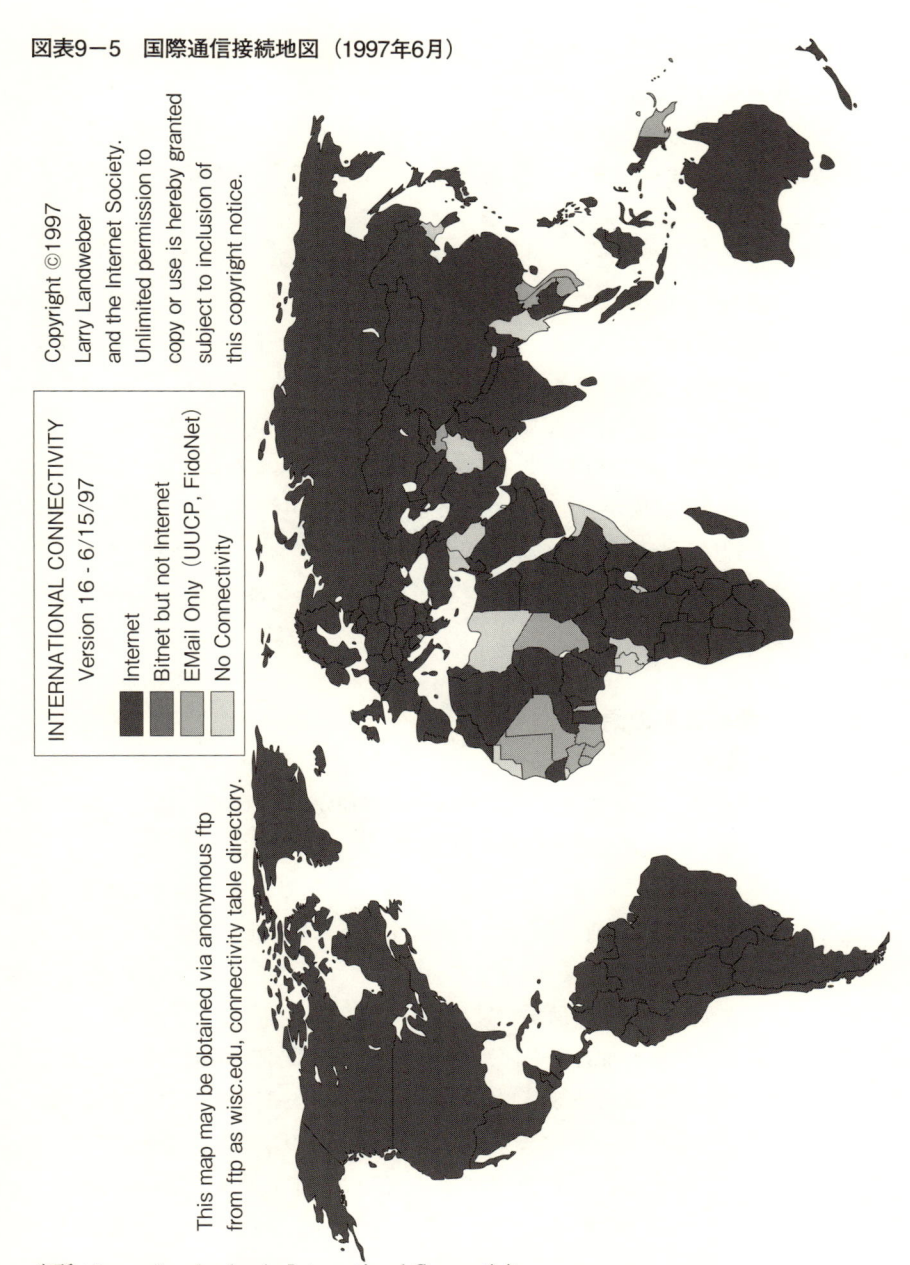

INTERNATIONAL CONNECTIVITY
Version 16 - 6/15/97
■ Internet
▦ Bitnet but not Internet
▨ EMail Only (UUCP, FidoNet)
□ No Connectivity

Copyright ©1997
Larry Landweber
and the Internet Society.
Unlimited permission to
copy or use is hereby granted
subject to inclusion of
this copyright notice.

This map may be obtained via anonymous ftp from ftp as wisc.edu, connectivity table directory.

出所：Larry Landweber's International Connectivity map.

続していたのは，欧米や日本など一部の国に過ぎなかったが，1997年には，すでに世界中のほとんどの国に広がったことがわかる。国の数でみてゆくと，1991年9月の時点でなんらかの国際接続を持っていたのが91か国，そのうち33か国がインターネットIP接続であった。95年6月には97か国，97年6月には171か国（非接続は42）にまで広がった。

ただし，ここで挙げた地図には留意すべき点がある。この地図に付された説明文に書いてあることだが，この地図は「その国に，たとえ1台でもインターネットに接続したホストがあれば，その国全体を塗りつぶす」というやり方で作成されている。つまり，塗りつぶされた国でも，必ずしも多数の人々がインターネットを利用していることにはならない。「インターネットが世界中のほとんどの国に繋がっている」のは確かだが，そのことは世界中の人がインターネットに繋がったということを意味するわけではなかった。その国に繋がった線は，たった一本の電話線だったかもしれない。インターネットに対して私たちに刷り込まれてきたグローバルなイメージは，かなり誇張されたものだった。

9.3.2　情報資源の偏り

どのような人々がオンラインで繋がっていて，どのような人がそうでないのかについて考えてみよう。地図とはやや時期がずれるが，2000年頃の様子をホスト数や利用者数を下に描き出してみよう。ここでいう「ホスト」とは，インターネットに接続したコンピュータのことである。上記の地図でみたとおり，この時点で大半の国がインターネットに接続していたはずである。もし，ホストが世界に均一に分布していたとすれば，その時の人口の分布と等しくなるように分布するはずだ。

北米と欧州に日本を加えた人口は世界の約20%である（図表9-6）。ところが，ホストは，圧倒的多数が北米に分布し，欧州・日本がこれに次ぐ（図表9-7）。これらの国々だけでホストの94%を占め，残りは6%に過ぎない。世界の残りの80%の人々は，わずか6%のホストしか持っていなかった。インターネットへのアクセス手段は「グローバル」という形容とは裏腹に一部地域に限られていたということになる。したがって利用者もまた一部の国

図表9-6　世界の人口分布（2000年）

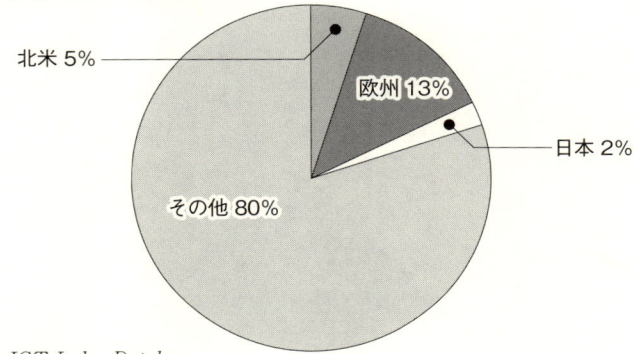

北米 5%
欧州 13%
日本 2%
その他 80%

出所：ITU, *ICT Index Database*.

図表9-7　ホスト数の分布（2001年）

その他 6%
日本 5%
欧州 11%
北米 78%

出所：ITU, *ICT Index Database*.

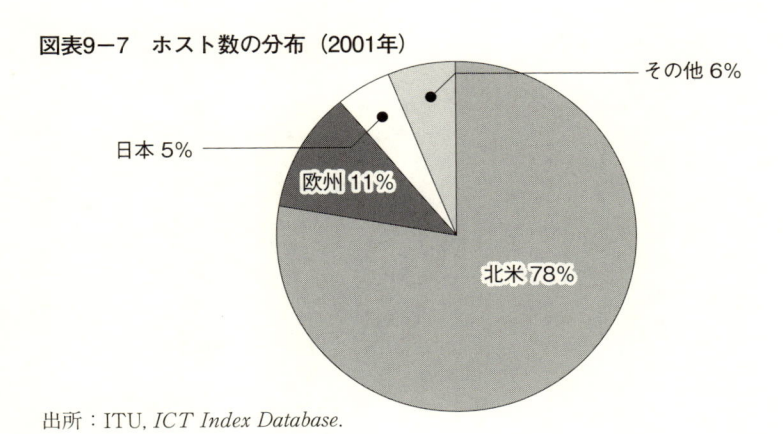

に集中することになる。インターネット利用者数という観点からみても、北米・欧州・日本で世界の4分の3近くを占めていた（図表9-8）。

○エクササイズ 1

> 日本のように自宅にパソコンを備え、インターネットが使えるようになるためには、どのような条件が必要だろうか？　経済（家計），通信設備などの社会のインフラ，教育などの面から考えてみよう。

第9章　新興国・途上国の情報化　175

図表9-8　インターネット利用者（2000）

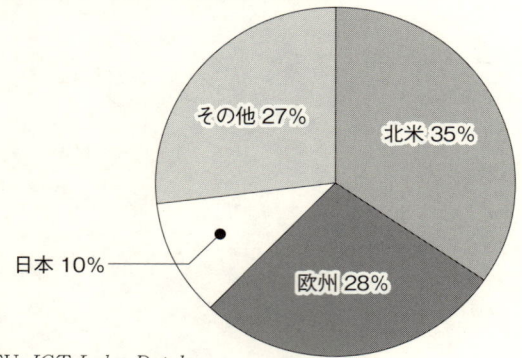

その他 27%
北米 35%
日本 10%
欧州 28%

出所：ITU, *ICT Index Database*.

図表9-9　インターネット利用者（2007）

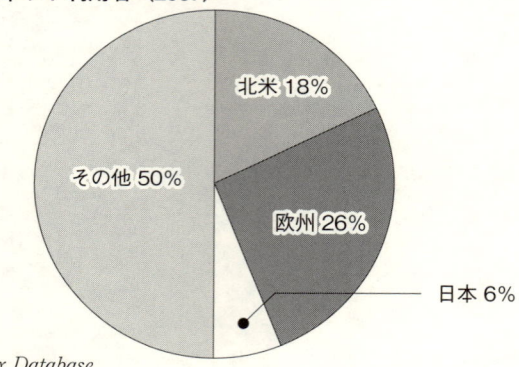

北米 18%
その他 50%
欧州 26%
日本 6%

出所：ITU, *ICT Index Database*.

9.3.3　2000年以降の動向

　現在，携帯電話やインターネットといった情報通信技術はどれほど世界に普及しているのだろうか。国際電気通信連合（ITU）のウェブサイトでは電話やインターネットの普及状況について世界的な動向や各国の状況に関する各種統計が公表されている。ここでは2000年から2010年の動向のグラフを

図表9-10　ICT普及のグローバルな動向（2001-2010）

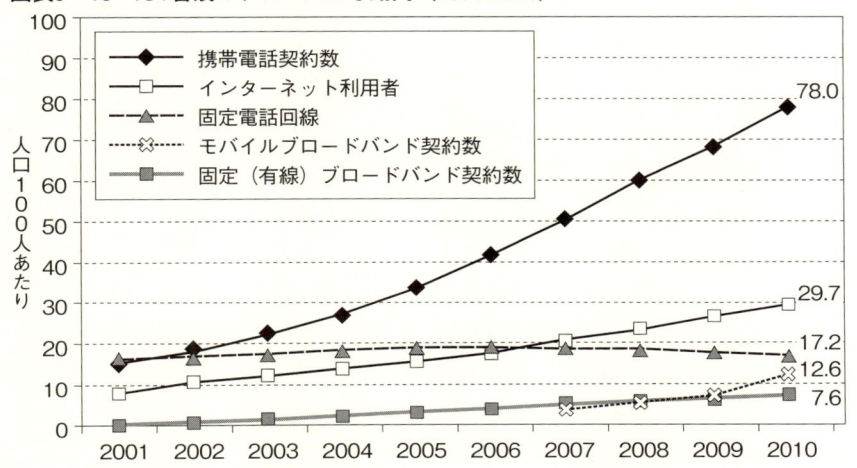

```
人口100人あたり
──◆── 携帯電話契約数
──□── インターネット利用者
──▲── 固定電話回線
┄┄⊗┄┄ モバイルブロードバンド契約数
──■── 固定（有線）ブロードバンド契約数
```

2010年値：78.0、29.7、17.2、12.6、7.6

出所：ITU, *ICT Indicators Database*.

図表9-11　インターネット利用者の推移（2001-2010）

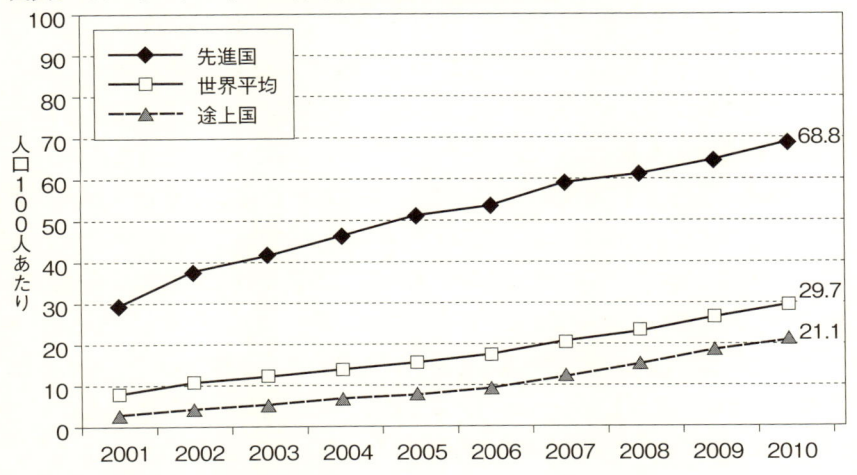

```
──◆── 先進国
──□── 世界平均
──▲── 途上国
```

2010年値：68.8、29.7、21.1

出所：ITU, *ICT Indicators Database*.

示す*5（図表9-10，9-11）。

　人口100人当たりのICT普及状況をもう少し詳しくみると2010年時点では図表9-12のようになる。ここで，先進国／途上国の分類は，国際連合の

第9章　新興国・途上国の情報化　177

図表9-12　ICT普及状況（2010）

（単位：人口100人あたりの数）

	平均	日本	先進国	途上国
携帯電話の契約件数	78.0	95.4	114.2	70.1
インターネット利用者数	29.7	80.0	68.8	21.1
固定電話回線数	17.2	31.9	—	—
モバイルブロードバンド契約数	12.6	87.8	46.2	5.3
固定(有線)ブロードバンド契約数	7.6	26.9	23.6	4.2

出所：ITU, *MIS 2011*.

分類に従い[*6]，先進国とされるのは北米，ヨーロッパ及び日本，オーストラリア，ニュージーランドであり，それ以外の国々は途上国として集計されている[*7]。

携帯電話及びモバイルブロードバンド

　まず，驚かされるのは携帯電話の契約件数ではないだろうか。海外ではプリペイド式による支払い形態が多く，1人が複数の携帯（SIMカード）を持っていることが多いため，人口100人当たりに換算すると100を超えることがある。日本は95.4だが，例えば，アジアをみわたすと，ベトナム175.3，シンガポール143.7，マレーシア121.3，香港190.2と非常に大きな数になっている国や地域がある。このことからもわかるように，「100人当たり78」というのは，世界全体の78％の人々に携帯電話が行き渡ったというわけではないことに注意が必要である。しかし，カンボジアで57.7，ラオスで64.6に達するなど，低所得の途上国においても急速に普及が進んでおり，全体の数値を押し上げているのも確かだ。

　ただし，ここにいう携帯電話の普及とは，私たちの普段使っているサービスがどの国にも普及しているということではない。海外では，携帯電話やスマートフォンでのインターネット利用は，2010年時点で，まだ一般的ではない。こちらの方はモバイルブロードバンド契約数として表されている。これは世界の平均で，わずか12.6件に過ぎない。先進国の平均ですら46.2件に過ぎない。日本は世界で最も早くモバイルブロードバンドのサービスを開始した国の1つであり，すでに100人当たり87.8となっている。この普及率は韓国に次いで世界で2番目に高い水準となっている。

インターネット及び固定ブロードバンド

　インターネットの利用者は2010年に人口100人当たり29.7人に達した。しかし，冒頭でみた日本の普及状況と比較すれば，とても低い値である。先進国と途上国の差は大きく，先進国の68.8人に対して途上国は21.1人でしかない。ここでいうインターネット利用者というのは，どんな方法や場所であれ，過去1年間にインターネットを利用したことがある人の数を意味している。つまり，途上国では約8割の人は1年間インターネットにまったく接触していなかったということになる。

　わが国の普及の推移を振り返ってみよう。実はインターネット利用者が2割を達成したのはそれほど前のことではない。1998年にはわずか13.4％に過ぎなかった。1999年に2割を超え，そこから急激に普及がすすむ。ようやく2003年になって6割を超えるにいたる（図表9－1）。先進国の平均も同様の推移をたどった。2割を超えたのは1999年になってからのことである。[*8]全世界のすべての国々において，かつて先進国が歩んだようなスピードで普及するとは限らないが，経済成長の著しい新興国やそれに続く途上国では，今後，情報インフラの整備が進み，中間層が増大するとともに，新たなインターネットの利用者を急増させることは想像に難くない。

　ただし，多くの途上国が，インターネット利用者数の点で先進国の10年遅れで2000年頃の状況に追いついたとしても，インターネットの利用環境は先進国の場合と大きく異なる。

　固定ブロードバンド契約数をみてみよう。日本が26.9なのに対し，全体の平均が7.6，途上国平均になると，わずか4.2と非常に低い。ただし，インターネット利用者と異なり，世界で100人当たり7.6人しか固定ブロードバンドを使っていないということを意味するわけではない。ここで数えているのは契約件数である。自宅のインターネット接続契約や固定電話契約を考えてみればよい。ひとりひとりが個別に契約する必要はない。通常は世帯に1契約で足りる。世帯規模が2～3人であれば，1契約で2～3人がその回線を使える。また，インターネットカフェや公共アクセスポイントなどでインターネットが利用できれば，固定ブロードバンド回線数が少なくても，多数の人々がインターネットに接触可能である。ITUでは，固定ブロードバンドや

固定電話回線について，十分に普及した状態を表す目安を60としている。

ブロードバンドには，固定ブロードバンドの他，モバイルブロードバンドもある。先進国ではモバイルブロードバンドは，固定ブロードバンドに加えて，もう1つの選択肢として利用されているが，途上国の場合には固定ブロードバンドのための基礎となる固定電話回線のインフラがないため，モバイルブロードバンドが唯一の選択肢である場合も多い。世界全体の動向としてもモバイルブロードバンド契約の伸びは，固定（有線）ブロードバンド契約に比べて大きく，2009年には見かけ上の数値は逆転している。途上国においてはモバイルブロードバンドを中心に普及が進められるものと考えられている。[*9]

さらに，接続速度についても，途上国を含む世界的な状況と，わが国の状況とでは，大きな開きがあり，比較する際に注意しておかなければならない。ITUの統計において「ブロードバンド」の定義は256Kbps以上の速度での接続を意味する。日本の水準からすれば非常に低速である。日本では2011年末時点で「最大200Mbps」などとしているプロバイダーが多い。中には「最大1Gbps」というものもある。あくまでも理屈上の速度だが，それぞれ256kbpsの800倍，4000倍もの速度である。途上国で今後普及が見込まれるモバイルブロードバンドは，固定ブロードバンドに比べて速度の面で制約があり低速にならざるをえない。通信速度の面でも先進国と途上国との間では通信環境に非常に大きな隔たりがあり，その差を縮めるのは難しい。

この接続速度の違いはどのような違いをもたらすのだろうか。典型的なコ

図表9-13　接続速度別のコンテンツのダウンロード時間

コンテンツ	実際の接続速度 (hh:mm:ss)			
	256Kbit/s	2Mbit/s	10Mbit/s	100Mbit/s
Googleホームページ (160KB)	00:00:05	00:00:01*	00:00:00* **	00:00:00*
音楽トラック (5MB)	00:02:36	00:00:20	00:00:04	00:00:00*
ビデオクリップ (20MB)	00:10:25	00:01:20	00:00:16	00:00:02*
CD/低品質動画 (700MB)	06:00:00	00:47:00	00:09:20	00:00:56
DVD/高品質動画 (4GB)	34:17:00	04:29:00	00:53:20	00:05:00

注＊：丸めた数値。　　＊＊：原著の計算の誤りを筆者が修正。
出所：ITU, *MIS 2011*, p.91.

ンテンツの転送時間の目安を図表9−13に示す。日本では瞬時にダウンロードを完了するYouTubeなど動画共有サイトの20MB程度のビデオクリップは，最低ラインのブロードバンドの場合には10分以上も時間がかかる。最低限の速度は，一般的なウェブ閲覧や電子メールには適していても，音楽や動画など大量のデータ通信が必要となるサービスには不十分である。このレベルすら，ほとんどの国では普及が進んでいないことになる。

9.3.4　情報社会に向けて―格差の是正への取り組み

　情報通信技術は経済成長の原動力になるなど私たちの社会の発展にとって必要不可欠である。先進国はもとより途上国にとっても同様である。生産性向上，経済成長，持続可能な開発に必要といった意味では，途上国の方にこそ重大な意味を持つ。先進国とその他の国・地域との格差の広がりは放置すれば拡大する一方である。そこで，この問題に取り組むため2003年12月，2005年11月に「世界情報社会サミット（the World Summit on the Information Society：WSIS）[*10]」が開催された。このサミットで各国は情報社会に対する共通認識を確立し，2015年までの到達目標と行動計画を立て，デジタルデバイドを解消するために国際的な協力が必要であることを確認した。

　目標として掲げられたのは，例えば，次のような事柄である。
1.　2015年までに世界中の人々の半数以上を，情報通信技術が使おうと思えば使えるようにすること。
2.　世界中の村々を情報通信技術で繋ぎ，公共アクセスポイントを設置すること。
3.　そして，学校，図書館，病院，行政機関なども接続すること。
4.　情報社会に対応する教育カリキュラムを導入すること，など。

　これらの目標からは，情報社会において，情報へのアクセス手段を確保することがいかに重要なことであるかがうかがえる。

○ **エクササイズ2**

> 途上国において，学校，図書館，病院，行政機関をインターネットに接続することにどのような意義があるだろうか？ それぞれインターネッによって得られる便益を挙げてみよう。それは都市部ばかりでなく農村部においても重要なことだろうか，話し合ってみよう。

9.4 ● 東南アジア新興国の状況―タイを中心に

ASEAN各国には多くの日系企業が進出しており，今や製造や流通の拠点となっている。とりわけ，中国，インド，韓国などの周辺国との自由貿易協定を締結し2018年までに9割の品目の関税が徐々に撤廃されることを見込んで，この地域への進出もいっそう活発になっている。日本も経済協力協定を結び，この経済圏の中に加わった。ASEAN（約6億人），中国（約13億人），

図表9-14　ASEAN諸国の概要 (2010年)

	人口		名目GDP		一人あたりGNI		収入レベル
	（万人）	構成比	（億US$）	構成比	（US$）	対日本比	
ブルネイ	40	0.1%	107	0.6%	31,800	0.76	高所得 非OECD
カンボジア	1,414	2.4%	112	0.6%	750	0.02	低所得
インドネシア	23,987	40.6%	7,066	39.1%	2,500	0.06	低位中所得
ラオス	620	1.0%	73	0.4%	1,050	0.03	低位中所得
マレーシア	2,840	4.8%	2,378	13.2%	7,760	0.19	高位中所得
ミャンマー	4,796	8.1%	250	1.4%			低所得
フィリピン	9,326	15.8%	1,996	11.0%	2,060	0.05	低位中所得
シンガポール	508	0.9%	2,088	11.6%	40,070	0.96	高所得 非OECD
タイ	6,912	11.7%	3,185	17.6%	4,150	0.10	高位中所得
ベトナム	8,694	14.7%	1,064	5.9%	1,160	0.03	低位中所得
ASEAN合計	59,137	100.0%	18,069	100.0%			
日本	12,745		54,588		41,850	1.00	高所得 OECD

注：ブルネイのGDP, GNIは2009年，ミャンマーのGDPはASEAN事務局の統計の2009年の値。
出所：World Bank, *World Development Indicators*.

インド（約12億人），韓国（約5,000万人），日本（約1.3億人），合計約33億人の巨大な経済圏となる。ASEANを中心に互いに行き来することで，共に働く機会が増えてくる。経済成長著しいその地域は，最も急速に情報化が進む地域でもある。いったい現在の状況はどのようになっていて，私たちはどのようなことを考えなければならないのだろうか。

9.4.1　ASEANの情報化の状況

まず，ASEAN10か国の状況をみてみよう。各種ICTの人口100人当たりの普及状況は図表9－15の通りである。かなり普及が進んでいるシンガポールのような国から，ほとんど普及していないカンボジアやラオスのような国まで，一口にASEANと言っても大きな開きがある。

ITUが各国の情報化の状況を計る指標として考案したICT開発指標（IDI：ICT Development Index）でみると，各国の状況は図表9－16の通りである。「ICT-アクセス指標（ICT access）」は，インフラの整備状況を表す指標で，人口100人当たりの固定電話回線数，携帯電話契約数に，インターネット利

図表9－15　ASEAN各国の各ICTの100人あたりの普及状況（2010年）

	固定電話契約件数	携帯電話契約件数	固定ブロードバンド契約数	モバイルブロードバンド契約数	コンピュータ世帯普及	インターネット世帯普及	インターネット利用者
ブルネイ	20.0	109.1	5.4	61.4	79.6	71.3	50.0
カンボジア	2.5	57.7	0.3	0.0	3.7	0.4	1.3
インドネシア	15.8	91.7	0.8	10.3	10.8	3.9	9.1
ラオス	1.7	64.6	0.2	0.4	6.9	23.4	7.0
マレーシア	16.1	121.3	7.3	27.2	41.0	25.1	55.3
フィリピン	7.3	85.7	1.8	16.6	13.1	10.1	25.0
シンガポール	39.0	143.7	24.7	69.7	84.0	82.0	70.0
タイ	10.1	100.8	2.6	3.9	22.8	11.4	21.2
ベトナム	18.7	175.3	5.4	20.8	14.2	8.1	35.6

注：斜体字はITUの推計値。
出所：ITU World Telecommunication/ICT Indicators database.

図表9-16　ASEAN諸国などのICT開発指標

	国名	IDI （順位）	Access （順位）	Use （順位）	Skills （順位）
1	シンガポール	7.08　（19）	8.14　（11）	6.03　（15）	7.08　（73）
2	ブルネイ	5.61　（43）	6.51　（37）	4.01　（39）	7.01　（75）
3	マレーシア	4.45　（58）	4.70　（65）	3.15　（50）	6.57　（92）
4	ベトナム	3.53　（81）	4.39　（72）	1.57　（76）	5.72　(108)
5	タイ	3.30　（89）	3.62　（89）	1.05　（93）	7.18　（69）
6	フィリピン	3.22　（92）	3.14　(101)	1.49　（83）	6.83　（83）
7	インドネシア	2.83　(101)	3.13　(102)	0.69　(105)	6.50　（94）
8	カンボジア	1.99　(117)	2.45　(112)	0.35　(123)	4.34　(120)
9	ラオス	1.90　(121)	2.21　(123)	0.26　(130)	4.56　(117)
10	ミャンマー	－	－	－	－
	日本	7.42　（13）	7.14　（27）	7.08　（5）	8.66　（28）
	韓国	8.40　（1）	8.21　（10）	7.85　（1）	9.89　（2）
	中国	3.55　（80）	3.86　（85）	1.73　（72）	6.55　（93）
	インド	2.01　(116)	2.37　(115)	0.33　(124)	4.66　(116)

出所：ITU, *MIS 2011*.

用者1人当たりの国際回線帯域幅，コンピュータやインターネットの世帯普及率から算出される。「ICT-利用指標（ICT use）」は，100人当たりのインターネット利用者数，ブロードバンドの契約数に基づく値である。「ICT-活用能力（ICT skills）」は，インターネット利用の基礎となる能力についてのものであり，成人識字率，中等・高等教育の就学率から算出される。なお，表中の順位は対象152か国の中での順位である。

　この指標値は，小さな値の違いや，細かな順位の前後にはあまり意味はない。ここでは，この地域の上位の国とカンボジアやラオスのような後発途上国との開きに注目してもらいたい。日本の指標値も挙げておいたので，これと比べながら各国の様子を想像してもらいたい。

　一口にASEANと言っても，日本と同程度のレベルにあるシンガポールから，非常に情報化の遅れているカンボジア，ラオスまで幅が大きい。ここでは，まず，中位IDIグループの中からタイに注目する。

9.4.2 タイの情報化の状況

　タイは経済的にも情報化の点でも，ASEAN域内で中位に属する。世界的にもやはりそうである。2001年2月に就任したタクシン首相の下で情報化の基本計画「IT2010」，それに基づく「ICTマスタープラン（2002-2006）」が策定され積極的に進められた。2006年9月にクーデターで政権が倒れ，情報化政策も混乱，一時停滞が生じたものの，「ICTマスタープラン（2009-2013）」が策定され，政治的な混乱にさらされつつも，情報化については官民あげて取り組むべきことを掲げている。この新しい基本計画では，タイが置かれた状況について，各種ランキングで世界的にみて平均的であるとしつつ，シンガポールやマレーシアなどに比べて大きく遅れをとっていること，所得レベルなどの点で同位あるいは下位に位置するベトナム，インド，フィリピンよりも情報化の速度が鈍いことに危機感をいだいていることがうかがわれる。

図表9-17　コンピュータとインターネットの利用者の割合の推移
(%)

	2001	2002	2003	2004	2005	2006	2007	2008	2009	2010
コンピュータ	1.48	…	19.60	21.40	…	…	…	28.17	29.24	30.91
インターネット	5.56	7.53	9.30	10.68	15.03	17.16	20.03	18.20	20.10	*21.20*

出所：ITU, *Yearbook of Statistics 2010*.

　国全体での統計をみると2010年時点の推計値はインターネットの利用者は世界の平均値を下回っている。バンコクなどに旅行した経験のある者はこのデータを奇妙に思うかもしれない。というのは，バンコクなどの都市部で見かける若者は日本と同様にインターネットに親しんでいるようにみえるからだ。むしろ，大学のキャンパスでノートパソコンを広げて無線LANにアクセスし，宿題や情報収集をしている様子は日本以上だとすら思える。実際，筆者が，2009年10月から11月にかけて，バンコクにある大学に通う学生967人にインターネットの利用について調査したところ，彼らが頻繁にインターネットを利用していることがわかった（毎日利用する者が69.9％，週に数回が25.4％，月に数回が4.3％，まったく無いが0.3％）。対象を理系に限ったわけではなく，文系・理系ほぼ同数であった。それにもかかわらず，国全体での平均が20％前後でしかないというのは，年齢や居住地域による格

差が大きいことが推測される。実際、最近公表されたタイ政府による次の統計はこれを裏付けるものである。

　6歳以上の人口に対するインターネット利用者の割合は都市部の35.1%に対して、農村部では16.5%に過ぎない。倍以上の開きがある。特に、都市部に住む高学歴な若者は、先進国と同様にかなりの程度インターネットを利用していることがうかがわれる（図表9－18、9－19）。

　若者のインターネット利用について顕著に表れているのはFacebookの利用に関する数字である。タイでは近年、特に2010年にFacebook利用者が増え、

図表9-18　インターネット利用者の割合（性・地域）

		(%)		(%)	
性差	女性	21.6	20.3	男性
地域	農村部	16.5	35.1	都市部

出所：ITU, *MIS 2011*.

図表9-19　インターネット利用者（最終学歴）

小学校・中学校	12.6%
高校・専門学校	30.9%
大学	63.6%

出所：*ICT Household Survey 2009*, National Statistical Office, Thailand

図表9-20　地域別インターネット利用者の割合

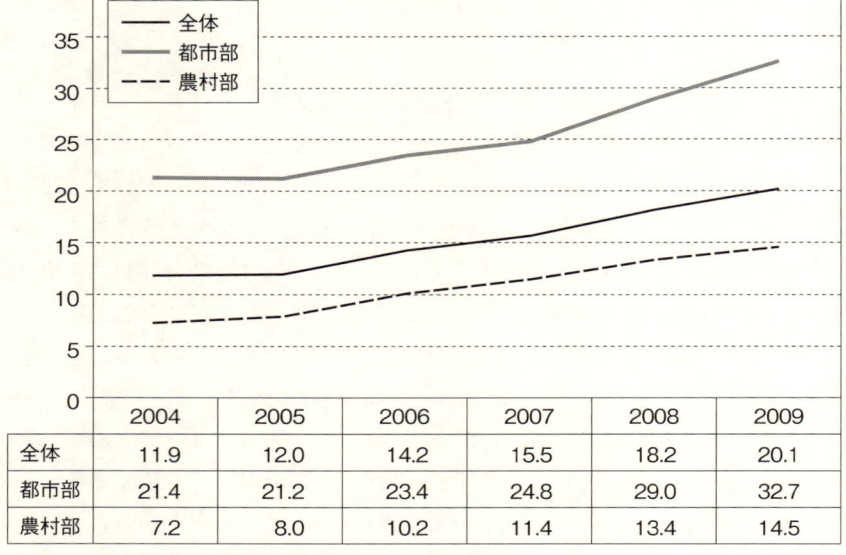

	2004	2005	2006	2007	2008	2009
全体	11.9	12.0	14.2	15.5	18.2	20.1
都市部	21.4	21.2	23.4	24.8	29.0	32.7
農村部	7.2	8.0	10.2	11.4	13.4	14.5

出所：*ICT House Survey 2009*, National Statistical Office, Thailand.

図表9-21 年齢別インターネット利用者の割合

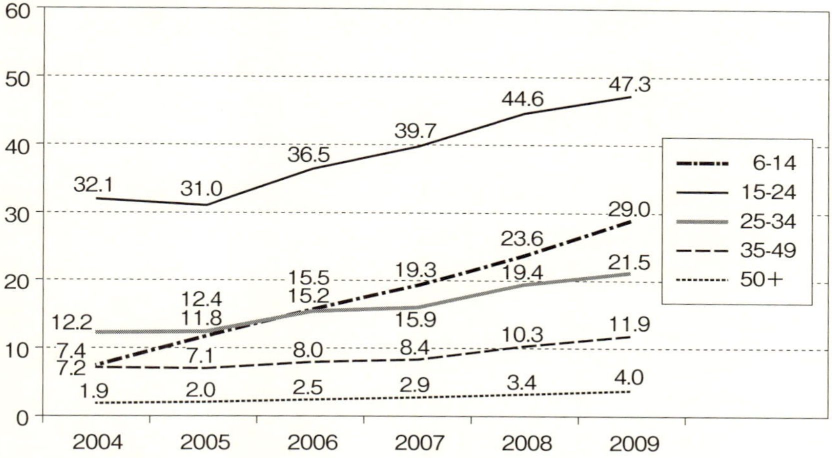

出所：*ICT House Survey 2009*, National Statistical Office, Thailand.

2011年8月時点で1100万人を超えるに至った。クーデター以後、政治的な対立や混乱が繰り返されてきたが、2010年には総選挙に向けた政治運動が一段と高まった時期であった。

9.5 ● 新興国・途上国と情報セキュリティ

ASEANでは、すでに2000年11月に「e-ASEAN枠組み合意」を取り交わしている。地域の国際競争力を高めてゆくには情報化への取り組みが不可欠との認識があったからであり、この枠組みの中では電子商取引や個人情報保護のための国内法整備などが求められていた。タイでも電子取引法と電子署名法については2001年10月に国会で承認され、2002年4月に施行された。2008年には同法の改正も行われた。コンピュータ犯罪法は2007年7月に施行された。しかし、わが国の個人情報保護法にあたるデータ保護法は、早くから準備が進められたものの、検討中の状態が何年も続いている。

平成20年度に行われた調査では、[*11]シンガポールとマレーシア以外の東南アジア諸国では情報セキュリティに関する意識が低いことが問題として指摘

されている。特に機密情報管理にかかわる傾向については、「重要な情報と重要ではない情報の峻別を行う意識・習慣がない」「重要情報が記載・記録された紙や記憶媒体の取り扱いに慎重さを欠き、紛失につながる」「重要情報が記載・記録された紙や記憶媒体の紛失に気づかないことがある」といった点が指摘されている。

急速にインターネット利用者が増加する場合，上で指摘されているようにセキュリティへの懸念が生ずる。各国内の問題というばかりでなく，わが国をはじめとする先進国にとっても脅威となる。その1つは迷惑メールの問題である。

2010年1月，日本の迷惑メール対策のため，日本データ通信とJPCERT/CCは，ブラジルのセキュリティ対策機関に対し，迷惑メールの送信元となっているIPアドレスなどの情報を提供することになった。ブラジルが発信元となる迷惑メールが多くなったためである。ブラジルなどの新興国では，パソコンやインターネットの利用者が急増している。そしてその多くは，ネットワーク利用に伴う危険性を認識せず，ウィルス対策を行わない。そのため知らないうちに不正なプログラムに侵入されてしまい，知らないうちに迷惑メールの送信に加担させられてしまう。上記の取り組みにより，例えば，迷惑メールの送信元となっているIPアドレスを通知し相手国のセキュリティ機関を通じて適切な対処をするよう求めるのである。

こうしたことはブラジルに限らない。学校教育などで十分に啓発が行われないままインターネットの利用者が急速に増えるような場合には，どこにでもありうることである。特に，タイはソフトウェアの違法コピーが横行し，かえって，正規にソフトウェア・パッケージを購入するのに苦労する。これは単純に知的財産権に対する脅威というばかりでなく，セキュリティ上の大きな問題でもある。多くの人々が無警戒に海賊版のソフトを利用しているが，そのインストールの過程でスパイウェアのようなものを仕込まれる可能性を否定できないからである。

また，通信環境の問題もある。ウィルス対策ソフトを導入し，つねに最新の状態に更新しておくべきことや，オペレーティング・システムなど重要なソフトウェアの更新を行うことは，セキュリティを守るための基本的なスキ

ルである。しかしネットワークの品質が低く，低速であるため，ネットワークよるソフトウェアの更新が難しく，セキュリティを損なうことにもなりかねない。

　財団法人国際情報化協力センター（CICC）が2008年にタイとベトナムの企業に対して実施したセキュリティ意識調査調査は，これらの国々では企業のレベルでもセキュリティ対策がまだ十分に行われていない実態を明らかにした。[*12] サーバーやPCに「ウィルスチェックプログラムの導入」「Windows Updateなどのパッチの実施」といった基本的な対策を施していない企業がある。例えば，PCのWindows Updateについてはタイで68.6％，ベトナムで74.3％が実施しているに過ぎない。多くの企業が社内情報紛失・漏洩などに不安を感じているが，ウィルス対策ソフトウェアやハードウェアにかかるコストや，専門知識を持つ人材がいないということを問題として挙げている。つまりは，そのために十分な対策を講じていないということだろう。個人に限らず，企業でもセキュリティに対する意識も十分なレベルとはいえないことの裏付けである。

　途上国の状況がこのようであっても，先進国に住む我々が，自分のコンピュータにウィルス対策など必要な対策をして自分の情報システムを防御していれば，それで十分だろうか。実は，迷惑メールと同様，新興国でのコンピュータウィルス感染は，日本など先進諸国の政府組織，企業等へのDDoS攻撃の土台となりうることを考えれば，非常に大きな脅威となってきている。[*13]

　DoS攻撃（Denial of Service attack）とは，対象となるサイトに大量の通信を過剰に発生させることで過大な負荷をかけ，通信を処理しているサーバーや通信回線に処理不能の状態や誤動作をもたらす攻撃である。DDoS攻撃（Distributed Denial of Service attack）は，無数のコンピュータに一斉にDoS攻撃を仕掛けさせるものである。そのためあらかじめ「ボット」と呼ばれるコンピュータウィルスを多くのコンピュータに潜ませておき，踏み台として利用する。このような攻撃は大企業や政府機関へのサイバー攻撃，あるいは，金銭目的の脅迫のために行われることがある。わが国では2011年7月に警察庁と国家公安委員会のホームページを管理するサーバーに攻撃が仕掛けられ，ホームページが閲覧不能になった事件がある。[*14] 攻撃は警察庁の他，

図表9−22　ボットネット Mariposaに感染した利用者の分布（2010年3月）

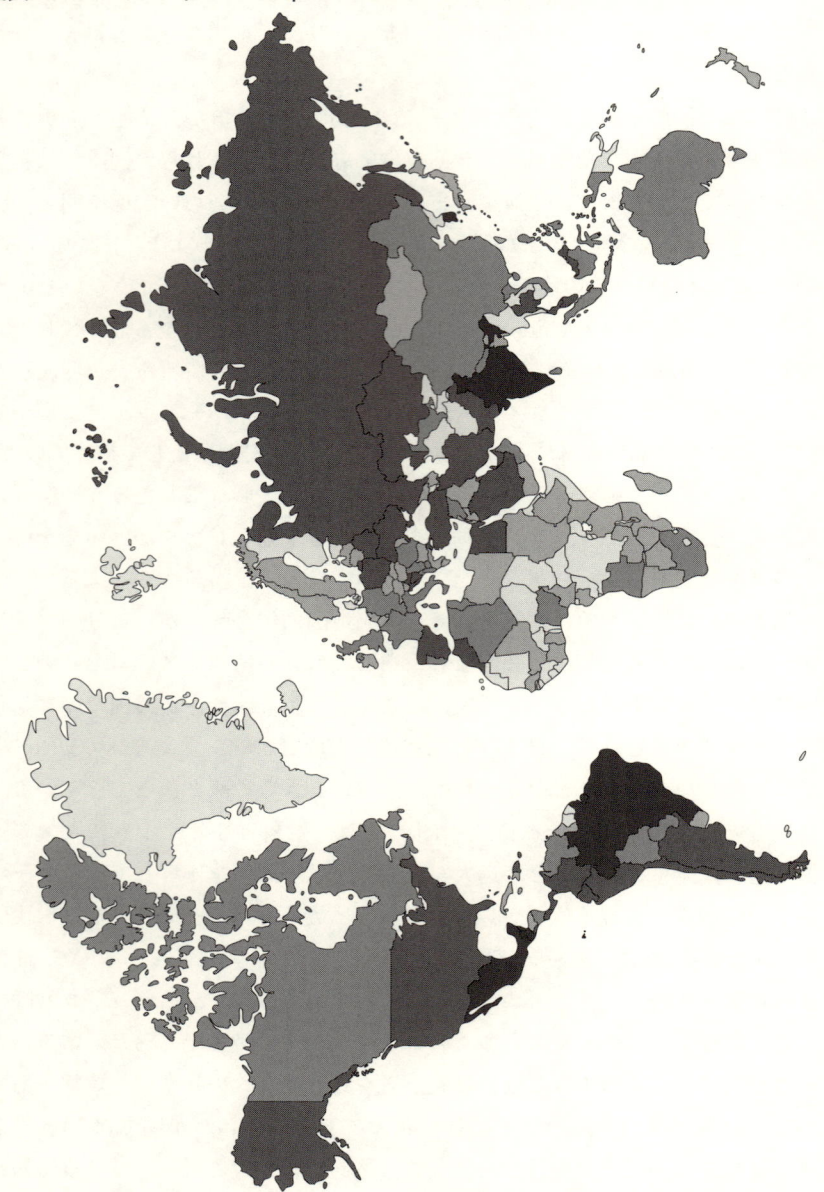

出所：Panda Security（http://www.flickr.com/photos/panda_security/4419780176/）

首相官邸，防衛省，経済産業省にも及んだとも報じられている。
　セキュリティ会社 Panda Security 社が2011年3月に発表した資料によれば，Mariposaというボットネットに感染しているコンピュータは190か国3万1,901都市の1,400万台に上るという。最も感染が多い都市をみると，急速な経済発展をとげている新興国の都市である。公表されている感染地図でみるとタイ，ベトナムなども感染している（図表9－22）。ラオスやカンボジアにほとんど感染がみられないのは，現時点でインターネットに接続しているコンピュータが少ないからに過ぎない。今後，インターネットやコンピュータの普及とともに，それらの国々でも感染が広がる可能性がある。
　ボットによるDDoS攻撃は，攻撃元が世界中に散らばる無数のコンピュータであり防ぐのが困難だ。インターネットの利用者ひとりひとりがボット・ウィルスに感染しないように気を配ることが対策として重要である。やっかいなのは，途上国の人々にとってウィルス対策に積極的に取り組むだけのインセンティブに欠けるということだ。というのは，(1) ウィルス対策ソフトの導入・維持のために経済的な負担が必要であり，(2) ウィルス対策ソフトを最新の状態に維持するためには，その分通信時間がかかり，その分不便を強いられるからである。自発的な対処を求めるのは非常に困難だと思われる。個々の端末を守る基本的な手段は，もっと技術的にも金銭的にも低コストで提供される必要があり，先進国からの積極的な支援が必要となるのではないだろうか。
　コスト面で動機付けに欠けるのであるから，情報セキュリティに対する意識を高めるには，学校教育の果たす役割は大きい。日本では初等中等教育の段階からコンピュータやインターネットが導入される一方，利用上の問題点を含め情報社会の脆弱性などについても指導が行われている。しかし，タイなどの様子をみる範囲では利用技術の習得に専心しているようである。タイには「学習指導要領」に相当する文書がなく，指導内容は個々の教員に委ねられているため情報教育の中でどのようなことが行われているかを把握するのは困難だが，バンコク市内の大学の学生に聴取した範囲では，ワープロや表計算ソフトなど代表的なオフィス製品の使い方が中心で，学校により動画作成やウェブサイト作成の実習が加わるということであった。学生側からみ

て情報社会の問題に関する事柄は授業の中ではほとんど取り上げられていなかった。タイの大学生の間でも、例えば、個人情報保護の問題についての認知度はそれほど低くはない。筆者が2009年バンコク市内の複数の大学の967人の学生を対象に行ったアンケート調査では、「よく知っている」「だいたい知っている」と答えた学生が64％に上った。「まったく知らない」と答えた者は1割に満たなかった。情報源としては「インターネット」を挙げた者が68％と圧倒的に多く、次いで大学の授業が12％、初等中等教育の授業が13％であった。中位のタイでこのような状況である。途上国の情報化への支援に当たっては、単に機器の導入や技術者養成のための専門教育ばかりでなく、初等中等教育の情報教育の担い手となる指導者の養成・カリキュラム開発についても支援が必要になってくるのではなかろうか。

9.6 ● 途上国の情報化と言語・文化

最後に、さらに情報化が遅れている国の今後の情報化についてラオスを例に取り上げたい。

情報通信技術の普及は、途上国にとっても経済社会の発展に必要不可欠なものであるが、特に教育面では、インターネットの利用は、公開されている膨大な教育リソースが利用可能となることから非常に大きな期待が寄せられている。また、地方と中央の教育格差解消のために、遠隔教育、e-ラーニングなどに寄せられる期待も大きい。しかし、ラオスのような途上国の状況を見聞する限り、これらはすぐに導入可能な状況にはない。母国語ソフトウェアやコンテンツの不足という問題があるからである。

東南アジアの国々は経済状況ばかりでなく言語も多様である。ラテン文字を基礎とした表記を用いるマレー語、インドネシア語、ベトナム語などがある一方で、ラオス語は、タイ語、カンボジア語、ビルマ語と同様、独自の文字体系を持ち、文字の構成も複雑である。これらは子音字や母音を表す記号、声調記号などを複雑に組み合わせて表すため、複雑な入力や表示のための仕組みが必要である。また、語間に空白がなく、語の区切りや改行位置をうまく制御する必要もある。こうした言語を扱うためにはソフトウェアのローカ

ライズ作業が必要となる。タイ語についてはMicrosoft WindowsやOfficeなど商用OSやアプリケーションが早くから対応し「タイ語版」をリリースしてきたが，ラオス語版は存在しない。人口も600万人と小規模である上，そのうちコンピュータを購入できるだけの収入を持つ人々や組織も少なく，ソフトウェア開発会社としてもコストに見合わないのであろう。商用OSでラオス語が使えるようになったのは，OS内部でラオ文字を含むUnicodeが使われるようになり，ラオス語フォントを含むフォントが提供されるようになってからである。Windowsでは，入力方法まで含めて提供されるようになったのは2006年のWindows Vistaからである。それ以前からラオス語はPCで扱われてきたものの，特殊な仕様のフォントと，Lao Script for Windowsというシェアウェアに頼らざるをえなかった。[*15]

　2000年代以降，OpenOffice.orgなど，オープンソフトウェアが登場したことにより，メニューやメッセージのローカライズなどが容易になり，ラオスの情報化にかかわるNGOやラオス国立大学の教員らがラオス語化の作成をすすめてきた。

　こうしてラオス語ソフトウェアは少しずつ選択肢が広がり利用しやすくなってきている。しかし，情報化を進める土台は不確かなままである。情報化関連の国家規格を担当すべき組織は決まっていても，実際に策定する体制にはなっておらず，文字コードの国内規格など着実な情報化に必要不可欠なものすら定まっていない。慣用の積み上げに依拠している不安定な状態にある。こうした問題は情報化に対応できる人材の絶対量が不足しているためである。

　また，学校教育においては教科書・教材の不足が深刻な問題点として挙げられる。最高学府であるラオス国立大学ですら蔵書数はせいぜい数万冊のレベルである。出版業界は貧弱で母国語の書籍自体が乏しい。したがって，インターネットの利用による情報取得は，地方も含めた教育の質の向上に大きく貢献するものとして期待が大きい。しかし，ここにも大きな問題がある。母国語コンテンツの蓄積が大前提となるからである。しばしば，英語教育を充実させて英語コンテンツを利用可能にすればよいとの意見も聞くが，それでよいのだろうか。少なくとも初等中等教育ではラオス語のコンテンツを必要とするだろう。今後，学校にコンピュータを配備し，インターネットが利

用できるようにしたとしても，教育で利用できる母国語のコンテンツはほとんど無い。母国語による教育用コンテンツを継続的に開発し蓄積してゆくには，教員の待遇の改善が必要となってくる。

インターネットの利用が一般に広がれば，言葉の親近性からいうと利用者は英語よりはタイ語を選択するだろう。これはラオスの言語的・文化的アイデンティティにかかわる問題となり得る。すでに，子どもたちが視聴するチャンネルはラオスの国営放送ではなくタイのテレビ放送である。インターネット上の情報源でもタイ語コンテンツに頼るとなれば，この傾向はいっそう強まりかねない。政府が積極的に国民のインターネット利用を促進する政策をとっておらず，インターネット接続のコストも平均的な月収の1.6倍という劣悪な状況のままなのは，こうした隣国の影響への懸念も一因と推測される。

わが国はすでにJICAによるラオス国立大学内での情報化人材育成支援，CICCによる情報化所轄官庁への人材育成などを継続して行ってきている。こうした専門的人材を育成する支援を継続する一方で，若者層に利用者を増やし，母国語コンテンツを充実させるためにも今後は初等中等教育レベルでの教育の情報化への協力も必要になってくるのではないかと思われる。

○ **エクササイズ3**

> 近年の情報通信技術の動向として，電子書籍・電子教科書に対する期待も大きい。これらはラオスのような発展途上国にとっても，すぐに導入すべき意義があるだろうか？　また，これらが普及するためには何か前提となる条件あるだろうか？

和田　悟

[注]

*1　例えば，IT mediaニュース「Facebook、ユーザー数が8億人を突破したと発表」2012年9月26日。http://www.itmedia.co.jp/news/articles/1109/26/news030.html

*2　http://www.soumu.go.jp/johotsusintokei/field/tsuushin01.html
　　ここでいう「インターネット利用者」とは，6歳以上で，過去1年の間になんらかの

機器でインターネットにアクセスしたことがある人を指す。ただし，このグラフでは一部対象年齢が異なる年度も含まれている。なお，調査対象年齢は国によっても異なることがある。例えば，アメリカや韓国は3歳以上を対象としている。

*3　RFC1296 Internet Growth（1981-1991）。
*4　Internet Systems Consortium, Internet host count history のデータからグラフを作成。http：//www.isc.org/solutions/survey/history
*5　最新のデータは，次のURLを参照。http：//www.itu.int/ITU-D/ict/statistics/
*6　http：//unstats.un.org/unsd/methods/m49/m49regin.htm
*7　例えば，情報化が進んでいることで知られている韓国は，途上国として集計されている。
*8　ITU, *Measuring the Information Society 2009*, p. 5.
*9　固定ブロードバンドの理想的な普及状態が100人当たり60であるのに対し，モバイルブロードバンドは個人的な利用を主とするため，100人当たり100が達成目標となる。満点が異なるテストを単純に得点で比較できないのと同様，有線とモバイルを単純には比較できない。
*10　世界情報社会サミット。http：//www.itu.int/wsis/
*11　http：//www.nisc.go.jp/inquiry/pdf/torikumi.pdf
*12　http：//www.cicc.or.jp/japanese/kouenkai/pdf_ppt/H20Jigyohoukoku/nagatani.pdf
*13　ボットについては，IPA「ボット対策について」などを参照してほしい。http：//www.ipa.go.jp/security/antivirus/bot.html
*14　読売新聞「警察庁HPサイバー攻撃　発信元9割が中国　現地当局に捜査要請」2011年7月7日夕刊，p. 13。読売新聞「警察庁HPまた被害「DDos攻撃」か」2011年7月11日夕刊，p. 14。
*15　多言語対応版emacsであるMuleの他，いくつかオンラインで入手可能なソフトウェアや研究上の試みは存在したが，一般的ではなかった。

[参考文献]

アジア経済研究所（2010）『アジア動向年報2010』アジア経済研究所。
木村忠正（2001）『デジタルデバイドとは何か』岩波書店。
国際情報化研究所（2007）『アジア情報化レポート』国際情報化研究所。
JICA（2008）『指標から国を見る—マクロ経済指標，貧困指標，ガバナンス指標の見方—』
外務省アジア大洋州局地域政策課「目で見るASEAN」
　http：//www.mofa.go.jp/mofaj/area/asean/pdfs/sees_eye.pdf
永谷光行（2009）『企業の情報セキュリティ意識調査（タイ，ベトナム）』国際情報化協力センター
　http：//www.cicc.or.jp/japanese/kouenkai/pdf_ppt/pastfile/h21/090526/nagatani.pdf
三上喜貴（2002）『文字符号の歴史アジア編』共立出版。

三菱総合研究所（2009）『平成20年度内閣官房情報セキュリティセンター委託調査平成20年度「各国における情報セキュリティに対する取り組みに関する調査」～情報セキュリティ分野における国際協調・貢献～概要』
http：//www.nisc.go.jp/inquiry/pdf/torikumi.pdf

矢野順子（2008）『国民語が「つくられる」とき：ラオスの言語ナショナリズムとタイ語』風響社。

ITU（2009/2010/2011）*Measuring the Information Society 2009, 2010, 2011*（本文中 *MIS* と表記），http：//www.itu.int/ITU-D/ict/publications/idi/

JICA, *Lao IT Service*：*Market Research and Analysis Report 2009*,
http：//www.itsd.edu.la/downloads.html

【データベースなど】

総務省，情報通信統計データベース，http：//www.soumu.go.jp/johotsusintokei/

ITU, *ICT Data and Statistics*, http：//www.itu.int/ITU-D/ict/statistics/

World Bank, *Development Indicators*, http：//data.worldbank.org/

UNICEF, *Statistics and Monitoring*, http：//www.unicef.org/statistics/

外務省，各国・地域情勢，http：//www.mofa.go.jp/mofaj/area/

特別講演録

米国における妊娠中絶を巡る論争
―公的な議論の課題

　公的な議論は，社会論争に最も顕著にみることができます。公的な議論は，広範囲の人々が関心を寄せる話題について，一般市民に影響を及ぼそうとする人々が主張を行い，これを擁護する際に発生します。社会論争は，合理的な手段では容易に解決しえない，いちじるしい意見の食い違いです。時とともに解決されることもあれば，何百年にも渡って続くこともあります。人々は論争に利害を持ち，それぞれに有利な形で解決したいと考えるため，それぞれの視点から他者を説得しようと，議論を作り出し，巧妙にこれを形成するのです。

　妊娠中絶とは，出産前における意図的な妊娠の終了であり，過去40年間にわたって，米国で展開されてきた最も深刻な社会論争の１つです。今日，中絶を巡る論争のない国も数多くあります。中絶は合法であり，自身の身体をコントロールする女性の権利に含まれているとされているからです。その一方で，中絶は違法とされ，中絶禁止への異議申し立てが社会論争の域に達していない国々もあります。これはカトリック教会の影響力が強い国に多い状況です。米国の状況は，さらに複雑です。中絶は，最高裁判所がロー対ウェイド訴訟に判決を下した1973年以降，合法とされてきました。ただし，中絶する権利が無条件に与えられているわけではありません。特定の事例では，バランスを取るべき競合的要因が存在することを裁判所は認めているのです。世論もまた，二分されています。人々は中絶を肯定的には捉えていないものの，その選択肢がなくなることは望んではいないのです。クリントン大統領はこの状況を捉え，中絶は「安全，合法，そして稀」であるべきだと述べました。曖昧でパラドキシカルな状況は，私たちを公的な議論へといざないます。

中絶は，明らかに女性の権利に関連しているものですが，「女性の問題」としてのみ捉えられるわけではありません。また論争は，男女間を巡るものではありません。男性も女性も，それぞれ相当数が中絶の権利を支持し，また相当数が反対しているのです。中絶は複雑な問題でありますから，私たちはその複雑性を理解しようと努めなければなりません。本日の講演では，妊娠中絶を巡る論争の歴史を簡単に概説し，公的な議論を困難にするその特徴をご説明した上で，こうした困難に向き合いつつ，論者はどのように前進していけるのか，その方策を提案したいと思います。[*1]

1.

18世紀後期から19世紀初期の米国では，少なくとも女性が最初に胎動を察知できる「胎動初感」の時点まで，中絶は合法であり，比較的よく行われていました。コネチカット州が中絶の誘発を目的とした危険な毒物使用を非合法化した1821年まで，中絶を禁止した州はなかったのです。中絶の主な理由は，妊娠を招いた不道徳な性的行動を隠す，というものでした。そのような行動は，社会から激しく非難されていたのです。

コネチカット州の例に示されているように，初期の規制は19世紀における中絶の危険から女性の健康を守るために行われていました。そうした規制を求める動きは，その大部分が台頭しつつあった医療専門家にみられました。専門家である医師と安全ではない中絶を行う医師とを区別しようとしたのです。医師による中絶反対はまた，中絶の禁止がヒポクラテスの誓い（医師が実務に就く際に宣誓する倫理綱領）に定められていると広く理解されている事実を否応なく反映したものでした。19世紀のローマカトリック教会は，生殖に干渉するという理由で中絶に反対していましたが，妊娠初期の胎児を人間とは見なしていなかったため，中絶を殺人とは捉えていませんでした。19世紀に入って初めて，カトリック教会は，人間の命は受胎に始まるという見方を採ったのです。中絶は，最大の関心事であった男性による女性支配への疑問に関連しているにもかかわらず，19世紀における女性の権利運動の最大の懸念事項ではありませんでした。

19世紀に繰り広げられた医師のアピールを受けて，多くの州が胎動初感以前と胎動初感以後の段階を区別することなく，中絶を犯罪とする法律を定めました。ただし，妊娠が女性の命にかかわると医師が判断した場合には，例外として中絶が認められました。こうした法律にもかかわらず，中絶率は以前とほぼ同じでした。これは，女性が違法な中絶を求めたこと，法律が一般的に施行されていなかったこと，また医師が例外を認める条項をかなり広く解釈したことに因るものです。

　こうしたやや偽善的な均衡状態は，1950年代から1960年代にかけて，様々な要因により崩れていきます。医療技術が発展した結果，医師が妊娠により女性の命が脅かされると主張することは難しくなったからです。その一方で，中絶は危険であると主張することも難しくなったのです。医療専門家もまた，母親の健康と子どものクオリティ・オブ・ライフ（生活の質）に焦点を当てるようになりました。このような動きから，妊娠を出産まで維持することこそ常に優先されるべき選択肢だという考えに疑問が呈されるようになったのです。風疹の流行により引き起こされた遺伝子異常や，精神安定剤の一般的な使用により，医師は中絶よりも出産の方が子どもにとって危険な場合もあると認識するようになりました。以前は中絶を犯罪と見なす上で大きな役割を果たした医師が，逆に規制の緩和を求めるようになったのです。またこの立場は，違法な中絶により女性が受けた傷の生々しい描写によっても支持されていました。こうした圧力に対し，1960年代半ば頃より，多くの州が中絶に関する規制を緩和しました。中には，完全な撤廃を求める州もありました。その一方で，台頭しつつあった女性運動は，女性による自身の生殖生活のコントロールを侵害する法律の撤廃を求めました。この2つの動きは，人々が規制の完全撤廃を求める根拠として，中絶の規制を改正するために医師が推し進めた議論を用いたという点において関連していたのです。リンドン・ジョンソンにより任命された「女性の地位に関する大統領諮問委員会」はまた，中絶に関するすべての法律の撤廃を求める報告書を1968年に発表しています。こうした撤廃に向けた動きが強まる一方で，中絶を選択する女性の権利を法律で保証した州は，1973年までにわずか4州に過ぎませんでした。

　連邦最高裁判所がテキサス州でのロー対ウェイド訴訟に判決を下し，中絶

を選択する女性の権利は憲法により保障されているとしたのは，この時点においてのことでした。ただし裁判所は，無条件での中絶の権利を棄却し，女性の権利と胎児の保護を求める州政府の利害とのバランスを取りました。中絶は妊娠初期には比較的行い易いが，妊娠が終わりに近づくにつれて州による規制がその正当性を増すという，トライメスターと呼ばれる妊娠期間の3分の1の定式を形成したのです。

ロー判決は即座に論議を呼び，1970年代に始まっていた反中絶運動を煽ることとなりました。この訴訟の判決に反対した多くの人々もまた，最高裁判所はその適切な役割を逸脱しており，裁判所ではなく議会こそが米国民の権利を判断すべきであると合意しました。

ロー対ウェイド訴訟では，7対2という投票数で中絶を合憲とする判決が下されました。反対派は，最高裁判所の構成員が将来変更され，いつか判決が覆されることを願っていました。その間，反対派はロー判決が崩れるよう働きかけ，中絶を全面的に禁止しない規制を採用することによって，判決が影響を及ぼす範囲を制限しようとしました。これらの規制は，概して次の事柄を求めたものでした。(1) 経費を支払うことのできない女性の中絶のために公的資金を用いることを禁止する，(2) 中絶を実行する前に待機期間を課す，(3) 中絶を実行する前に両親あるいは配偶者の合意を必要とする，(4) 中絶が認められる目的を制限する，そして (5) 妊娠後期での中絶を不可能にするために特定の中絶手続きを禁止する。

中絶の権利を支持する一般市民の強い後押しがなかったために，反対派はこうした規制を導入することに成功しました。さらに反対派は，反中絶の裁判官を推薦，承認してくれる大統領や上院議員を選出しようと，国レベルで働きかけました。州レベルでは，中絶の制限のために可能な限り活動を展開する州知事や議員を選出しようと，活動したのです。先ほど述べた規制は，こうした活動の結果もたらされたものでした。

裁判所において，中絶の規制を目的として作成された法律の多くが疑問視されたことは，想像に難くないでしょう。中絶の権利を擁護する人々は，そうした中絶の規制はロー対ウェイド判決を骨抜きにするものであり違憲であると主張しました。中絶反対派は，裁判所での訴訟において，ロー対ウェイ

ド判決そのものが却下されるよう働きかけました。裁判所は，中絶を選択する女性の権利を直接規制する法律を覆したものの，中絶の制限に間接的な影響のみを及ぼす法律は維持しました。

　鍵となった2つの訴訟は，1989年に判決が下されたウェブスター対リプロダクティブ・ヘルス・サービス訴訟，そして1992年に判決が下された南東ペンシルベニア・プランド・ペアレントフッド対ケイシー訴訟でした。裁判所の判断ははっきりと分かれましたが，ウェブスター訴訟では，胎児の生存能力を検査するミズーリ州の要件を支持しました。決定打となった票を投じたサンドラ・デイ・オコナー裁判官は，中絶を求める女性に「不当な負担」を課す限りにおいて規制は憲法違反となるとした上で，ミズーリ州の規則はこれに当たらないとしました。ウェブスター判決により，女性の負担が「不当」ではない限り，州議会は中絶を規制できるようになったのです。ケイシー訴訟においては，裁判所は「不当な負担」の基準を正式に採用し，これを用いて既婚女性は中絶を求める前に夫に通達しなければならないという要件を覆し，さらにペンシルベニア州の法律に定められたその他の規制を支持しました。しかしながら，ケイシー判決は，ロー対ウェイド判決で定められた，中絶を選択する基本的権利を明白に再確認しています。

　この他にも様々な訴訟が行われましたが，1992年以降，論争の大枠は大きく変化していません。ロー判決が依然として原則とされていますが，「不当な負担」とならない限りにおいて，中絶は規制される可能性があります。クリントン大統領が述べた通り，国家レベルでのコンセンサスが浮上しているにもかかわらず，中絶に強い思いを抱く双方の支持者は，写真やデモ，文章を用いたり，時には暴力にエスカレートして，それぞれの主張を唱え続けています。最高裁判所に空席が生じた際，その候補者は皆中絶に関する自身の考えを問われますが，今後の起こり得る訴訟をどのように扱っていくかという点での明言は回避しています。

　米国における中絶を巡る論争の歴史を概観してきました。次になぜ中絶に関して議論することが難しいのかを分析し，論者が取り得るアプローチを提案していきます。

2.

　中絶を巡る論争が理解されにくい，あるいはなかなか前進しない理由の1つは，これが分野間論争（interfield dispute）であるという点にあります。この用語をご説明しましょう。論争の多くは，法律，医学，科学など，特定の分野で行われますが，その証拠資料と理由付けの基準は分野ごとに異なります。[*2] 例えば，法律は，手元の訴訟を確立された前例と比較し，類推に大きく依存した議論を展開します。医学での議論は，多くの場合，治療の有効性や有害な副作用に基づいて行われます。科学では，制御実験を因果関係の推論に用います。各分野の基準と方法は，分野内部の人々に理解されているものの，外部の者には理解できない，あるいは受容されないこともあります。

　ただし論争の中には，特定の分野に容易に位置付けられないものもあります。例えば，中絶は法律，公共政策，道徳あるいは宗教の分野で問題を提起しますが，これらの分野にはそれぞれ異なる規範が存在しています。ある分野において強い議論は，他の分野では非常に弱いものかもしれないのです。中絶の権利は，プライバシーの権利の1つであるために保護されるものだと裁判所が述べたとしましょう。この一連の推論は，中絶は人間が人生を選択するという神のいいつけを裏切るものだと考える倫理学者にとっては，何の意味もありません。こうした状況においては，議論はあまり進展しないでしょう。それぞれの立場が各々の議論を繰り返し，反対派の議論を非難するものの，両者が互いにかかわり合うことはないのです。

　分野間論争は，2種類の議論戦略を用いて解決することができます。1つは超越論的議論，すなわち論争の具体的な部分を超越し，広い支持が見込める議論を見出すことです。中絶の場合，超越論的議論として，10代の若者の妊娠件数を減少させれば，中絶の必要性を減少させられることに，中絶に賛同しない人々も合意できると主張できるでしょう。政策アナリストは，10代の若者による妊娠件数の減少は，公衆衛生を推進し，社会保障費を制限するという理由で，よい政策だと捉えるでしょう。倫理学者は，中絶という不道徳な慣習の廃止への一歩と理解するかもしれません。根本的な論争が，完全に決着するわけではありませんが，双方による行動方針への合意が形成さ

れるため，議論が前進し，対立が管理されるのです。

　分野間論争への2つ目のアプローチは，論争理論家であるチャールズ・ウィラードが分野間借用（interfield borrowing）と呼ぶものです。[*3] 分野の境界を超えたコミュニケーションの難しさの1つは，異なる分野には異なる前提，概念，そして時には言語があるということです。例えば，妊娠中絶反対派の多くは，人間の命は受胎の瞬間に始まると考えています。一方で，中絶の権利を擁護する多くの人々は，胎児は人間の命の可能性を持つものであるものの，人間の命は早くとも子宮の外で生存できるようになる時点までは始まらないと考えています。いずれの立場も，中絶に関するそれぞれの考えには疑問の余地はないと考えています。それぞれにとっては，自明の出発点なのです。しかしながら，この前提における差異こそが，論争全体における最も根本的な行き詰まりの原因の1つであることがおわかりいただけるでしょう。胎児が人間かどうかが確実にわかっていれば，論争の形は随分と違うものになっていたと考えられます。

　分野間借用は，提唱者が議論のために，対立する側の支持する用語，概念，あるいは前提を用いて，自分の立場を敵対側の言語に翻訳した場合に発生します。例えば，聖書のみが認められ得る出典であると信じている宗教的狂信者との議論において，無神論者は，議論のために聖書の権威的地位を受け入れ，聖書は常に中絶を非難するわけではないと主張します。無神論者は，聖書が最高権威であると心から信じているわけではありません。彼が信じているのは，人間の命がどの時点から始まるのかを知ることは不可能だということです。ただし，それは狂信者に影響力を及ぼすものとはなりません。無神論者は，狂信者自身の言語で自分の議論を展開するのです。

　もちろん，問題となるのは，熱く議論が交わされている中で超越論的議論や分野間借用の可能性を想像することは容易ではないという点です。自身の立場に傾倒している提唱者が，その立場の枠組の外に踏み出し，別の可能性を想像することは難しいことです。また，別の可能性が常に存在するわけでもありません。

　論争の分野横断的性質に密接に関連している，もう1つの困難があります。それは，提唱者が目指す目標の内容だけでなく，その種類にも違いがあ

るということです。中絶反対派は,中絶そのものが悪い行為であり,禁止されるべきだと考えています。しかしながら,中絶の権利を支持する人々にしても,中絶そのものを概してよいことであり,奨励されるべきことであると考えているわけではありません。むしろ中絶の権利を支持する人々は,中絶を困難な道徳上の問題として捉えており,抽象的な考えではなく,特定の状況においてよいことであったり,悪いことであったりするものとして理解している可能性が高いのです。むしろ,中絶の決断を下すことを認められた者は誰なのか──女性なのか,政府なのか──という点に焦点を当てています。興味深いことに,中絶の権利を支持する人々は,自らを「プロ・アボーション(pro-abortion)」(中絶を支持するという意味)ではなく,むしろ「プロ・チョイス(pro-choice)」(特定の場合において,決断を下す女性の権利を支持するという意味)と称しています。

　この２つの目的と比較すると,一方が実質的であり,もう一方が手続き的であることがわかります。実質的な立場は,中絶そのものをどう理解するべきかという点を論じており(悪い行為である),その実質的な評価から政策の結果を導きます(中絶は禁止されるべき)。手続き的な立場は,実質的な問いを判断する際の過程を論じており(政府ではなく女性が選択するべき),その手続き的な評価から政策の結果を導きます(中絶は禁止されるべきではない)。実質的な立場,手続き的な立場は単純に異なるだけではありません。２つの立場は異なる地平にあり,直接比較できないものなのです。

　どういうことかをご理解いただくために,熱心な中絶反対派と,同じように熱心に中絶の権利を支持する者の会話を想像してみてください。中絶支持者が,選択を支持する議論を展開したとします。すると反対派の者は,個人の選択は,道徳的に中立的な問題についてはよいことだけれども,胎児は人間であり,中絶は殺人となることから,殺人を犯す選択肢があると議論するのは馬鹿げていると反論するでしょう。他方,中絶反対者が中絶は殺人であると明言すると,中絶する権利を支持する人々は,「あなたが中絶を殺人と捉えているのはよいですけれども,それは中絶が難しい道徳上の問題であることを否定することにはなりませんし,多くの人々は中絶を殺人とは捉えていません。人々の道徳的な主張も,あなたの主張と同じくらい重要なもので

す」と反論するでしょう。鍵となるのは，誰が選択するのか，という問いです。

どうなるかおわかりいただけるでしょうか。2人の意見が食い違っている，というだけではありません。それぞれが推し進める立場は，相手にとって無意味なのです。相手の根本的な前提の枠組みに触れないため，それぞれの主張は退けられてしまいます。2人の意見はすれ違っている，と捉えることもできるでしょう。両論者は，より多くの根拠を出してそれぞれの立場を擁護し，より激しく，情熱的に議論することも可能ですが，そうしたところで状況は何も変わりません。

分野間借用の場合と同じように，この問題の救済方法も存在しています。しかしながら，それは難しく，常に上手くいくものではありません。ある特定の種類の議論である人格攻撃（*ad hominem*），すなわち個人に対する議論がかかわっているのです。私たちは，人格攻撃を，議論の代わりに用いる個人攻撃であると理解しています。「もちろん，政治家Xは間違っている——彼は共産主義者なのだから」は，人格攻撃議論の典型的な例です。ここでは，政治家Xの提案の問題点を特定するのではなく，単純に政治家Xに共産主義者というレッテルを貼っています。個人への攻撃が，議論に代わって行われるのです。これは，不適切な人格攻撃です。[*4]

しかしながら，別の種類の状況的と呼ばれる人格攻撃も存在します。彼／彼女の行動，考え，状況が今，主張していることと矛盾していると指摘することで，相手に反論するというものです。これは，その人の議論が誠実ではない，あるいは非常に控えめに言っても，困惑的ということになります。単純に異議を唱えるよりも，力強い攻撃です。異論を，先ほど述べたように議論の枠組みを単純に却下することによって退けることができるからです。つまり，状況的人格攻撃は，相手自身の枠組みの中で作用し，彼／彼女の考えやこれまでの行動と対立することから，議論を放棄するべきだと指摘するのです。

2つの例を，考えてみましょう。銃規制，強制的な予防接種，運転手への自動車保険加入の義務などを支持している，中絶の権利の支持者を想像してください。この人物は，自身の身体をコントロールする女性の権利こそが最優先されるべきだという根拠に基づいて，中絶の権利を擁護しています。そ

のことを把握した後，中絶反対派は次のように述べるでしょう——先に述べた事例において，自身の身体をコントロールする権利を拒絶するならば，この権利はそれほど重要なものとはなりえない，中絶が主な話題となっている時にだけ，この権利を主張するのはやや都合がよすぎるように感じられます。このように，中絶に反対する者は「彼自身が，自身の身体をコントロールする権利は本当に重要ではないと考えている」と述べるのではなく，「中絶の権利を支持する者こそ，その他の考えや実践との一貫性を保つために，自身の身体をコントロールする権利は重要ではないと考えているに違いない」と論じるのです。

　別の例を挙げましょう。中絶に反対する人々の多くは，中絶を人間の命を奪う行為として，道徳的に間違っていると考えています。実際，中絶に反対する人々は，自らを「プロ・ライフ（命を支持する者）」と典型的に称します。しかしながら，多くの中絶反対派はまた，乳児死亡率を減少させ得る社会保障プログラムに反対しており，中には，死刑を支持する人々もいます。すると，「命」が常に究極の価値であるわけではないことになります。中絶の権利を支持する人々の中には，反対派は胎児のためだけに命を支持していると議論する者もいます。プロ・ライフの原理の意義と中絶反対派の誠実さが疑問視されているのです。

　いずれの例も，敵対者が信じている，あるいは行っている他の事柄との矛盾を示すことによって，いかに自らの立場から敵対者を攻撃できるかを示しています。敵対者を最初から退け得る反論を提示するよりも，力強い反論となります。問題は，超越論的議論や分野間借用の戦略と同じように，矛盾が常に存在しているわけではなく，また存在していたとしても，決定的ではないということです。状況的人格攻撃によって，比較対象となっている事例の差異を見出せるようになるかもしれません。例えば，プロ・ライフの提唱者は，胎児が自ら声を上げることができないために，胎児の保護は特例であると論じることができます。プロ・チョイスの提唱者は，性と生殖に関する権利（reproductive rights）は女性にとって中心的なものであり，その他の事例に比べて他者に影響を及ぼさないからこそ，特殊であると論じられるのです。この論理的思考に沿うと，銃を持ち歩く自由は，妊娠を継続させるかど

うかを決断する自由に比べて，本質的なものとはなりません。生きている他の人間への危険は，妊娠を終了させるという女性の決断よりも，銃の方がはるかに大きなものとなります。各事例において，中絶とその他の事柄に関する考えを区別できれば，状況的人格攻撃はその力を失うことになります。各自の考えや行動は，もはや内在的に矛盾したものではなくなるのです。

　ここまで，中絶を巡る論争を困難にする2つの問題点について論じてきました。この論争が分野間論争であるということ，そして実質と手続きに関する議論が，直接関連していないということです。ただし，中絶を単純に法的な問いとして捉えたとしても，この論争は解決が困難なものです。どの立場も，合衆国憲法が適切な法的権威であることを認めていますが，憲法が各訴訟にどのように適用されるのかという点に関しては，かなりの食い違いがあります。例えば，ロー対ウェイド判決はプライバシーの権利に大きく依存したものでしたが，憲法にそのような権利は定められていません。1965年の最高裁判決では，潜在的なものとして主張されました。自らを始原主義者と称し，憲法は文字通り理解するべきだと考える人々にとっては，プライバシーの権利などというものは明らかに存在しないことになります。したがって，胎児よりも女性の権利を支持する根拠も存在しないことになります。一方，憲法は経験に照らして理解されるべきであり，憲法は進化し続ける文書であると考える人々，またプライバシーの権利は権利章典に潜在的に記されていると考える人々は，始原主義者の立場を偏狭なものと感じるでしょう。双方とも論争を法的な問題と捉えていますが，法律に対するアプローチが大きく異なるため，論争は完全に解決できないのです。

　同様に，両論者が問題を宗教的なものと捉えたとしても，どのように解決できるかという点に関しては，やはり合意できないでしょう。聖典といえども曖昧である可能性があります。（文脈や考え方が異なるため）どの言語も，他の言語にそのまま翻訳されるということはありません。ましてや古代の言葉を現代の言葉に翻訳しようとする際の困難は，さらに大きなものとなります。また，聖書を文字通り理解する人々もいれば，比喩的な言葉の源と見なす人々もいます。聖書は明確であり，誰にでも理解できるはずだと考える人々もいれば，聖書の意味を問うことは人生をかけての責務であり，完全に解明

することなどはできないのだと考える人々もいます。「人生を選択する」という聖書のいいつけを、明らかな中絶非難の根拠と捉える提唱者もいれば、この一節はまったく中絶とは関係ないことだと捉える人もいるのです。さらに、聖典は完全なる一貫性を保持しているわけではありません。例えば、人生を選択するといういいつけは、神を信じる人々に反対する者を打ちのめすといういいつけにより、相殺されてしまいます。こうした分析から指摘したいのは、私が数分前に法律を疑おうとしていたわけではないことと同じように、宗教を疑うことではありません。むしろ、論争の分野について合意できたとしても、また手続き的及び実質的な議論は直接衝突しないのだと棚上げできたとしても、議論を通じて論争に決着を付けることは、不可能ではないにしても、困難であると示そうとしているのです。

　本日お話したい最後の困難は、中絶を巡る論争が究極的に未知の問い—人間の命はどの時点で始まるのか、あるいはどの時点で生命体が人間となり、したがって法的保護の資格を得るのか—に基づいているという点です。これはあからさまな論争の内容と同一ではありません—すでに述べたように、女性の権利の保護と胎児の権利とのバランスの問題なのです。しかしながら、この問いは論争の陰に潜んでいます。哲学者や神学者の中には、人間の命は受胎の瞬間に始まると主張する者がいます。一方、他の人々は、胎児が動き始める、あるいは明確な生命体として特定される「胎動初感」や「霊魂付与」の瞬間に始まると主張します。また胎児が子宮の外で生存できるようになった時だと考える人々もいれば、胎児は誕生の瞬間まで人間性を獲得しないとする人々もいます。これは、確実な答えを得ることのできない内在的に不確かな問いなのです。

　答えがある、と仮定してみましょう。胎児は受胎の瞬間に人間となると、確実にわかっていたとします。すると、議論は著しく異なるものとなります。ロー対ウェイド判決におけるトライメスターの枠組みに代わって、胎児の各発達段階は区別されないことになります。女性の権利と胎児の権利ではなく、プライバシーと命の価値のバランスをいかに取るかという問いになるのです。これは決着をつけ易い問いではないでしょうか。特に熱心な中絶反対派には、まさにこうした見方を取る者がいます。反対派の激しさは、人間の命は受胎

の瞬間に始まるということを確実にわかっていると主張することに由来しているのです。聖書に書かれた神の明白な指示を理解できることから，このことはわかっているのだと彼らは主張します。

　その他大勢の人々—おそらくほとんどの人々は，曖昧な態度を取っています。こうした人々は，今ほど述べた立場を特定の知識の結果ではなく，熱烈な信仰心により導かれたものと考えるでしょう。こうした人々は，決して納得していません。神を信じていないかもしれませんし，神は人智を超えた存在であり，神のご意志を知ることはできないため，自分たちが正しいかどうか確信を持って知ることはできないが，神のご意志を解明するべく努力すべきだと考える信仰の深い人々かもしれません。こうした人々にとっては，人間の命がいつ始まるのかは確実に知り得ることのできないことです。私たちにもまた，わかりません。したがって私たちは，中絶に関する政策を，この問いの内在的な不確実性を持って作っていかなければならないのです。熱心な信奉者と疑い深い人々の違いを見ていけば，人間の命がどの時点で始まるのかという根本的な問いが論争全体の陰に潜んでいることが明らかになるでしょう。私はこの問いの重要性を，私たちは人間の命は受胎の瞬間に始まると疑いなく知っていたと想像することによって描き出しました。誕生の瞬間，あるいは受胎と誕生の間のどの瞬間においても，同様に描き出すことができたでしょう。その結果は同じになります—論争の形は大きく異なるものとなり，論争の解決はより容易になるでしょう。しかしながら，それが私たちの運命というわけではないのです。

　私がここで提言したいのは，4つの異なる理由から，中絶を巡る論争を解決することは非常に困難であるということです。この論争は分野間論争であり，互いに直接関係しない手続き的及び実質的議論が集結したものです。また中絶を巡る論争は，法律や宗教など，単一の分野においても異なる前提や考え方，根拠の解釈があるものであり，その答えは未知である問いに強く影響されています。

3.

　こうした制約の中で，公的な議論はどのように展開されていくのでしょうか。多くの場合，議論は即座に行き詰ってしまいます。いずれの立場の提唱者も，相手の立場を弱められない時点に達してしまうのです。すると多くの場合，それぞれの立場はますます激しさと情熱を持って議論を繰り返し，進展のなさに失望することになります。強い影響を及ぼそうとする支持者は，議論の生々しい事例や写真での描写を用います。例えば，人間の形が認識できる中絶された胎児の写真や動画，そしてこれに対して，出産に持ち込まれた奇形児の悲惨な人生のストーリーや，中絶が合法でも安全でもなかった時代に無資格の医師から違法な中絶を受けた女性の致命傷のストーリーを用いることです。こうした生々しいストーリーや写真の衝突は議論を激化させますが，解決に近づくことにはなりません。対立に，暴力や時には死さえもたらすこともあるのです。

　では，論者はどうすればよいのでしょうか。論争を構成する事柄を明確に把握するため，まず反対派の立場とその背後の枠組みを理解しようとするべきです。これは，1つの立場に強く傾倒している場合には困難なことです。論者は，自身の考えに忠実でありつつ，その考えは問題を理解する上で普遍的であるというよりもむしろ部分的であると認識しなければなりません。自身の根拠を保持しつつ，これを超越した見方をするということは非常に難しいことですが，それは知的複雑性，討論の複雑性が認識できるようになったという成熟のサインになります。私たちは敵対者を悪の行為者ではなく，物事を私たちとは異なる見方をたまたまする，善意ある人々として理解することを学ぶのです。そうすることこそが，大部分の公的な議論の解決を左右する，市民の言説を推し進めることへの第一歩なのです。

　第2に，超越論的議論，分野間借用，及び状況的人身攻撃議論が存在する場合には，論者はこれらを活用すべきです。これまで述べてきた通り，多くの場合，この戦略は成功しませんが，完全に効果がないというわけでもないのです。簡単な答えがいつもあるわけではありませんが，自らの考えを再検討するよう，論争を異なる視点からみるよう，人々を誘導することになるの

です。

　第3に，論者は妥協した立場の可能性を受け入れるべきです。一般の言説は，極端な立場を取る提唱者―無条件での中絶か，そうでなければ非常に厳しい禁止―に支配されてきました。私が提案してきましたように，こうした議論は即座に行き詰ってしまいます。ロー対ウェイド訴訟に続いた数多くの訴訟は，中絶する権利を認めたものの，中絶への公的資金の投入禁止，両親への通達要件，中絶前カウンセリングの義務，特定の待機期間など，制限や必要条件を認めています。中絶に関して問題となることが何もなければ，これらはいずれも意味を成しません。その一方で，緊急事態を網羅する例外を規定していなければ，これらはいずれも検閲を通らなかったのではないでしょうか。制限や条件を中絶の全面禁止に用いることはできないのです。議論の観点から考えると，こうした妥協した立場は，推測に変更を加えるものです。推測は基本姿勢となります―疑問視されない限り，正しいと想定されるのです。中絶の権利の条件を満たすことができるかどうかは，この基本姿勢に対する十分な推測となります。女性は衝動的な判断をしないよう，また事前に注意深く考慮するよう奨励されているのです。他方，例外の規定，及び制限は女性の決断への「不当な負担」であってはならないという主張は，中絶の権利の存在を究極的に認めています。ですから，この権利を制限あるいは否定する者が，立証責任を負っているのです。

　裁判所はこのような妥協した立場を作り出そうと大いに努め，絶対的な立場を避けようとしてきましたが，中絶に関する一般の言説はそれほど注意深いものではありません。熱烈な提唱者は，妥協した立場を彼らが嫌う絶対的な立場への足掛かり，あるいは最初の一歩見なすでしょう。多くの場合，中絶反対派は中間の立場を無条件妊娠中絶権への第一歩とし，例外は規制の目的を打破するべく，広く解釈されるべきだと主張するでしょう。その一方で，中絶の権利を支持する人々は，制限は禁止の程度を表すと主張するかもしれません。一般市民がますます厳格になる制限を受け入れれば，完全な禁止を受容するようになるでしょう。そして実際問題としては，制限自体により，女性の権利を行使することはほぼ不可能となるでしょう。こうした議論は，概ね実際の状況からは取り除かれています。事実や傾向に根拠を見出すので

はなく，少なくとも現時点までは裁判所が回避しようとしてきた極端な立場を前提としているのです。公共的な議論が巧妙かつ洗練されたものであれば，改善することができるでしょう。

第4に，論者は，ある問題に関する世論は，人口動向や幅広い文化変容により時が経つにつれて変化するということを認識すべきです。解決は不可能と思われていたその他の問題の中には，今や以前のように論議を呼ばないものになっているものもあります。アメリカ南北戦争以前，奴隷制度は非常に複雑な法的及び道徳的な問題と捉えられていましたが，その後，奴隷制度は道徳的に間違っているというコンセンサスが形成されました。さらにいえば，敗れた南部は，戦争は奴隷制度を巡って行われたということを事後に完全否定することで，プライドを取り戻そうとしました。人種差別は奴隷と共になくなったわけではありません。今でも完全になくなったわけではありませんが，過去55年間，公式に認可された人種差別は社会に存在しえないというコンセンサスが形成されています。過去40年間で，人種間の結婚についての世論も劇的に変化しました。同様の変化は，ゲイの結婚について現在進行しています。いつになるか予測することはできませんが，時を経て，中絶が今日のように行き詰まりとは捉えられなくなる可能性があるのです。科学の進歩により，妊娠のより初期に胎児が子宮の外で生存できるようになるかもしれません。そうなれば，胎児は人間であるという主張が強化され，中絶の正当性が弱められるでしょう。逆に，人体はその人間の所有物であるという考えが強くなり，中絶は公共政策の問題というよりもプライベートな決断であるという主張が強化され，規制への主張が弱まるかもしれません。論者はそのような態度や文化の変化を敏感に感じ取り，それに合わせて議論を順応させていく必要があるのです。

最後に，論者はこうした長期的展望を持つべきである一方，現時点における米国の裁判所は徹底的に分裂しているということを認識すべきです。合衆国最高裁判所の場合，1票や2票の変化が大きな差を生み出し，裁判所が過去何十年にもわたる前例を覆したり，あるいは断固としてこれらを再確認したりすることがあります。裁判官がその心を変えることはあまりありませんが，裁判所の立場の変化は，裁判官が引退あるいは亡くなり，新たな裁判官

が指名され，承認された際に起こり得ます。だからこそ，裁判官の指名は過去20年間，論争の中心的な関心事となってきたのです。こうした傾向を非難することも可能ですが，無視するというのは馬鹿げています。裁判官候補者は，今後取り扱う訴訟でどのように投票するかに関する証言を間違いなく拒否しますが，中絶の問題に傾倒している人々が指名者の記録を調査し，それぞれが中絶に関してどのような考えを持っているのかを不完全ながらも把握し，それを裁判官候補者の承認を支持するのか，反対するのかを判断する際の材料とすることは，妥当なことでしょう。

　米国社会において，中絶を巡る論争は難しい問題です。しかしながら，その一方で，深刻な意見の食い違いを特徴とする論争における討議の可能性と弱点を探求する研究者にとっては，豊かでやりがいのある研究対象でもあるのです。

デビッド・ザレフスキー

[注]

*1　初期の歴史的説明は，Laurence H. Tribe, *Abortion : The Clash of Absolutes* (New York : W.W. Norton, 1990) を参考にしている。

*2　議論の領域 (argument fields) という概念は，Stephen Toulmin, *The Uses of Argument* (Cambridge : Cambridge University Press, 1958), p. 14によって，紹介された。A special issue of *Journal of the American Forensic Association,* 18 (Spring, 1982) は，議論の領域の特集を組んでいる。

*3　Charles Arthur Willard, *Argumentation and the Social Grounds of Knowledge* (Tuscaloosa, Ala. : Univ. of Alabama Press, 1983), esp. pp. 267-270を参照せよ。

*4　こうした人格攻撃 (*ad hominem*) のタイプの区別は，Douglas Walton, *Ad Hominem Arguments* (Tuscaloosa, Ala. : Univ. of Alabama Press, 1998) によってなされている。

　本章は，2009年10月7日に明治大学で開催された，「明治大学情報コミュニケーション学部・情報コミュニケーション学科ジェンダーセンター開設記念連続シンポジウム」におけるデビッド・ザレフスキー博士の講演をまとめたものである。

●索引

あ
会沢正志斎 129
アドボカシー 79

い
イギリス人 129
異国船打払令 128
意思決定 67
異人 128
異文化コミュニケーション 111
異文化受容 116
インターネット 167

う
ウチ 60

え
エンパシー 124

お
大津浜事件 128
オバマ大統領 145

か
核の傘 158
核不拡散体制 154
核兵器なき世界 145
核抑止論 159

き
記号化 110
議題設定効果 56
帰納法 141
機密情報管理 188
教育の情報化 169
協働 88, 89
キリスト教 128
議論 67, 68, 74
議論領域 70

く
クリティカル・シンキング 1, 2, 3, 4, 16, 17, 20, 21

け
契約型リーダー 28
言語コード 116
現実主義（リアリズム） 146

こ
公共政策のサイクル 52, 53, 54, 55, 60, 62
公共選択論 52, 54

215

公的な議論 — 197, 198, 210
行動文化 — 108
合理性 — 69
合理的行為者モデル — 163
コード — 116
ゴール至上命令型 — 15
国際電気通信連合（ITU） — 176
国民性 — 59, 62, 64
個人情報保護 — 187
固定観念 — 136
固定ブロードバンド — 179
コミュニケーション — 109
コンテキスト — 110

さ
在留特別許可 — 80
鎖国 — 128

し
視覚的議論 — 72
時空間 — 88, 96, 102
市場の失敗 — 49
私的，公的，専門的領域 — 7
社会・政治的立場 — 135
社会論争 — 197
社風 — 100, 101
自由主義（リベラリズム） — 147
熟議民主主義 — 73, 74
状況的人格攻撃 — 205, 207
状況的人身攻撃議論 — 210
状況的と呼ばれる人格攻撃 — 205
情報 — 128
情報セキュリティ — 187
ジョハリの鏡 — 34

ジョハリの窓 — 36
人格攻撃 — 205

せ
精神文化 — 108
世界情報社会サミット — 181
責任放棄型リーダー — 40
先入観 — 133

そ
相互確証破壊（MAD） — 161
組織文化 — 87
組織防衛 — 141
組織目的 — 87
尊王攘夷 — 130

た
大黒屋光太夫 — 112
高橋景保 — 136
他者 — 128
タテ社会 — 58

ち
チャンネル — 110
超越論的議論 — 202, 203, 206, 210

て
定義による議論 — 81
ディスカッション — 5, 6
ディス・コミュニケーション — 128
ディベート — 3, 5, 6, 8, 9, 15, 20, 21

て
テロリストグループ ……… 163
伝統的リーダー ……… 31

と
トゥールミン・モデル ……… 68

に
二項対立 ……… 130
日本化 ……… 23

の
ノイズ ……… 110

は
パーソナリティー ……… 37, 38

ひ
比較 ……… 139
非言語コード ……… 117
非言語コミュニケーション ……… 117

ふ
物質文化 ……… 108
ブレーンストーミング ……… 6
文化 ……… 107, 108
文化適応 ……… 113
文法 ……… 87, 97, 98, 99
文脈 ……… 87, 97
分野間借用 ……… 203, 205, 206, 210
分野間論争 ……… 202, 207

へ
変革型リーダー ……… 28
変革型リーダーシップ ……… 29

み
水戸藩 ……… 129
ミレニアム・プロジェクト ……… 169

め
メッセージ ……… 110

も
モバイルブロードバンド ……… 178
問題解決型 ……… 10
問題解消型 ……… 8

や
役割 ……… 89, 91, 93, 99

よ
ヨコ社会 ……… 58, 61
ヨソ ……… 60, 61, 64

ら
ラーニング・リーダーシップ　31

り
利益追求型 ……… 11, 12, 13

索引　217

| リチーミング | 41 |

れ

冷戦	148
レディネス	112
レトリック	5

英数字

ASEAN	182
AUM	113
CMM	113
DDoS攻撃	189
DIE法	122
e-ASEAN枠組み合意	187
ICT-アクセス指標	183
ICT開発指標	183
ICT-活用能力	184
ICT-利用指標	184
9月11日	164

あとがき

　本書は，大学生を対象とした教科書として企画されたものであるが，日本で生きていくすべての人たちにぜひ読んでいただければと考えている。予備知識を前提としていないので，一般の読者も十分に読みこなすことが可能であろう。本書は，様々な学問分野をバックグラウンドに持つ大学の教員が執筆者として参加し，様々な学問分野からコミュニケーションにアプローチしている。昨今の就職事情において，コミュニケーション能力の重要性が指摘されており，周りの人とうまく付き合っていくためには，この能力が重要であると言える。ただし，コミュニケーションは，このような人間関係の潤滑油としての役割にとどまらず，現代の社会が直面している問題，さらには将来の社会が直面するだろう問題を解決する役割も持ち合わせている。

　現代の社会，とりわけ日本において政治がうまく機能していない。一例を挙げると，日本では，高齢化を背景とした社会保障費の拡大が進み，持続困難な財政赤字が累積している。増税は不可避な状況でも，国民（投票者）と政治家の間で十分なコミュニケーションがなされておらず，問題の解決が先送りされている。十分なコミュニケーションをとるということは，嫌な問題にも正面から向き合い，議論を尽くし，問題の解決まで逃げないということである。十分なコミュニケーションをとるためには，それに必要な知識を身に着けるのに加えて，人々がそれぞれの立場に応じて，例えば，リーダー，政治家，投票者などとして，さらには，組織の一員，外国人と接する日本人などとして，問題解決のためにふさわしい行動をとることが重要である。それが，真のコミュニケーション能力であろう。本書がそのためのヒントとなることを願っている。

　最後に，本書の出版に当たり，お世話になった白桃書房の大矢栄一郎社長に謝辞を述べたい。厳しい出版事情の中で，本書が出版に至ったことはたいへんありがたいことであり，深く感謝申し上げたい。

　　　　　　　　　　　　　　　　　編者を代表して　　　塚原康博

〈執筆者紹介〉
鈴木　健（すずき　たけし）第1章，第2章，編著者
　明治大学情報コミュニケーション学部　教授

塚原康博（つかはら　やすひろ）第3章，編著者
　明治大学情報コミュニケーション学部　教授

師岡淳也（もろおか　じゅんや）第4章
　立教大学異文化コミュニケーション学部　准教授

竹中克久（たけなか　かつひさ）第5章
　明治大学情報コミュニケーション学部　専任講師

清　ルミ（せい　るみ）第6章
　常葉学園大学外国語学部　教授

須田　努（すだ　つとむ）第7章
　明治大学情報コミュニケーション学部　教授

鈴木健人（すずき　たけと）第8章，編著者
　明治大学情報コミュニケーション学部　准教授

和田　悟（わだ　さとし）第9章
　明治大学情報コミュニケーション学部　准教授

デビット・ザレフスキー（David Zarefsky）特別講演録
　ノースウエスタン大学名誉教授。

〈編著者紹介〉

鈴木健人（すずき　たけと）　第8章担当
　学習院大学大学院政治学研究科博士後期課程単位修得。博士（政治学）。
現在，明治大学情報コミュニケーション学部准教授。専門は，国際関係論および国際関係史。
主な著書に，『「封じ込め」構想と米国世界戦略』（渓水社，2002年），『現代アジアの変化と連続性』
（共著）（彩流社，2008年），翻訳にジョン・ガディス『冷戦──その歴史と問題点』（共訳）（彩流社，
2007年）など。

鈴木　健（すずき　たけし）　第1・2章担当
　ノースウエスタン大学コミュニケーション研究科博士課程修了。PhD（コミュニケーション学）。
現在，明治大学情報コミュニケーション学部教授。専門は，説得コミュニケーション論。主な
著書に，『パフォーマンス研究のキーワード』（編著，世界思想社，2011年），『アメリカ文化と
政治レトリック』（朝日出版社，2009年），『説得コミュニケーションを学ぶ人のために』（編著，
世界思想社，2009年）。

塚原康博（つかはら　やすひろ）　第3章担当
　一橋大学大学院経済学研究科博士課程単位修得。博士（経済学）。
現在，明治大学情報コミュニケーション学部教授。専門は，公共政策。
主な著書に，『人間行動の経済学』（日本評論社，2003年），『高齢社会と医療・福祉政策』（東
京大学出版会，2005年），『医師と患者の情報コミュニケーション』（薬事日報社，2010年）。

■ 問題解決のコミュニケーション　─学際的アプローチ─

■ 発行日──2012年10月26日　初版発行　　　〈検印省略〉

■ 編著者──鈴木健人・鈴木健・塚原康博

■ 発行者──大矢栄一郎

■ 発行所──株式会社　白桃書房
　　　〒101-0021　東京都千代田区外神田5-1-15
　　　☎03-3836-4781　📠03-3836-9370　振替00100-4-20192
　　　http://www.hakutou.co.jp/

■ 印刷・製本──藤原印刷

© Taketo Suzuki, Takeshi Suzuki, Yasuhiro Tsukahara 2012 Printed in Japan　ISBN 978-4-561-95127-8 C3036

本書のコピー，スキャン，デジタル化等の無断複製は著作権法上での例外を除き禁じられています。本書を代行業
者等の第三者に依頼してスキャンやデジタル化することは，たとえ個人や家庭内の利用であっても著作権法上認め
られておりません。

JCOPY　〈(社)出版者著作権管理機構　委託出版物〉
本書の無断複写は著作権法上の例外を除き禁じられています。複写される場合は，
そのつど事前に，(社)出版者著作権管理機構（電話 03-3513-6969，FAX 03-3513-6979，e-mail：info@jcopy.or.jp）
の許諾を得てください。落丁本・乱丁本はおとりかえいたします。

青木孝子・鑓田　亨・安藤　潤・塚原康博　著

入門現代経済学要論【第2版】

本書は，これから経済学を学ぼうとする人たちに経済学の諸概念と理論についてミクロ，マクロの両面から教える。経済学を体系的に修得できるよう，できるだけわかりやすく解説した入門書。初学者向けのテキストとして最適！

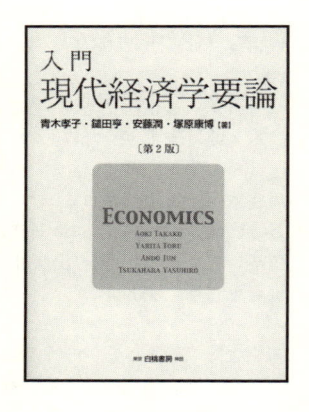

ISBN978-4-561-95125-4　C3033　A5判　196頁　本体 2,381 円

山下洋史　著

日本人の心理・行動モデルと日本企業のクォリティ

戦後，質の高い製品やサービスを生み出し成長していった日本。本書は「日本人の心理・行動」と「日本の組織特性」を明らかにすることで，日本人とその集合体である日本の組織の意思決定や行動の特徴を検討する。

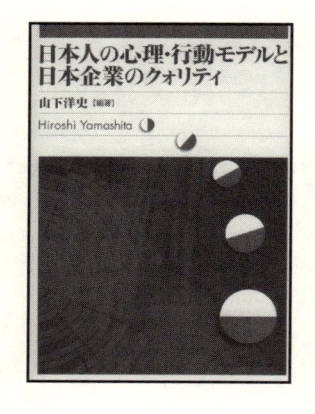

ISBN978-4-561-25531-4　C3034　A5判　236頁　本体 2,800 円